U0553246

权威·前沿·原创

皮书系列为
"十二五""十三五""十四五"时期国家重点出版物出版专项规划项目

BLUE BOOK

智 库 成 果 出 版 与 传 播 平 台

北京蓝皮书
BLUE BOOK OF BEIJING

北京数字经济发展报告
（2024~2025）

ANNUAL REPORT ON DIGITAL ECONOMY
OF BEIJING (2024-2025)

建设全球数字经济标杆城市
Building a Benchmark City of Global Digital Economy

组织编写／北京市社会科学院

主　　编／谢　辉
副主编／鲁　亚　刘维亮　葛红玲　李　伟　毕　娟

社会科学文献出版社
SOCIAL SCIENCES ACADEMIC PRESS (CHINA)

图书在版编目（CIP）数据

北京数字经济发展报告. 2024-2025：建设全球数字
经济标杆城市 / 谢辉主编；鲁亚等副主编. -- 北京：
社会科学文献出版社，2025.6. --（北京蓝皮书）.
ISBN 978-7-5228-5298-0

Ⅰ. F492

中国国家版本馆 CIP 数据核字第 2025KC0423 号

北京蓝皮书

北京数字经济发展报告（2024~2025）
——建设全球数字经济标杆城市

主　　编／谢　辉

副主编／鲁　亚　刘维亮　葛红玲　李　伟　毕　娟

出 版 人／冀祥德
责任编辑／吴　敏
责任印制／岳　阳

出　　　版／社会科学文献出版社·皮书分社（010）59367127
　　　　　　地址：北京市北三环中路甲29号院华龙大厦　邮编：100029
　　　　　　网址：www.ssap.com.cn
发　　　行／社会科学文献出版社（010）59367028
印　　　装／天津千鹤文化传播有限公司

规　　　格／开　本：787mm×1092mm　1/16
　　　　　　印　张：23.75　字　数：355千字
版　　　次／2025年6月第1版　2025年6月第1次印刷
书　　　号／ISBN 978-7-5228-5298-0
定　　　价／158.00元

读者服务电话：4008918866

主要编撰者简介

谢　辉　北京市社会科学院党组书记，教授，管理学博士。主要研究领域为党建和思想政治教育、高等教育管理、创新发展等。主持或参与完成"完善体现科学发展观和正确政绩观要求的高校领导干部考核评价体系问题研究""大学科技园创新能力及其构建的研究""习近平新时代中国特色社会主义思想是中华文化和中国精神的时代精华"等国家和省部级科研课题20余项，发表《推进世界一流大学和一流学科建设的思考与实践》等论文60余篇，主持编写《与团队共同成长的日子》等著作8部。

鲁　亚　北京市社会科学院党组成员，副院长，北京市社会科学院系列皮书、集刊、论丛编辑工作委员会常务副主任。著有《北京社会生活创新》等，组织落实多项重大研究任务，组织开展十余部蓝皮书、集刊、论丛等研创工作。

刘维亮　北京市经济和信息化局党组成员、副局长、新闻发言人。长期致力于高精尖产业、数字经济、京津冀产业协同、中小企业发展、国际合作与对外开放、城市更新、产业政策、产业空间规划等领域的研究与实践工作。主持或参与制定《北京市推动"人工智能+"行动计划（2024—2025年）》《北京市算力基础设施建设实施方案（2024—2027年）》《关于促进本市新型基础设施投资中新技术新产品推广应用的若干措施》《北京市老旧厂房更新导则》等重要政策，以及北京市新型工业化、工业用地规划管理与市级财政资金管理等重要文件。

葛红玲 北京工商大学国际经管学院教授、博士生导师，北京工商大学数字经济研究院执行院长，北京市优秀教师，首都劳动奖章获得者。研究方向为数字经济、数字金融、数字货币。出版学术著作10余部，发表学术论文60余篇，主持完成国家级、省部级以及地方政府、企事业单位课题百余项。近期主持完成"中央银行数字货币的国际实践及影响研究"重大课题、国家发改委"数字经济与实体经济深度融合创新举措研究"、中关村管委会"数字经济监管与政策支持研究"、国务院研究室"保持我国产业链、供应链稳定研究"、北京市科协"北京市数字经济发展对策研究"等课题。

李 伟 北京伟世通经济咨询公司总经理，北京市协同发展服务促进会秘书长。主要为政府、公共组织和企业提供战略规划、政策研究等专业服务，研究领域包括产业经济、区域经济、数字经济和城市治理等。累计完成北京市区各级规划政策课题百余项。2009年研究"中关村科学城发展战略"，2011年参与起草《关于中关村国家自主创新示范区建设国家科技金融创新中心的意见》，2013年研究提出"怀柔创新城"（现怀柔科学城）战略构想，2020年作为副主编完成编制《北京科技70年（1949—2019）》，2021年参与起草《北京关于加快建设全球数字经济标杆城市的实施方案》。

毕 娟 北京市社会科学院管理研究所副所长、副研究员。研究方向为公共服务、数字经济与治理、科技政策与管理、政府绩效管理。主持北京市社科基金重点课题、智库重大课题、北京市科技战略决策咨询课题等多项课题。出版著作《北京文化与科技融合模式及路径》《跨国公司技术转移研究——北京案例》，担任《北京数字经济发展报告》《北京公共服务发展报告》副主编，发表学术论文和研究报告50多篇。获得北京市哲学社会科学优秀成果二等奖及北京市社会科学院优秀成果二、三等奖。

习近平总书记关于数字经济的论述摘录
（2024~2025）

新质生产力是创新起主导作用，摆脱传统经济增长方式、生产力发展路径，具有高科技、高效能、高质量特征，符合新发展理念的先进生产力质态。它由技术革命性突破、生产要素创新性配置、产业深度转型升级而催生，以劳动者、劳动资料、劳动对象及其优化组合的跃升为基本内涵，以全要素生产率大幅提升为核心标志，特点是创新，关键在质优，本质是先进生产力。

科技创新能够催生新产业、新模式、新动能，是发展新质生产力的核心要素。必须加强科技创新特别是原创性、颠覆性科技创新，加快实现高水平科技自立自强，打好关键核心技术攻坚战，使原创性、颠覆性科技创新成果竞相涌现，培育发展新质生产力的新动能。

要及时将科技创新成果应用到具体产业和产业链上，改造提升传统产业，培育壮大新兴产业，布局建设未来产业，完善现代化产业体系。要围绕发展新质生产力布局产业链，提升产业链供应链韧性和安全水平，保证产业体系自主可控、安全可靠。要围绕推进新型工业化和加快建设制造强国、质量强国、网络强国、数字中国和农业强国等战略任务，科学布局科技创新、产业创新。要大力发展数字经济，促进数字经济和实体经济深度融合，打造具有国际竞争力的数字产业集群。

——2024年1月31日习近平在中共中央政治局第十一次集体学习时的讲话

高质量发展是全面建设社会主义现代化国家的首要任务。必须以新发展理念引领改革，立足新发展阶段，深化供给侧结构性改革，完善推动高质量发展激励约束机制，塑造发展新动能新优势。要健全因地制宜发展新质生产力体制机制，健全促进实体经济和数字经济深度融合制度，完善发展服务业体制机制，健全现代化基础设施建设体制机制，健全提升产业链供应链韧性和安全水平制度。

——2024年7月15日至18日习近平在中国共产党第二十届中央委员会第三次全体会议上的讲话

完善全球数字治理，建设创新型世界经济。要引领数字化转型、数字经济和实体经济深度融合、新兴领域规则制定，加强人工智能国际治理和合作，确保人工智能向善、造福全人类。

——2024年11月18日习近平在二十国集团领导人第十九次峰会上的讲话

如何推动世界经济走上强劲和可持续增长之路，是国际社会面临的重大课题。各国经济各有各的难处，应该合作建设开放型世界经济体系，坚持创新驱动，把握好数字经济、人工智能、低碳技术等重要机遇，创造经济增长新的动力源，支持知识、技术、人才跨国流动。

——2024年12月10日习近平会见主要国际经济组织负责人时强调

以科技创新引领新质生产力发展，建设现代化产业体系。加强基础研究和关键核心技术攻关，超前布局重大科技项目，开展新技术新产品新场景大规模应用示范行动。开展"人工智能+"行动，培育未来产业。加强国家战略科技力量建设。健全多层次金融服务体系，壮大耐心资本，更大力度吸引社会资本参与创业投资，梯度培育创新型企业。综合整治"内卷式"竞争，规范地方政府和企业行为。积极运用数字技术、绿色技术改造提升传统产业。

——2024 年 12 月 11 日至 12 日习近平在中央经济工作会议上的讲话

企业是经营主体，企业发展内生动力是第一位的。广大民营企业和民营企业家要满怀创业和报国激情，不断提升理想境界，厚植家国情怀，富而思源、富而思进，弘扬企业家精神，专心致志做强做优做大企业，坚定做中国特色社会主义的建设者、中国式现代化的促进者。要坚定不移走高质量发展之路，坚守主业、做强实业，加强自主创新，转变发展方式，不断提高企业质量、效益和核心竞争力，努力为推动科技创新、培育新质生产力、建设现代化产业体系、全面推进乡村振兴、促进区域协调发展、保障和改善民生等多作贡献。

——2025 年 2 月 17 日习近平在民营企业座谈会上强调

科技创新和产业创新，是发展新质生产力的基本路径。抓科技创新，要着眼建设现代化产业体系，坚持教育、科技、人才一起抓，既多出科技成果，又把科技成果转化为实实在在的生产力。抓产业创新，要守牢实体经济这个根基，坚持推动传统产业改造升级和开辟战略性新兴产业、未来产业新赛道并重。抓科技创新和产业创新融合，要搭建平台、健全体制机制，强化企业创新主体地位，让创新链和产业链无缝对接。

——2025 年 3 月 5 日习近平在参加十四届全国人大三次会议江苏代表团审议时强调

实现科技自主创新和人才自主培养良性互动，教育要进一步发挥先导性、基础性支撑作用。要实施好基础学科和交叉学科突破计划，打造校企地联合创新平台，提高科技成果转化效能。要完善人才培养与经济社会发展需要适配机制，提高人才自主培养质效。要实施国家教育数字化战略，建设学习型社会，推动各类型各层次人才竞相涌现。

——2025 年 3 月 6 日习近平在看望参加政协会议的民盟民进教育界委员时强调

高质量发展是中国式现代化的必然要求。贵州要下定决心、勇于探索，坚持以实体经济为根基，强化创新驱动，统筹新旧动能转换，加快传统产业转型升级，积极发展战略性新兴产业，做强做优数字经济、新能源等产业。要保持定力和耐心，科学决策，精准施策，处理好速度和效益的关系，实现质的有效提升和量的合理增长。要保护好生态环境，努力把生态优势转化为发展优势。

——2025 年 3 月 17 日至 18 日习近平在贵州考察时强调

前　言

在新一轮科技革命和产业变革背景下，数字经济正在成为重组全球资源、重塑全球经济结构、改变全球竞争格局的关键性力量。2024年政府工作报告将"大力推进现代化产业体系建设，加快发展新质生产力"列为政府工作十大任务之首。数字经济作为推动新质生产力发展的重要引擎，对于推动产业结构优化升级、提升资源配置效率、加速传统产业数字化转型具有重要意义。推动数字经济蓬勃发展，是我国迈向中国式现代化的必由之路。

近年来，北京市认真落实中共中央、国务院关于推进数字经济创新发展的系列工作部署，通过发布一系列具有前瞻性和创新性的政策文件，全面打造全球数字经济标杆城市。《北京市促进数字经济创新发展行动纲要（2020—2022年）》明确提出数字经济发展的总体目标、重点任务和保障措施，强调要加强数字基础设施建设，培育壮大数字经济核心产业，推动数字经济与实体经济深度融合。同时，《北京市加快数字人才培育支撑数字经济发展实施方案（2024—2026年）》提出扎实开展数字人才政策体系建设，增加数字人才有效供给，为北京建设全球数字经济标杆城市提供有力的人才保障。此外，《北京市数字经济全产业链开放发展行动方案》要求坚持"五子"联动融入新发展格局，推动数据生成—汇聚—共享—开放—交易—应用全链条开放发展，打造数字经济发展的"北京标杆"。

回顾过去一年，北京市数字经济发展成绩斐然。数字经济核心产业对经济增长的贡献率持续攀升，2024年全市数字经济增加值达2.2万亿元，同比增长7.7%，有力支撑首都高质量发展；信息软件业营业收入突破3万亿

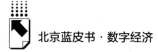

元，跃升为全市第一支柱产业，成为经济增长的重要引擎；在数字产业化、产业数字化、技术创新、新型基础设施建设、数据要素市场、标杆示范工程及对外开放等方面均取得新进展，为推动经济高质量发展注入强大动力。

推动人工智能技术创新与行业应用、开展示范标杆引领工程、提升数字基础设施建设水平、释放数据要素价值、推动数字经济对外开放等依旧是北京市进一步发展数字经济的关键之举。通过实施"人工智能+"行动，赋能新型工业化，推动传统行业的转型升级和社会经济结构的变革。打造有影响力和带动性的标杆项目，发挥示范引领作用，为数字经济发展提供可复制、可推广的经验。加快数字经济基础设施建设，促进数字产业化和产业数字化变革，培育经济新动能。充分释放数据要素价值，建设国家数据要素市场化配置改革综合试验区，探索数据要素价值转化的新模式和新路径。推动数字经济对外交流合作，促进数据跨境交易和数字化方案输出，实现更高水平的国内国际双循环。发展之路无捷径，需在日复一日的积累与探索中实现从量变到质变的飞跃。

路虽远，行则将至；事虽难，做则必成。我们希望通过此书详细介绍北京建设全球数字经济标杆城市的最新进展，为北京数字经济发展提供有益建议，积极探索富有中国特色的数字经济发展道路，携手迈向全球数字经济标杆城市建设的新征程，为我国数字经济高质量发展添砖加瓦。

摘　要

当前，以人工智能、具身智能为代表的新领域成为全球竞争的主战场，数字经济成为推动新质生产力的重要引擎、释放消费活力的枢纽力量、自主创新能力的落地场域，数字经济企业出海成为必然趋势。北京数字经济进入高质量发展新阶段，2024年北京市数字经济增加值达2.2万亿元，同比增长7.7%。总体来看，北京数字经济实现规模质量双增长、数字技术整体式突破、数字基础设施全国领先、数据基础制度先行区示范效应显著、"五子"联动共促发展、"一区一品"特色鲜明、国际合作交流日益深化。

《北京数字经济发展报告（2024~2025）》延续"建设全球数字经济标杆城市"年度主题，分为总报告、评价篇、理论篇、专题篇、比较篇、展望篇及附录。其中，总报告在分析数字经济发展时代特征的基础上探讨新阶段北京数字经济在规模总量、数字技术、数字基础设施、数据基础制度先行区等方面的发展特点，在剖析面临的形势和挑战的基础上，提出北京建设全球数字经济标杆城市的对策建议。评价篇持续对全球主要数字经济标杆城市及标杆企业等进行评估，分析北京建设全球数字经济标杆城市的进展和效果。研究发现，北京全球数字经济标杆城市总指数为0.745，与上年相比有所提高，位居美国旧金山之后，不断向最优水平的标杆值趋近。理论篇探讨了公共数据授权运营市场环境建设问题，提出了面向地方政府的公共数据授权运营市场风险防范和应对建议，也探讨了数字经济与新质生产力的形成问题，阐释了数字经济与新质生产力形成的理论逻辑、面临的现实困境及应对策略。从赋能新质生产力发展角度提出数智经济新格局、新思路。专题篇分析了北京数智基础设施发展现状,认为北京基础设施将加速从数字原生走向AI原生,急需围绕网络、存储、算力、云、能源等领域持续进行系统布局,推动数智基础设施朝着更高速、更智能、更融合、更绿色的方向发展;总结了北京数据基础制度先行区建设特点与成效,分析了面临的形势与挑战,并提出对策建议;分析了北京人工智能发展方面的成绩和特点,提出强化优势产业政策支持,深化人工智能应用场景、努力打造人工智能发展标准、瞄准人工智能重点领域等对策建议;总结了北京高级别自动驾驶示范区建设现状,并从顶层设计、法律法规、技术和产业等层面分析问题及提出政策建议;持续关注数字人才问题,并构建指标体系评价相关人才政策,研究发现,北京市高度重视科技人才发展,从多个政策维度推动科技人才的培养和引进,但政策层级不高且长期目标缺乏,为此,应制订市级层面的数字人才专项规划;针对数字经济出海问题,从数字经济出海的规则体系、基础配套设施、出海路径、人才储备等方面提出对策建议;研究北京数字技术创新与应用的经验与成效,从强化制度创新、完善产业生态、优化要素配置、升级治理体系、深化区域协同、加强人才引育等方面提出对策建议;通过社会调查分析《北京市数字经济促进条例》的实施情况,在加强配套政策落实、完善组织机制等方面提出对策建议。比较篇分析了北京市数字经济"一区一品"建设的进展与特点,探讨了其面临的挑战与问题,并借鉴国际经验提出了未来发展建议;系统梳理京津冀数字经济协同发展现状,从数字通信基础设施、数字技术创新发展、数字产业化规模和产业数字化规模四个方面进行评价,并提出针对性对策建议;归纳总结各地在促进数字消费、推进数字经济区域协同、发展数字贸易方面的标志性行动,为北京市建设全球数字经济标杆城市提供经验借鉴;分析国际数字经济标杆城市发展特点,提出北京未来应在基础设施、营商环境、技术创新、全球合作、数字生活等方面发力,加速打造全球数字经济标杆城市。展望篇,通过分析全球数字经济发展态势,探讨全球数字经济标杆城市建设方案,指出北京应从数字基础设施、技术创新、数据要素、实数融合、城市治理以及国际合作等多维度发力。附录收录了我国及北京市数字经济领域主要新政策。

　　未来，北京数字经济发展应抓住人工智能发展机遇，强化数据要素作用，促进企业释放新动能，加快数字人才培育及持续扩大开放，不断推动全球数字经济标杆城市建设取得更大的成绩。

　　关键词： 全球数字经济标杆城市　人工智能　数据要素　数字人才
北京市

目　录 ⤵

Ⅰ　总报告

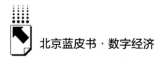

Ⅵ　展望篇

┌─────────────────────────┐
│ 皮书数据库阅读**使用指南** │
└─────────────────────────┘
👆

总 报 告 ⟩⟩

B.1
北京全球数字经济标杆城市建设
与发展报告（2025）*

课题组**

摘 要： 习近平总书记关于数字经济发展的一系列重要论述，为我国数字经济发展提供了理论指导和行动指南。2021年7月，北京市发布《关于加快建设全球数字经济标杆城市的实施方案》，描绘了北京数字经济发展的战略愿景和路线图、施工图。四年来，北京市认真落实中共中央、国务院关于推进数字经济创新发展的系列部署，积极把握经济数字化转型的变革趋势，全方位建设全球数字经济标杆城市，在诸多领域形成独具特色的"北京方案"。同时，面对人工智能兴起的新趋势，北京的数字经济发展也面临新挑战，需要

---

* 基金项目：北京市社会科学院2024年度智库追踪调研课题"新质生产力发展视角下的数字经济标杆城市建设思路研究"的阶段性成果。

** 主要执笔人：毕娟，博士，北京市社会科学院管理研究所副所长、副研究员，主要研究方向为公共服务、数字经济与治理、科技政策与管理、政府绩效管理；李伟，北京伟世通经济咨询公司总经理，主要研究方向为产业经济、区域经济、城市治理、绿色低碳等；郜启霞，北京伟世通经济咨询公司数字经济部门经理，主要研究方向为数字经济、公共政策。

在数字技术创新、数据要素流通、数字企业培育、国际数字合作等方面持续发力，加力推动数字经济高质量发展，跑出迈向数字未来的"北京速度"。

关键词： 数字经济 高质量发展 全球数字经济标杆城市 北京市

一 北京数字经济发展呈现新特征

数字经济规模持续扩大。数字经济增加值从 2021 年的 1.6 万亿元增长至 2024 年的 2.2 万亿元，平均增速超过 11.2%。产业结构不断优化。2024年，数字经济核心产业增加值同比增长 10.1%，数字产品制造业、数字产品服务业、数字技术应用业、数字要素驱动业和数字化效率提升业增加值增速分别达到 13.6%、3.5%、11.1%、3.7% 和 3.8%。2024 年 1~11 月，数字经济核心产业规模以上企业收入突破 5 万亿元，同比增长 10.8%；高端数字产品生产势头较好，工业机器人、智能手机、集成电路等产量增速分别为38.8%、18.0%、10.7%。

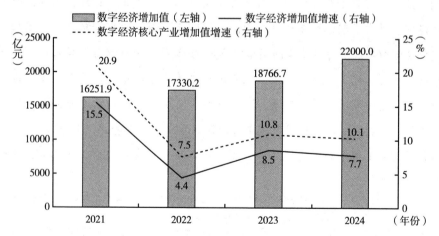

图 1 2021~2024 年北京市数字经济增加值、增速及数字经济核心产业增加值增速

注：增速均按现价计算。

资料来源：北京市经济和信息化局。

（一）数字新技术实现整体性群体式突破

人工智能领域实现突破性进展。北京智源人工智能研究院发布原生多模态世界模型 Emu3，实现视频、图像、文本三种模态的统一理解与生成；全球首个通用人工智能体"通通"正式发布；百度"文心一言"、智谱华章"GLM"、抖音"云雀"等通过中央网信办首批备案并上线，共计备案上线大模型 105 款，稳居全国首位。量子计算领域获重要突破。北京量子信息科学研究院发布新一代量子计算云平台"量子未来—Quafu（夸父）"，完成大规模量子云算力集群建设，综合指标进入国际第一梯队；玻色量子发布国内首台 100 量子比特相干光量子计算机，机型达到国际领先水平；北京量子院袁之良团队研发新型双场量子密钥分发系统，首次实现 615 公里开放式架构双场量子密钥分发。机器人、脑机接口等领域迎重大突破。北京脑科学与类脑研究中心构建"北脑二号"高性能侵入式智能脑机系统，在国际上首次实现猕猴对二维运动光标的灵巧脑控，填补国内脑机接口技术空白；具身智能机器人创新中心研发的最新一代通用机器人母平台"天工"，实现了全地形泛化移动能力，在全球率先开放开源软件开发文档、结构设计文档和训练数据集。

（二）数字基础设施建设水平保持全国领先

网络基础设施加快部署。加快建设"光网之都，万兆之城"，截至 2024 年底，5G 基站累计建设 13.39 万个；全球首个 5G-A 室内分布基站完成试点验证，推动 F5G-A 试点示范，建成 5G-A 基站 1.37 万个；国内首款商用可重构 5G 射频收发芯片——"破风 8676"芯片研制成功，实现了从"0 到 1"的关键性突破，有效提升我国 5G 网络核心设备的自主可控度；促进工业互联网发展，截至 2024 年底北京累计接入工业互联网标识解析二级节点 129 个，位列全国第一，新增标识解析量 88 亿次，新接入企业 1000 余家；高质量商业星座建设稳步推进，在轨卫星数量达 100 颗。算力基础设施建设全面铺开。发布《北京市算力基础设施建设实施方案（2024—2027 年）》，2024 年新增智算供给 8620P，累计超 2.2 万 P；上线国产算力场景验证平台；

北京昇腾智算中心获科技部"国智牌照",被纳入国家人工智能算力发展战略;摩尔线程首个全国产千卡千亿模型训练平台——千卡智算中心落地。跨区域协同基础设施建设进一步提速。上线东数西算一体化算力服务平台,构建以数据要素为核心驱动的算力跨域、跨云调度体系;与宁夏回族自治区开展算力互联互通联合试验工作;持续推进京张大数据建设,建成张北、怀来、宣化3个大数据中心集群,阿里、腾讯等19个数据中心投入运营。

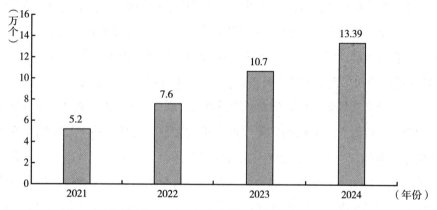

图2 2021~2024 年北京市 5G 基站累计数量

资料来源:北京市经济和信息化局。

(三)数据要素市场化配置不断强化

数据要素市场加快建设。完善数据要素顶层制度框架;获批建设"一区三中心",即全域创建数据要素市场化配置改革综合试验区,建设国家数据管理中心、国家数据资源中心和国家数据流通交易中心。[1] 数据基础制度先行区形成积极示范效应。市区两级共同构建先行区基础制度体系,汇聚100余家企业,建成全国首个人工智能数据训练基地;先行区从亦庄、通州拓展至全市,海淀区、西城区、门头沟区积极参与先行区建设,先后揭牌入

---

[1] 《本市将建设数据"一区三中心"》,https://www.beijing.gov.cn/ywdt/gzdt/202408/t20240803_ 3766258.html,2024 年 8 月 3 日。

区。数据交易成果纷呈。2024 年，北京国际大数据交易所推出个人信息授权运营平台，实名用户已超 4 万人，新增数据交易额 28 亿元，累计数据交易额达 59 亿元；全市已有 28 家企业完成数据资产入表，合计金额超 7.7 亿元。数据跨境取得新成果。在全国率先开展数据跨境安全管理工作试点；发布《中国（北京）自由贸易试验区数据出境负面清单管理办法》《北京市数据跨境流动便利化服务管理若干措施》等，加快建立高效便利安全的数据跨境流动机制；在全国范围内率先推出了场景化、字段级的数据出境负面清单管理模式，以"急用先行、小步快跑"为原则，在民航、零售、汽车、人工智能、医药等领域探索数据跨境流动的管理模式。

（四）数字产业化和产业数字化扎实推进

数字产业化动能不断释放。现有人工智能企业超过 2400 家，核心产业规模突破 3000 亿元；发布《北京市推动"人工智能+"行动计划（2024—2025 年）》，出台模型券奖励政策，推动人工智能大模型落地；全国首个元宇宙数字体验综合体落地首钢园；启用北京数字人基地。产业数字化拓展新场景。智能制造方面，发布《北京市制造业数字化转型实施方案（2024—2026 年）》，推动 581 家规上制造业企业实现数字化转型达标，GE 医疗影像设备制造基地成为国内医疗设备行业首家"灯塔工厂"；数字文化方面，通过"数字中轴"项目，利用虚拟引擎等新技术深挖北京中轴线历史文化内涵，推动文化遗产数字化保护与传承。数字金融方面，发布《北京市推动数字金融高质量发展的意见》，启动建设国家级金融科技示范区和数字金融示范区；数字消费方面，2024 年，限额以上批发和零售业、住宿和餐饮业实现网上零售额 5786.6 亿元，增长 1.7%；积极推动王府井、前门大栅栏、三里屯等传统商圈改造，三里屯商圈和三里屯太古里南区分别被确认为"全国示范智慧商圈"和"全国示范智慧商店"。

（五）"一区一品"特色发展格局纵深建设

东城区加速培育"文化+科技"产业集群，高标准建设国家文化和科技融合示范基地。西城区推进"马连道中国数据街"建设,组建国家级"数据要素联合创新实验室",开展数据要素流通关键技术研究。朝阳区互联网3.0产业领跑全市,推动产业互联网、数字安全等主导产业集聚。海淀区建设全球数字经济标杆城市创新引领区;集中资源打造人工智能产业高地,规划建设人工智能创新街区。丰台区聚焦新一代信息技术、科技服务、数字金融、航空航天、轨道交通等重点领域,加快推动数字技术与实体经济融合发展。石景山区打造以首钢为中心的科幻产业园,积极推进首钢园"数字人民币示范园区"建设。大兴区积极布局数据要素产业集群,信软营收增速居全市前列。通州区着力打造以网络安全、元宇宙等为代表的数字经济产业集群。顺义区积极打造智能网联汽车创新生态。昌平区初步形成新一代信息技术产业集聚地,小米昌平智能工厂建成投用、产值突破百亿元。门头沟区以"京西智谷"智算中心建设为牵引,吸引人工智能相关企业聚集。房山区积极打造新型储能与氢能、先进基础与关键战略材料、智慧医工服务、智能制造和网联汽车四大产业集群。怀柔区构建"大科学装置+海量科学数据"全新产业生态。平谷区以数字经济引领高精尖产业发展,建设"高大尚"平谷。密云区打造聚焦水资源保护和生态环境建设的数字化应用产业及生命健康数字产业。延庆区丰富线上赛事健身活动宣传渠道,促进数字体育消费。经开区加速推进高级别自动驾驶示范区建设和北京数据基础制度先行区建设。

(六)数字经济国际合作迈出新步伐

搭建数字经济国际合作平台。成功举办四届全球数字经济大会,发布了《全球数字经济标杆城市北京宣言》《全球数字经济伙伴城市合作倡议》等重磅成果,北京的数字经济伙伴城市"朋友圈"持续扩大,全球数字经济伙伴城市累计已达30个;与中国欧盟商会、英中贸易协会等20余家联盟协会共同构建国内外商协会合作网络,参与巴塞罗那举办的全球数字经济大会,推介北京数字经济典型解决方案,助力全球数字经济标杆城市建设成果走向世界。打造全国首个数字经济企业出海创新服务基地,吸纳70余家专业团队进入运营服务体系，促成基地入驻企业产品出口非洲"首订单"。不断探索通过国际信息产业和数字贸易港开展贸易数字化国际合作，并积极推动"数字丝绸之路"经济合作试验区建设，促进与沿线国家的数字经济合作；与中东地区相关单位合作签约，打造共建"一带一路"数字经济国际创新合作新枢纽。率先开展增值电信扩大对外开放试点，4家在京外资企业获得首批经营试点。数字经济合作机制不断完善。与泰国、巴基斯坦等国家建立了数字经济合作机制，签署数字经济合作备忘录，推动政策沟通、标准互认、联合研究等领域的合作；与新加坡等国家开展了数据跨境流动试点，为数字经济发展提供了重要参考。建成北京跨境电子合同签署平台，接入认证企业超1.4万家。

二　全球数字经济发展新趋势

（一）人工智能成为全球数字经济竞争发展的新战场

人工智能作为新一轮科技革命和产业变革的重要驱动力量，是大国竞争的战略制高点，谁能在人工智能领域抢占先机、赢得主动，谁就能在国际舞台上掌握更多话语权。OpenAI发布ChatGPT，以1750亿参数的GPT大模型掀起生成式AI革命，加剧了AI领域的竞争，不仅微软等美国公司参与其中，我国腾讯、阿里巴巴等企业也积极加入这一赛道。2024年，DeepSeek凭借自研的基础大模型和高效的搜索增强技术，在全球范围内掀起AI新一轮竞争浪潮。美国出台《人工智能未来法案》《国家人工智能研发战略计划》等，强化在人工智能领域的领先优势；欧盟推出"GAIA-X"计划，试图以《人工智能法案》应对美国的技术渗透；同时，通过《人工智能法案》构筑规则壁垒，对ChatGPT类模型征收20%"数字创新税"，试图在伦理监管上掌握主动权。人工智能不仅是技术革命，更是全球各国竞争的焦点。

（二）数字技术呈现从单点突破向融合创新的新变革

从历史上看，每次产业革命都基于技术创新与迭代发展。当前，技术变革正以惊人的速度和深度改变全球经济结构，尤其是跨学科跨领域突破与融合成为趋势。一方面，基础技术之间跨学科交叉创新成为主流。人工智能与生物技术、量子计算与通信、能源互联网与区块链等跨界融合并持续突破，如 DeepMind 开发的 AlphaFold 模型成功预测了蛋白质的三维结构，加速了新药研发过程。越来越多的高校、科研院所、企业等利用人工智能探索医药研发新范式，促进蛋白质、小分子、递送系统、临床疾病、适应证拓展、中医药、合成生物学等的发展。另一方面，软硬件协同创新推动一批新产品涌现。尤其在具身智能、智能网联新能源汽车、智能硬件设备等领域，软硬件协同创新至关重要，仿生硬件设计+AI 决策系统、多模态传感器融合、车端软硬协同、V2X 通信与边缘计算等成为新趋势。软硬件协同创新已从"功能叠加"迈向"基因融合"，其本质是通过硬件为软件提供土壤、软件为硬件注入灵魂，在具身智能、智能网联新能源汽车等领域催生颠覆性突破。此外，企业—高校—政府联合创新体、开源社区与产业联盟等形成创新网络，进一步推动数字技术系统性创新，加快群体技术突破。

（三）数实融合推动数字经济步入工程化应用新周期

随着 AI 大模型、数字孪生、区块链等技术的工程化落地，数字经济发展进入场景化渗透、垂直化应用的攻坚期。2025 年政府工作报告明确提出，持续推进"人工智能+"行动，将数字技术与制造优势、市场优势更好结合起来，支持大模型广泛应用，大力发展智能网联新能源汽车、人工智能手机和电脑、智能机器人等新一代智能终端以及智能制造装备。数字技术的集成迭代、人机物的全面互联，将推动技术范式、生产组织等融合渗透与变革发展。一方面，数实融合将孕育一批超级应用平台，包括垂直大模型、专用行业智能体、产业级操作系统等，形成一批"标杆企业+行业用户+大模型厂商"协同创新联合体，推动人工智能等数字技术在制造、医疗、金融、交通等垂直领域的深度应用。另一方面，新业态新模式进一步涌现。人机协同、个人数字孪生体等模式越来越普遍，如 Sora 重构影视创作流程、数字人平台驱动服务产业变革。超级应用平台的落地，将进一步催生"需求即生产"的定制经济、虚实共生的体验经济，以及人机共智的生产范式。当数字技术深度融入实体产业链的"毛细血管"，超级应用将不再是工具替代，而是重构生产函数、释放指数级价值的新经济形态底座。

（四）数字消费成为提振消费促进内循环的新增长点

2025 年政府工作报告提出，创新和丰富消费场景，加快数字、绿色、智能等新型消费发展。随着互联网、云计算、人工智能等新技术的深化应用，数字化已经渗透到各行各业以及经济社会生产活动全过程，数字消费成为数字经济的重要增长点。一方面，随着社交电商、直播带货、社区团购等新模式快速发展，新型线上消费创新更为活跃，消费场景日益丰富，创造了诸多新的消费需求。同时，广告商通过技术手段提高广告投放的有效性，互联网广告逐步转向移动端，特别是短视频平台上的广告，加上支付工具的优化，将进一步拓宽数字消费群体。另一方面，影视剧、网络文学、电子游戏、云旅游等线上消费不断催生新模式和新场景，推动数字消费快速增长。据国家统计局数据，2024 年，全国网上零售额 155225 亿元，同比增长 7.2%，未来全国网上零售额将进一步增长。

（五）数字企业出海发展成为拓展成长曲线的新方向

全球数字化产品的需求呈现多样化和地域性特征，不同的国家和地区因经济发展水平、产业结构等差异，对数字经济产品的需求也不同。如中东地区对电子商务的需求大；非洲国家以传统产业为主，数字技术研发能力不足，4G 和 5G 渗透率偏低，对通信基础设施建设需求大，产业数字化转型需求强烈。我国在电子商务、人工智能、云计算等领域积累了技术和经验，正逐步成为全球市场的重要供给方。在全球供应链重构的背景下，我国数字企业将目光投向海外市场，通过提供定制化解决方案和创新服务，有效满足了不同国家和地区的市场需求。同时，对于企业而言，数字技术的应用提高

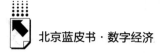

了运营效率，通过数字化出海，可优化全球资源配置，降低运营成本，助力企业寻找第二成长曲线。此外，共建"一带一路"倡议下，我国与共建"一带一路"国家合作日益紧密，在数字贸易、数字基础设施、数字产业、数字人才等方面为我国企业提供出海机遇。

三　北京全球数字经济标杆城市建设面临新挑战

（一）人工智能创新优势转化为产业优势的路径模式还需探索

北京人工智能在国内具有相对领先优势，但 DeepSeek 的发展在引发开源 AI 变革浪潮的同时也给商业模式带来了挑战。一是大模型应用在 ToC 端面临的挑战。C 端用户数量庞大，但付费意愿普遍不高，大部分国内的 C 端对话产品在付费模式上的探索效果并不理想，难以覆盖模型的训练和运营成本。C 端用户的需求多样，大模型厂商需要不断挖掘需求，开发出具有创新性和吸引力的应用场景以吸引或留住客户。二是大模型应用在 ToB 端面临的挑战。不同行业、企业对大模型的应用场景和功能要求不同，需要大模型厂商提供高度定制化的解决方案，增加了开发和实施的成本与难度。企业在引入新技术时通常需要经过复杂的决策流程，导致大模型在 ToB 市场的推广和应用周期较长，延缓了厂商的盈利速度。

（二）数据要素在数字经济全局中的价值释放有待进一步激活

数据要素是数字经济时代的核心资源，影响着数字经济发展的水平和速度。目前，北京数据要素市场发展仍处于初期，开放层面，高质量数据集供应不足，与应用场景需求融合程度较低，数据供给方缺乏个性化定制模式；流通层面，由于数据要素具有来源多样、结构多元等特征，叠加数据交易配套制度不完善、市场化交易习惯尚未养成、合规监管门槛高等因素，场内交易量少、业务不活跃；产业层面，部分企业尚停留在"入表"层面，对数据长期价值的挖掘不够，数据要素与应用场景需求融合程度较低，产业链数据协同效能尚未充分释放；数据管理制度方面，部分现有制度已无法满足数据流通、交易的实际需求，亟待调整，例如，北京国际大数据交易所在现行的政府采购法和招标投标法框架下，既非招标代理机构，也非数据提供商，难以将北京市丰富的公共数据资源导入场内开展交易。

（三）数字人才作为数字经济发展第一资源的作用仍需强化

人才是发展的第一资源。数字技术人才是数字经济发展的第一资源。随着数字产业化和产业数字化发展，各领域对数字人才的需求大幅增长。猎聘大数据显示，2024 年春季开工首周，AIGC 领域对人才的需求激增，新发布的职位数量与上年同期相比，涨幅高达 612.5%。[①] 而北京在数字人才方面面临数量不足、配套政策吸引力不足等问题。一是数字人才数量方面，我国数字化人才总体缺口在 2500 万～3000 万人。[②] 北京市数字经济人才短缺。从人才结构来看，在人工智能、量子计算、高端芯片等前沿技术领域，顶尖数字人才稀缺；对数字技术、数字化管理和数字营销等方面的数字化转型人才需求量大。二是配套政策方面，数字经济人才专项规划、引进政策与长三角相比优势不明显，存在政策门槛较高、竞争较为激烈、审核周期较长等问题，引进国际高端人才政策的吸引力不够。

（四）人工智能及数字经济发展带来的新治理问题需加快应对

数字经济快速发展，提升了经济社会治理水平，也带来新的治理问题。以人工智能为例，随着生成式人工智能技术在各个行业的应用，生成的内容如文字、图片、视频、音频等难以辨别真伪，对信息传播的真实性和可信度带来挑战。人工智能及其背后的算法无法实现绝对的公正，存在"算法歧视"，可能使信任智能系统的人们面临"信息茧房"问题，进而导

[①] 猎聘大数据研究院：《2024 新春开工首周就业洞察报告》，https：//news. qq. com/rain/a/20240226A04VPEOO，2024 年 2 月 26 日。

[②] 人瑞人才、德勤中国：《产业数字人才研究与发展报告（2023）》，社会科学文献出版社，2023。

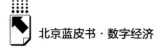

致不同的人群之间出现认知壁垒。新一代人工智能在图像分类、语言理解等方面的能力越来越强，对就业市场产生直接影响。2024年1月国际货币基金组织的《Gen-AI：人工智能和未来的工作》显示，在发达经济体，大约60%的工作岗位可能受到人工智能的影响，在新兴市场和低收入国家，受到人工智能影响的工作岗位预计分别占40%和26%。

（五）数字技术"引进来"与北京方案"走出去"的国际合作仍需破题

围绕数字经济开展双多边国际合作、加快发展外向型数字经济，是促进我国数字经济高质量发展的内在要求，也是依托我国超大规模市场优势推进高水平对外开放的客观需要。目前，北京市数字经济国际化面临一些挑战。各国数字产业发展阶段不同，利益诉求各异，导致市场准入限制和监管机制千差万别，数字企业海外数据合规压力大，企业高质量"引进来"难度大。数字技术在"创新端"和"基础端"还存在短板，如基础软件、高端5G芯片等尚未实现国产替代，国内企业相关技术的稳定性、成熟度以及产品化、工程化等与国外企业相比存在一定差距；国产人工智能芯片技术和应用生态较国际领先水平存在差距；知识产权保护机制和手段也需要与经济社会发展形势和国内外竞争趋势相适应。

四　北京全球数字经济标杆城市建设与发展对策建议

（一）进一步加快数字技术创新发展

支持组建行业领军企业牵头、高校院所支撑、各创新主体相互协同的数字技术创新联合体，加快人工智能、区块链、脑机接口、量子信息、前沿新材料等领域的技术攻关。支持人工智能大模型迭代升级，推动建立人工智能自主可控技术创新体系。支持下一代区块链关键技术研发，围绕长安链底层关键技术组件和平台开展技术攻关，保持长安链的技术领先优势。聚焦工业操作系统、行业知识库、软件集成开发工具等工业软件的共性领域，开展建模与仿真、多学科融合建模、复杂工业系统高精度仿真算法等关键核心技术攻关。依托国家大学科技园打造高校区域技术转移转化中心，结合信息技术、智能制造等重点产业方向，加强与企业、科研机构、各类技术转移转化平台的协同，推动数字技术与产业创新融合，实现从"物理叠加"向"化学融合"的质变。利用"基础技术突破—产业链协同—全球资源整合"的立体化创新网络，推动数字经济关键领域的技术创新，实现数字技术在行业的应用落地。

（二）进一步加强数据要素市场建设

加快建设数据要素市场化配置改革综合试验区、国家级数据管理中心、国家数据资源中心和国家数据流通交易中心。完善数据基础制度先行区"1+5"统筹布局，打造国家数据基础制度改革成果集中承载地。落实数据基础制度先行区专项招商引资政策，推动先行区运营平台公司加快运营。做好与国务院国资委、国家数据局的沟通对接，争取国家数据集团落地数据基础制度先行区。推进数据资产评估、定价、交易机制创新，深化数据应用监管沙盒、数据跨境便利化服务等改革试点。支持北京国际大数据交易所深化体制机制改革，畅通数据资产化流程，做深做实商业模式，巩固提升国际影响力。构建合规监管的数据采集、传输、加工、应用管理体系，推动自动驾驶、医疗健康、智能制造等重点行业数据空间建设，支撑人工智能数据训练需求，促进数据要素企业聚集发展。持续推动数据跨境流通制度创新，服务于跨国企业安全合规开展数据跨境流动。

（三）进一步推动数实深度融合

数字产业化方面，加快打造人工智能创新策源地，全面构建自主可控的软硬件人工智能产业生态，培育性能达到国际先进水平的通用大模型，实现人工智能规模不断升级；建设大规模高质量的综合数据集、行业数据集和开放中文语料库，探索高质量数据集开放共享机制。优化数据产业区域布局，研究制定数据企业认定规范，分类培育数据服务企业，推动数据产业集聚发展。聚焦工业、科技创新、医药健康等领域，重点打造一批示范性数据应用

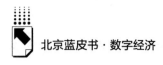

场景，探索形成可复制、可推广的模式。

产业数字化方面，建立人工智能对重点行业赋能机制，促进人工智能大模型在教育、医疗等行业的应用，形成一批行业应用方案。面向重点制造业场景需求，布局通用大模型和行业垂类大模型，提升研发设计、中试验证、生产服务等全链条智能化水平。持续推动制造业企业数字化转型，构建智能工厂梯度培育体系。积极参与国家级金融科技示范区建设，持续推进资本市场的金融科技创新试点。针对特色景点和文化遗产搭建数字云平台，开发旅游直播、沉浸式场馆等数字文旅产品。建立促进服务消费政策体系，支持发展数字消费、绿色消费、健康消费等新型消费。

（四）进一步助力企业加快数智转型

建设全国首个专精特新企业赋能中心，探索建设全国服务"一张网"地方节点。强化资源对接，搭建场景对接平台，帮助科研院所、团队与应用场景企业对接，培育原始创新企业。推动大模型研发团队和传统软件集成服务工程化公司形成上下游合作关系，培育生产服务型企业，探索多方合作商业模式。发挥制造业链主企业的引领带动作用，助力产业链上下游企业加快数字化转型达标。持续培育和评选市级智能制造标杆，优化中小企业数字化转型支持政策，促进规上制造业企业全面绿色化、数字化达标。全力做好数字经济领域重点企业服务，加大对各类企业的服务力度，及时帮助企业协调解决稳产保供、生产经营等难题。

（五）进一步优化数字经济营商环境

引进一批海外高层次数字人才，支持一批留学回国的数字人才创业，构建起完善的数字人才成长梯队；紧紧围绕数字产业化与产业数字化两大核心要点，培育数字战略科学家、数字领军人才、数字技术人才及技能人才；深入实施卓越青年科学家计划，推进"北京中关村学院"建设，培养一批高层次复合型创新人才和人工智能领域紧缺人才。支持北京股权交易中心推进区域性股权市场制度和业务创新试点，建设"专精特新"专板，助推更多数字经济企业适用"绿色通道"机制以实现挂牌上市；支持专精特新数字企业到北交所等上市。深化数据知识产权试点，健全数据知识产权规则制度体系，完善数据知识产权登记系统，推进数据知识产权保护，推动数据知识产权交易使用。优化人工智能在重点领域的风险监测机制，针对人工智能换脸、变声等深度伪造技术，基于程序代码根源健全监测与预警机制。

（六）进一步深化国际数字开放合作

依托全球数字经济大会、中国国际服务贸易交易会、中关村论坛等平台，服务北京数字经济领域的国际合作，助力国内企业"走出去"、国外优秀企业"引进来"。持续办好全球数字经济大会，聚焦人工智能、数据跨境流动等前沿议题，发布权威报告、伙伴城市行动计划、重点合作项目等重磅成果，将全球数字经济大会打造成全球数字经济领域成果分享的重要平台。落实《全球数字经济伙伴城市合作倡议》六大行动，扩大全球数字经济伙伴城市"朋友圈"，不断提升大会的国际化水平与行业影响力。推进增值电信业务扩大对外开放试点工作，吸引外资企业在京申报业务资质。建设数字口岸、国际信息产业和数字贸易港，推进数字技术在国际贸易流程中的应用。提升数据跨境服务中心、数据出境"绿色通道"的服务能级，拓展覆盖范围，提升企业数据出境效率。建设北京数字经济企业出海创新服务基地，积极创建"数字丝绸之路"国际合作试验区。组织实施数字经济企业出海行动，打造北京数字经济企业在国内国际双循环新发展格局下的合作平台。

参考文献

《本市将建设数据"一区三中心"》，https：//www. beijing. gov. cn/ywdt/gzdt/202408/t20240803_ 3766258. html，2024 年 8 月 3 日。

评价篇 ⟩

B.2
全球数字经济标杆城市发展
评价报告（2025）

葛红玲 李惠璇 李 波*

摘 要： 数字经济引领的全球经济发展和产业变革，正在深刻改变全球城市竞争格局。本报告承接上年全球数字经济标杆城市评价方法和指标体系，评价了2024年全球主要城市作为数字经济标杆城市的发展状态，以及北京建设全球数字经济标杆城市的进展，研究发现，北京全球数字经济标杆城市总指数为0.745，排名全球第二，位居美国旧金山湾区之后。竞争白热化态势在头部城市尤为明显，与上年相比，北京市的指数值有所提升，但与排第三名的西雅图、第四名的纽约相比领先优势缩小。具体而言，北京市在数据

* 葛红玲，北京工商大学经济学院教授、博士研究生导师，北京工商大学数字经济研究院执行院长，主要研究方向为数字经济、数字金融、产业创新；李惠璇，北京工商大学经济学院副教授、硕士研究生导师，主要研究方向为数字经济、资产定价、劳动力市场；李波，北京工商大学经济学院副教授、硕士研究生导师，主要研究方向为金融发展、数字经济和货币金融。本报告在研究、撰写过程中，北京工商大学经济学院方盈赢和程悦两位副教授参与讨论，并就指标体系构建、选择以及数据处理等提出建议。北京工商大学经济学院研究生王宇梓、李路、刘义威、涂馨月等参与数据收集和整理工作。

要素配置力、数字产业引领力和数字创新策源力等方面表现优异，而在数智基础支撑力和数字对外开放力方面存在不足。本研究结果可为北京市建设全球数字经济标杆城市提供政策参考。

关键词： 全球数字经济标杆城市　城市数字化　数字经济

一　引言

随着新一轮科技革命和产业变革的推进，全球经济正加速从工业经济向数字经济转型，这一转变正在深刻重塑全球经济竞争格局。在数字化大潮中，数字技术被广泛应用于经济社会发展的方方面面，城市是数字技术创新和应用的前沿阵地，也是数字经济发展的"火车头"，综合承载着政府、社会、经济、文化、生态全方位的数字化转型。伴随着物联网、大数据、云计算、5G等数字基础设施的建设和传统基础设施的改造升级，新产业、新业态、新模式、新场景不断涌现，城市作为一个有机且复杂的巨系统迎来数字化发展新阶段，以数智基础设施为保障，以数据要素为核心驱动，以数字开放为外部环境，数字经济、数字社会、数字治理协同融合的数字经济标杆城市正在成为全球城市发展的新方向，成为引领经济高质量发展的新引擎。

城市作为经济社会发展的综合载体，是数字经济发展的主阵地，城市数字化发展受到各国政府的高度重视，成为抢占时代发展先机、构筑竞争新优势的重要议题和政策热点。面对国内外形势变化，中国高度重视数字化发展，围绕数字经济和数字中国建设出台了一系列政策举措。习近平主席在2022年11月二十国集团领导人第十七次峰会上的讲话中指出，要营造良好的数字经济发展环境，推动数字产业化和产业数字化方面的国际合作，释放数字经济带动全球增长的潜力。2023年2月，中共中央、国务院发布《数字中国建设整体布局规划》，明确指出数字中国建设是数字时代推动中国式现代化的重要引擎，是增强国家竞争力的新支撑。城市是数字中国建设的基

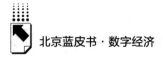

本单元和主要阵地，相关部门和各省区市加快落实数字中国建设战略，推进城市数字化发展，2024年5月国家发改委、国家数据局等部门联合发布《关于深化智慧城市发展　推进城市全域数字化转型的指导意见》，进一步强调要全面、全过程推进城市数字化发展。

建设全球数字经济标杆城市是数智时代提升国家核心竞争力的重要战略。通过大力建设全球数据流动的关键节点和数据资源配置中心，提升国家及城市在全球数字经济网络中的地位，进而引领全球数字经济发展。全球数字经济标杆城市不仅要具备先进的数字经济发展水平，还需具备在全球范围内配置资源和定价的能力。北京积极推进全球数字经济标杆城市建设，以期增强在全球数字经济格局中的竞争力，成为全球数字经济发展的引领者。2024年，北京在建设全球数字经济标杆城市方面不断取得创新突破。5G、IPv6、工业互联网、智能算力等基础设施建设领跑全国，人工智能技术不断实现突破，同时获批人工智能领域首个国家级先进制造业集群，2024年全市数字经济增加值突破2.2万亿元，同比增长7.7%。

为了跟踪全球数字经济城市发展动态，揭示全球数字经济标杆城市竞争格局，本报告立足国际视野，从数智基础支撑力、数据要素配置力、数字产业引领力、数字创新策源力、数字治理保障力、数字对外开放力六个维度，构建全球数字经济标杆城市指标体系。鉴于近期AI大语言模型和AI应用的发展如火如荼，本年度指标体系中新加入了各城市的全球前沿大语言模型数量、全球TOP100 AI App数量和下载量等指标。基于最新指标体系，本报告测度了2024年32个城市的数字经济标杆城市指数，评价了主要城市的数字经济标杆城市发展状态，并着重分析了北京建设全球数字经济标杆城市的进展，探讨了北京在全球范围内提升其标杆引领作用尚需进一步努力的方向及面临的挑战。

二　全球数字经济标杆城市指标体系构建

本报告基于全球城市数字化发展的本质趋势和实践走向，结合数字经济理论、全球城市理论和城市竞争力理论，将"数字经济"融入"城市竞争力""全球城市"相关理论中，把全球数字经济标杆城市作为一个独立概念，以数字经济为发展的核心引擎，以生态化融合发展为核心发展思想，构建城市创新发展的理论框架，[①] 并以此为指导编制全球数字经济标杆城市指标体系，对主要城市数字经济标杆城市指数进行测度，突出"标杆引领"，归纳全球数字经济标杆城市的六大特征。

（一）指标选取原则

1. 前瞻性和引领性原则

数字经济正处于蓬勃发展阶段，很多新技术、新业态还是新生事物，难以用传统统计指标予以衡量。本报告力求站在新技术、新业态发展前沿，选取衡量算力、工业互联网、数据中心、大语言模型等新生事物发展情况的指标，测度城市在这些前沿领域的标杆引领作用。

2. 全面性和代表性原则

数字经济发展是生产要素、生产力、产业结构、社会组织方式全面变革的过程，涉及诸多维度。本报告在构建指标体系时借鉴了国内外既有指标体系，全面覆盖数智基础支撑力、数据要素配置力、数字产业引领力、数字创新策源力、数字治理保障力、数字对外开放力六大维度，选取最有代表性的指标，衡量数字经济标杆城市的标杆引领作用。

3. 可比性和可操作性原则

为了保证评价指标的可比性和可操作性，本报告测度数据来源于全球范围内公开、可获取的指标信息。一方面，从国际组织和机构发布的报告中收集客观统计指标，选取反映全球数字经济标杆城市发展水平的指标；另一方面，基于上市公司数据库、独角兽企业数据库、Aminer 等多个数据来源，选取具有前沿性、可比性及可操作性的度量指标。

---

① 理论框架具体细节可见《北京数字经济发展报告（2022~2023）》。

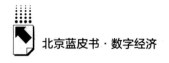

（二）指标体系的研究设计

《北京数字经济发展报告（2022~2023）》详细介绍了本指标体系构建的理论基础。基于课题组对全球数字经济标杆城市的内涵和特征的理解，借鉴国内外数字经济指标体系构建方法，从数智基础支撑力、数据要素配置力、数字产业引领力、数字创新策源力、数字治理保障力、数字对外开放力六个维度选取指标，构建全球数字经济标杆城市指标体系。一级指标的设计框架如图1所示。

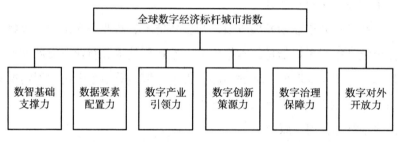

图1 全球数字经济标杆城市指数的设计框架

需要说明的是，在数字经济领域许多新生事物不断涌现，发展变化日新月异，因此，在本年度调整和新增几项细分指标后指标体系包括6个一级指标、16个二级指标、44个三级指标。在此框架下，数字经济标杆城市6个一级指标具体如下。

1. 数智基础支撑力

数智基础支撑力包括2个二级指标。①网络基础，是数字传输的基础。目前，互联网宽带、移动互联网已经基本普及，千兆光纤网络、IPv6处于全球网络基础设施建设前沿，三级指标包括互联网普及率、移动网速和固定网速、IPv6普及率。②新型数字基础，是数据收集、存储和计算的重要支撑，包括计算力指数和全球TOP500超级计算机数量指标。

2. 数据要素配置力

数据要素配置力包括3个二级指标。①数据资源汇集，是衡量产业数据的积累量。产业数据是互联网平台和各类工商企业在日常生产经营过程中积累的数据资源。由于产业数据总量难以直接被测算，使用头部平台企业用户数来反映用户数据资源规模，同时使用全球TOP100数据中心数量来反映数据汇聚程度。②数据要素共享，是衡量公共数据的政府内部共享和面向公众开放程度，使用《联合国电子政务调查报告》中公布的政务数据开放指数来度量。③数据资产交易，衡量数据要素市场发育程度，包括国际数据交易所和数据服务公司数量、市值等指标。

3. 数字产业引领力

数字产业引领力包括3个二级指标。①数字经济核心产业集聚，是数字经济发展的核心内容。数字经济核心产业集聚使用全球TOP500数字企业规模（数量、市值）、经营绩效（总资产报酬率）和成长性（营收增速、资本支出增速）来测度。②高端产业融合，是数字化产业集聚的重要途径。数字经济与高端产业融合是利用数字技术对传统产业进行全方位、多角度、全链条的改造，提高生产、运营和管理效率，发挥数字技术对经济发展的叠加作用，包括智能制造（灯塔工厂数量）、工业互联网平台和金融科技发展水平等指标。③新兴数字产业培育，是数字产业引领发展的关键。使用全球TOP300数字独角兽企业数量和估值等来度量。近年来，AI大语言模型和应用的发展如火如荼，因此，在指标体系中新加入了各城市的全球TOP100 AI App数量和下载量指标、全球前沿大语言模型数量。

4. 数字创新策源力

数字创新策源力包括3个二级指标。①创新基础，是衡量数字技术创新的直接源头要素。创新基础主要包括人才、制度、科研设施。三级指标包括全球TOP500高校数量、全球TOP200人工智能研究机构数量、全球TOP100人工智能学者数量和全球计算机科学领域高被引科学家数量等指标。②创新投入，是衡量数字技术创新的资本投入和人力投入，使用数字企业研发投入强度和增速、城市研究与开发指数来度量。③创新产出，是衡量数字技术创新的成果，体现在科技论文数量、专利数量、软件著作权登记量、数字产业新产品销售收入等领域，包括计算机领域最佳论文数

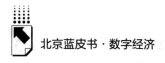

量、PCT专利数量、国际科技创新中心指数等指标。

5. 数字治理保障力

数字治理保障力包括3个二级指标。①数字政务建设，以数字技术为基础，打造高效透明的政务运行体系从而提高政府治理能力，包括电子参与指数和在线服务指数2个三级指标。②数字城市治理，将数字技术与城市管理相结合，能够大幅提升居民生活便利度和城市治理智能化水平，包括数字城市指数、智慧城市指数等指标。③数字营商环境，数字经济时代的公共服务更突出数字化、智能化和融合化，提升公共服务数字化水平，能够实现数字经济发展红利的全民共享。在本指标体系中，使用营商环境便利度作为代理指标反映数字化公共服务。同时，也新加入了数字创业便利度作为衡量指标。

6. 数字对外开放力

数字对外开放力包括2个二级指标。①跨境数字贸易与投资，是衡量数字产品和数字服务的跨境贸易，以及数字产业利用外资情况和海外投资情况，三级指标包括ICT服务贸易额、数字支付服务、全球金融中心指数，以及数字经济领域海外上市公司数量、市值等。②全球数字治理参与能力，是衡量数字经济相关法律法规、政策体系、技术标准的建设情况，能够为数字经济健康发展保驾护航，激发其积极作用，减少其负面影响。全球数字治理参与能力使用全球数字规则参与度、国际交往中心城市指数等指标度量。

表1 全球数字经济标杆城市指标体系

一级指标	二级指标	三级指标	数据来源
数智基础支撑力	网络基础	互联网普及率	世界银行
		移动网速和固定网速	Ookla
		IPv6普及率	APNIC
	新型数字基础	计算力指数	清华大学全球产业研究院
		全球TOP500超级计算机数量	国际超算大会

续表

一级指标	二级指标	三级指标	数据来源
数据要素配置力	数据资源汇集	全球 TOP100 数据中心数量	DGTL
		头部平台企业用户数	课题组统计
	数据要素共享	政务数据开放指数	联合国
	数据资产交易	国际数据交易所	课题组统计
		数据服务公司数量、市值	Wind 数据库
数字产业引领力	数字经济核心产业集聚	全球 TOP500 数字企业规模（数量、市值）	Wind 数据库
		全球 TOP500 数字企业经营绩效（总资产报酬率）	Wind 数据库
		全球 TOP500 数字企业成长性（营收增速、资本支出增速）	Wind 数据库
	高端产业融合	智能制造（灯塔工厂数量）	世界经济论坛
		工业互联网平台	Gartner
		自动驾驶测试次数	美国加利福尼亚州 DMV
		金融科技发展水平	2024 年金融街论坛
	新兴数字产业培育	全球 TOP300 数字独角兽企业数量和估值	胡润研究院
		全球 TOP100 AI App 数量和下载量	非凡产研
		全球前沿大语言模型数量	Chatbot Arena
数字创新策源力	创新基础	全球 TOP500 高校数量	QS
		全球 TOP200 人工智能研究机构数量	Aminer
		全球 TOP100 人工智能学者数量	Aminer
		全球计算机科学领域高被引科学家数量	科睿唯安
	创新投入	数字企业研发投入强度和增速	欧盟 IRI
		城市研究与开发指数	全球城市综合实力指数（GPCI）
	创新产出	计算机领域最佳论文数量	课题组
		PCT 专利数量	世界知识产权组织（WIPO）
		数字领域创新企业数量	欧盟委员会 IRI
		国际科技创新中心指数	清华大学

续表

一级指标	二级指标	三级指标	数据来源
数字治理保障力	数字政务建设	电子参与指数	联合国
		在线服务指数	联合国
	数字城市治理	数字城市指数	Economist Impact
		智慧城市指数	瑞士洛桑国际管理发展学院（IMD）
	数字营商环境	营商环境便利度	世界银行
		数字创业便利度	CEOWORLD
数字对外开放力	跨境数字贸易与投资	ICT服务贸易额	UNCTAD
		数字支付服务	UNCTAD
		全球金融中心指数	Z/Yen集团
		数字经济领域海外上市公司数量、市值	Wind数据库
	全球数字治理参与能力	全球数字规则参与度	WTO-RTA数据库
		国际会议数量	国际大会及会议协会（ICCA）
		国际交往中心城市指数	清华大学中国发展规划研究院、德勤中国
		城市文化交流指数	全球城市综合实力指数（GPCI）

（三）指数测度方法

在构建全球数字经济标杆城市指标体系时，结合数字经济、全球标杆城市的含义和指数选取的原则，借鉴国际认可度较高的联合国开发计划署编制的人类发展指数（Human Development Index，HDI）计算方法，具体优化和筛选过程如下。

1. 评价指标的经验性初步筛选

以高频指标为重点，结合文献梳理和全球主要城市数字经济发展情况，根据数据可获得性剔除无法获取数据的指标，得到第一轮初筛指标，如表1所示，充分保证数据可以量化处理。

2. 指标的无量纲化处理

鉴于各指标数据的统一口径和类型差异，以及初筛指标的效益型性质，采取以下处理方法标准化数据，表示为：

$$正向指标：x_{ij} = \frac{v_{ij} - \min\limits_{1 \leq i \leq m, 1 \leq j \leq n}(v_{ij})}{\max\limits_{1 \leq i \leq m, 1 \leq j \leq n} - \min\limits_{1 \leq i \leq m, 1 \leq j \leq n}(v_{ij})} \tag{1}$$

$$逆向指标：x_{ij} = \frac{\max\limits_{1 \leq i \leq m, 1 \leq j \leq n}(v_{ij}) - v_{ij}}{\max\limits_{1 \leq i \leq m, 1 \leq j \leq n} - \min\limits_{1 \leq i \leq m, 1 \leq j \leq n}(v_{ij})} \tag{2}$$

其中，v_{ij} 表示第 j 个评价对象第 i 个指标，包括正向和逆向指标的原始值，m 表示评价指标数，n 表示评价对象总数，x_{ij} 表示 v_{ij} 的标准化值，且 $0 < x_{ij} < 1$。

3. 计算各个维度的评价指标

通过计算各个维度的测算值与最理想值的欧氏距离，并将所有距离整合在一起，便得到单一维度的全球数字经济标杆城市指数，具体计算公式为：

$$IFI_i = 1 - \frac{\sqrt{w_{i1}^2(1-x_{i1})^2 + w_{i2}^2(1-x_{i2})^2 + \cdots + w_{in}^2(1-x_{in})^2}}{\sqrt{w_{i1}^2 + w_{i2}^2 + \cdots + w_{in}^2}} \tag{3}$$

进一步，计算复合维度的全球数字经济标杆城市指数：

$$IFI = 1 - \frac{\sqrt{w_1^2[Max(IFI_1) - IFI_1]^2 + \cdots + w_n^2[Max(IFI_n) - IFI_n]^2}}{\sqrt{w_1^2 + \cdots + w_n^2}} \tag{4}$$

IFI 取值区间为（0，1），值越大表明城市数字经济发展水平越高、越接近于全球数字经济标杆城市标准。

在式（3）和式（4）中 w 分别为单一指标和单一维度的权重，使用主观赋权和客观赋权相结合的方式，首先，在用三级指数计算二级子指数以及用二级指数计算一级子指数的过程中，使用客观赋权方式。变异系数法作为一类客观赋权方式，其内涵是在用多个指标对一个问题进行综合评价时，如果一项指标的变异系数较大，则说明该指标在衡量这个问题上具有较大的能

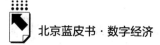

力，那么就应该赋予该指标较大的权重，反之，则赋予较小的权重。在赋予各指标的权重时，用各指标的变异系数占所有指标变异系数之和的比值表示，公式如下：

$$CV_i = \frac{S_i}{\overline{X}_i} \qquad (i = 1,2,\cdots n) \qquad (5)$$

在式（5）中，CV_i代表指标i的变异系数，S_i代表i指标的标准差，$\overline{X}_i$代表i指标的平均数。计算出变异系数后，i指标的权重计算方法如下：

$$w_i = \frac{CV_i}{\sum_{i=1}^{n} CV_i} \qquad (i = 1,2,\cdots n) \qquad (6)$$

其次，在用一级指数计算总指数的过程中，使用专家打分法作为主观赋权方式。向来自高校、科研机构、政府部门、头部企业等的近30位数字经济领域人员发放问卷，指标权重公式为：

$$w_i = \frac{G_i}{\sum G_i} \times 100 \qquad (7)$$

其中，G_i为指标i评分的总和，即某指标的权重为其总得分与所有指标的总得分之比。

（四）国际对标城市选择

为了客观评价全球数字经济标杆城市建设情况，对标国内外数字经济发展具有先进性、代表性的城市，了解数字经济时代全球经济地理格局的变化对未来城市数字竞争力的影响，深入分析北京市建设全球数字经济标杆城市的机遇与挑战及其在全球数字化发展格局中的位置。近年来杭州市数字经济发展较快，与上年相比，本年度新增了杭州作为样本城市。本研究最终选择了以下对标城市：旧金山、洛杉矶、纽约、华盛顿、波士顿、芝加哥、西雅图、伦敦、新加坡、东京、首尔、柏林、斯德哥尔摩、阿姆斯特丹、哥本哈根、巴黎、慕尼黑、巴塞罗那、维也纳、布鲁塞尔、悉尼、米兰、多伦多、日内瓦、圣保罗、孟买和班加罗尔，以及上海、深圳、杭州、香港。包括北京市在内，共计 32 个样本城市。

三 全球数字经济标杆城市指数评估结果

基于上述全球数字经济标杆城市指标体系及指数测度方法，评估 32 个样本城市的全球数字经济标杆城市建设进展，如表 2 所示。

表 2 2023~2025 年全球数字经济标杆城市指数

序号	国家	城市	2025 年	2024 年	2023 年
1	美国	旧金山	0.914	0.910	0.801
2	中国	北京	0.745	0.708	0.693
3	美国	西雅图	0.732	0.661	—
4	美国	纽约	0.708	0.615	0.516
5	美国	波士顿	0.650	0.574	0.466
6	中国	上海	0.648	0.663	0.534
7	中国	深圳	0.625	0.639	0.515
8	美国	洛杉矶	0.587	0.624	0.559
9	美国	华盛顿	0.585	0.513	0.488
10	美国	芝加哥	0.577	0.517	0.445
11	中国	杭州	0.575	—	—
12	英国	伦敦	0.573	0.52	0.482
13	中国	香港	0.565	0.517	0.35
14	日本	东京	0.536	0.485	0.402
15	德国	慕尼黑	0.514	—	—
16	德国	柏林	0.509	0.434	0.401
17	新加坡	新加坡	0.507	0.512	0.456
18	法国	巴黎	0.506	0.425	0.388
19	韩国	首尔	0.502	0.416	0.344

续表

序号	国家	城市	2025 年	2024 年	2023 年
20	荷兰	阿姆斯特丹	0.482	0.413	0.388
21	加拿大	多伦多	0.448	0.389	0.305
22	丹麦	哥本哈根	0.440	0.395	0.388
23	瑞典	斯德哥尔摩	0.439	0.419	0.397
24	瑞士	日内瓦	0.432	0.358	0.303
25	澳大利亚	悉尼	0.424	0.354	0.31
26	奥地利	维也纳	0.417	0.373	0.322
27	西班牙	巴塞罗那	0.414	0.353	0.324
28	巴西	圣保罗	0.371	0.271	0.193
29	比利时	布鲁塞尔	0.368	0.339	0.315
30	意大利	米兰	0.366	0.301	0.309
31	印度	班加罗尔	0.352	0.297	0.187
32	印度	孟买	0.341	0.275	—

2025 年全球数字经济标杆城市竞争格局呈现显著动态变化，第一梯队城市竞争尤为激烈。旧金山、北京、西雅图、纽约、波士顿、上海、深圳处于全球数字经济标杆城市的第一梯队。综合来看，全球数字经济标杆城市第一梯队都是来自中美两国的城市。同其他城市相比，旧金山拥有绝对优势，全球数字经济标杆城市指数为 0.914，接近于标杆值 1。

竞争白热化态势在头部城市中尤为明显，北京市 2025 年全球数字经济标杆城市指数为 0.745，与上年相比，指数值有所提升，但仍低于旧金山。西雅图表现大幅提升，指数值与北京的差距仅为 0.013。纽约和波士顿紧跟其后。而上海和深圳的指数值略有所下降，但仍然属于第一梯队。

洛杉矶、华盛顿、杭州、伦敦、香港、新加坡、东京、巴黎等城市处于全球数字经济标杆城市第二梯队，有较强的数字经济实力。而部分北欧和南欧城市、印度和巴西等的城市的数字经济发展仍然相对滞后。

根据分项指标分析，样本城市在数字经济标杆城市建设中呈现出鲜明的

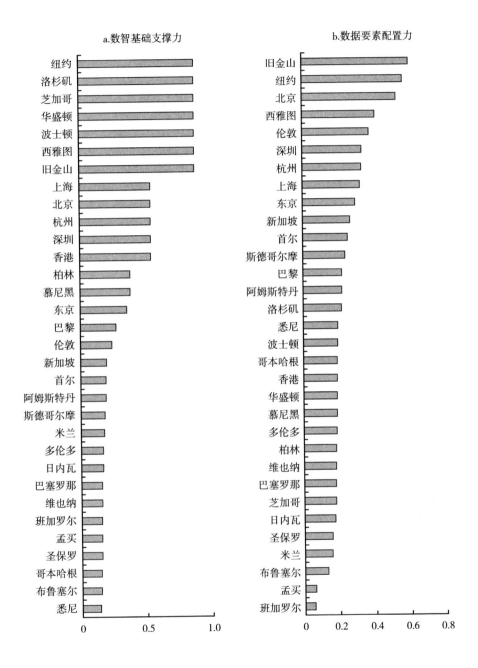

a.数智基础支撑力

b.数据要素配置力

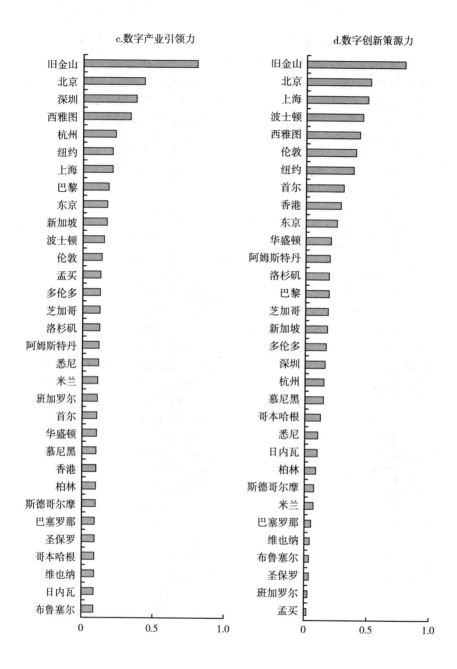

c.数字产业引领力

d.数字创新策源力

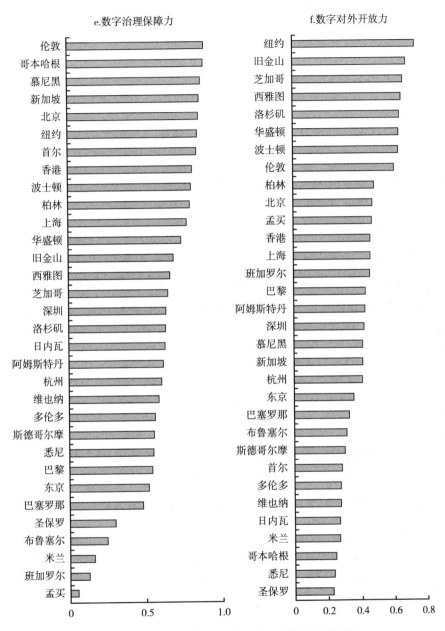

图2　全球数字经济标杆城市"六个维度"指数值

结构性差异。依托硅谷 ICT 技术创新集群的全球优势，旧金山的数据要素配置力、数字产业引领力和数字创新策源力指数分别为 0.592、0.797 和 0.800，反映了旧金山数据要素集聚度较高，在全球数字产业链中占据核心地位，同时具备完整的创新生态优势。

在数智基础支撑力方面，来自美国和中国的城市表现较好。目前，美国在互联网普及度、IPv6 普及度、算力水平、超级计算机部署等方面仍领先于我国，而我国城市的网速则略高于美国城市。样本城市在 6G 研发、量子计算等前沿领域持续加码，这种态势或将长期延续。

在数据要素配置力方面，旧金山、纽约、北京、深圳、杭州、上海等城市大多有头部平台企业，因而汇聚了大量用户数据，同时也有数据中心、数据处理和服务产业等产业集聚，形成了全球数据要素集聚和配置中心。

在数字产业引领力方面，旧金山、北京、深圳、西雅图等城市均具备"双轮驱动"产业优势，一方面集聚了全球数字经济旗舰企业——旧金山拥有苹果、谷歌、Meta 及英伟达组成的万亿美元市值矩阵，西雅图有微软、亚马逊等龙头企业，深圳有腾讯、华为等龙头企业；另一方面培育了前沿科技独角兽，是人工智能、区块链、金融科技等新兴领域创业企业的集聚地。这种"产业航母+创新舰队"的组合，通过技术溢出效应与业态协同创新，正在持续重塑全球数字经济版图。

在数字创新策源力方面，旧金山、北京、上海、波士顿、西雅图、伦敦、纽约和首尔等城市都有顶级大学和研究机构集聚，也有前沿科技企业的研发部门，处于数字技术创新前沿。而且，这些创新策源地均展现出显著的创新要素虹吸效应。

在数字治理保障力方面，伦敦、哥本哈根、慕尼黑、新加坡、北京、纽约、首尔等城市在数字政务建设、智慧城市建设等方面拥有丰富的经验。例如，伦敦几乎所有的市政府区级机构和公共事业组织都有官方网站，为市民提供线上政务信息和服务窗口，因此伦敦也被称为"云端的城市"。

在数字对外开放力方面，纽约、旧金山、芝加哥、西雅图、洛杉矶、伦敦等城市在数字跨境贸易、投融资和国际交往等领域走在世界前列。例如，英国签署了一系列国际数字协议，以减少数字贸易壁垒，加强数据共享合作，加强数字经济跨境合作。再如，纽约依托华尔街的金融枢纽地位，通过Bakkt 等合规数字资产平台和 Circle 等稳定币发行方，建设跨境数字金融基础设施。

如表 3 所示，在 32 个样本城市中，相对而言，北京市在数据要素配置力、数字产业引领力和数字创新策源力三个方面表现优异，但是，值得注意的是，在数字产业引领力方面北京与旧金山的差距扩大。2025 年北京市数字产业引领力子指数为 0.430，与上年相比有所下降，究其原因，与旧金山相比北京市数字企业市值偏低，同时，北京市头部企业数量有所下降。

表3　全球数字经济标杆城市指数：北京市

项目	数智基础支撑力	数据要素配置力	数字产业引领力	数字创新策源力	数字治理保障力	数字对外开放力
指数值	0.541	0.523	0.430	0.536	0.852	0.469
排名	9	3	2	2	5	10
标杆城市	纽约	旧金山	旧金山	旧金山	伦敦	纽约
指数值	0.877	0.592	0.797	0.800	0.890	0.726

在数字治理保障力方面，北京在过去一年进步迅速，但北京在数智基础支撑力和数字对外开放力方面表现仍不够理想，是北京市建设全球数字经济标杆城市中的短板。

四　北京市全球数字经济标杆城市建设进展评价

在数智基础支撑力方面，北京市位于加速城市梯队。数智基础支撑力是建设数字经济标杆城市的底层架构。完善的数智基础设施将为前沿技术研发提供网络和算力支持，为产业升级提供底层技术支撑。

在领先网络基础设施方面，北京已建成全球最大规模 5G 大带宽城市网络，截至 2024 年底，北京累计建设 5G 基站 13.39 万个，每万人拥有 5G 基站数 61 个，居全国首位。在此基础上，北京市网速在全球领先，根据网络测速公司 Ookla 的数据，北京在固定宽带网速、移动网速方面都位居前列，固定宽带网速仅次于香港、新加坡，移动网速次于哥本哈根等城市。领先网络基础设施的建设，将有力促进数字产业和传统产业数字化的发展，支撑智慧城市的建设。

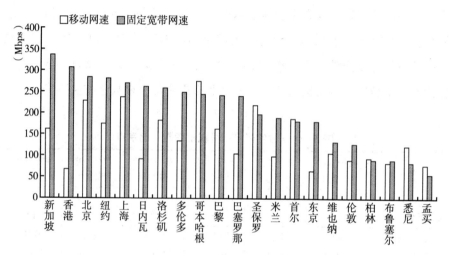

图 3 2025 年 2 月全球主要城市移动网速与固定宽带网速

资料来源：Ookla。

在 IPv6[①] 普及率方面，2024 年我国城市有长足进步，根据 APNIC[②] 数据，我国 IPv6 支持率从 2023 年的 34.34% 提升至 2024 年的 43.31%，略微低于美国（56.53%）。互联网协议第六版（IPv6）是互联网升级演进的必然趋势、网络技术创新的重要方向、网络强国建设的基础支撑。

在算力支撑设施方面，算力作为计算能力的基础，是实现信息化、数字化的核心要素。算力是信息化时代的"电力"，为全球数字化转型提供基础

---

① IPv6 是英文"Internet Protocol version 6"（互联网协议第 6 版）的缩写，是替代 IPv4 的下一代 IP 协议。

② 亚太互联网络信息中心（Asia-Pacific Network Information Center，APNIC），作为全球五大区域性因特网注册管理机构之一，是负责亚太地区 IP 地址、ASN（自治域系统号）的分配并管理一部分根域名服务器镜像的国际组织。

能量。云计算、工业互联网、人工智能等技术的突破，本质上是算力密度的指数级增长——全球算力规模每 12 个月翻一番，支撑着每秒数万亿次的数据处理需求。从智能手机的实时翻译到智慧城市的交通调度，算力已成为现代社会运行的重要支撑。北京也在大力推进算力建设，正式落成北京数字经济算力中心，其定位于城市 AI 基础设施底座。

根据清华大学全球产业研究院等发布的《2022~2023 全球计算力指数评估报告》，美国和中国分列全球算力前两位，处于领跑者位置；而在国内，北京市的算力指数位于全国第一梯队，为数字经济发展提供强大的基础设施底座。但是，我国的算力水平还低于美国，主要原因在于算力发展依赖于各类芯片——如手机里的处理器（CPU）、图像处理芯片（GPU）以及专门负责人工智能计算的芯片（NPU）。目前全球算力芯片市场主要由美国企业所垄断，占据 90% 的市场份额，而且我国进口高端算力芯片面临诸多限制。未来我国城市需努力突破"卡脖子"技术，推动本土产业链升级，通过"行业大模型+垂直算力平台"模式，培育具有中国特色的算力新引擎。

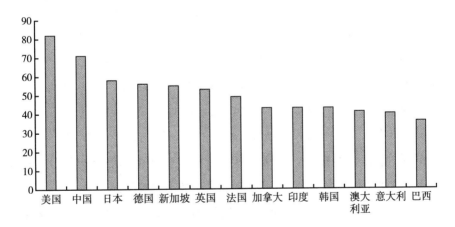

图4 2022~2023 年主要国家计算力指数

资料来源：《2022~2023 全球计算力指数评估报告》。

在数据要素配置力方面，北京市在数据要素汇集、数据要素共享和数据资产交易方面大有潜力，属于全球领跑城市。数据要素配置力作为数字经济时代的核心竞争力，是建设全球数字经济标杆城市的关键因素。从北京市的实践来看，提升数据要素配置力不仅关乎数据资源的高效利用，更是实现城市数字化转型、抢占全球数字经济发展制高点的必然选择。首先，数据要素的高效配置可为人工智能、量子计算等技术研发提供"燃料"。其次，数据要素的跨行业流通催生新业态，如金融领域通过公共数据开放实现普惠金融风控。最后，全球数据要素枢纽的建设，也能够成为引领国际规则制定的战略抓手。

目前，北京提出"一区三中心"数据发展定位，即在北京全域打造数据要素市场化配置改革综合试验区，建设国家数据管理中心、国家数据资源中心、国家数据流通交易中心，北京市数据要素配置枢纽建设已经取得了一定成效。首先，北京数据要素聚集能力仅次于美国旧金山。2024年北京市头部平台企业用户数之和（美团、字节跳动、京东）约为40亿，仅次于旧金山。北京市也集聚了较多的大数据企业。在全球TOP100数据中心排行榜中，有4家分布在北京，在全球排名第4，落后于旧金山、新加坡、伦敦。北京市已建成全国首个人工智能数据训练基地，通过数据沙盒监管制度引入高质量数据集，支撑脑健康医疗模型等专项训练。其次，北京数据要素共享水平有待进一步提升。北京市构建了"全量汇通"公共数据资源体系，汇聚数据超7000亿条，形成2400余条治理规则，并发布13亿多维标签及7项标准规范。通过公共数据开放平台，面向社会无条件开放1.8万个数据集，涵盖政务、交通、医疗等领域。尽管如此，与全球其他城市相比，北京市数据开放程度还可提高。根据上海社会科学院和德勤等机构联合发布的《2022全球重要城市开放数据指数》，北京市数据开放程度低于上海、深圳、广州等城市。最后，北京对数据交易模式进行了较为有效的探索，在数据资产交易方面成绩显著，位于全球领跑城市。北京国际大数据交易所累计交易额59亿元，发布300余个高价值数据集，落地数据资产登记窗口等9个市级数据要素服务平台，集聚100余家数据要素企业。59家企业通过数据出境安全评估，224家完成个人信息备案，发布自贸区数据跨境负面清单，积极提升在国际数据流通规则方面的话语权。

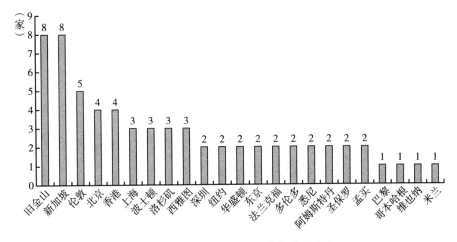

图 5　2024 年全球 TOP100 数据中心分布

资料来源：DGTL。

在数字产业引领力方面，北京正在形成具有全球领先力的数字产业。数字产业引领力是建设全球数字经济标杆城市的核心驱动力，不仅体现为技术突破与产值增长，更表现为重塑全球价值链的能力。首先，北京市数字经济核心产业集聚指数处于第一梯队。但是，从全球 TOP500 数字企业市值来看，北京市与旧金山之间的差距扩大。截至 2024 年底，北京市拥有中国移动、小米、京东、百度、快手、京东方、寒武纪等 25 家企业，总市值为 8080.06 亿美元，与 2023 年底相比，市值上涨 11.3%，但与此同时，2024 年美股和日股涨幅显著超过 A 股和海外中概股，因此，旧金山、西雅图、东京的全球 TOP500 数字企业市值分别上涨 48%、26%、36%，与上年相比，北京与旧金山之间的差距有所扩大。其次，在高端产业融合方面，北京市仍走在世界前列。在制造业数字化转型方面，北京市通过"新智造 100"工程加快智能工厂、灯塔工厂和工业互联网平台建设，建成智能工厂和数字化车间 103 个、19 家工业互联网平台龙头企业。截至 2024 年，北京市有 3 家灯塔工厂，在全球主要城市中仅次于上海和新加坡。在金融科技发展维度，根据北京前沿金融监管科技研究院（FIRST）发布的《2024 全球金融科技中心城市报告》，北京以"产业 + 政策 + 生态"三位一体优势蝉联榜首——数字人民币试点交易规模突破190亿元，金融科技创新监管工具和资本市场金融科技创新试点项目"出箱"数量列国内城市首位。最后，在数字前沿产业领域，北京市培育了一批颇具潜力的数字独角兽企业，但在全球视角下，大语言模型发展相对滞后。2024年，北京市打造人工智能产业高地，获批人工智能领域首个国家级先进制造业集群，聚集字节跳动等头部企业，拥有人工智能企业超2400家，核心产业营收突破3000亿元。在2024年12月的全球TOP100 AI App下载量排行榜中，有16个App的母公司位于北京，单月下载量之和接近1亿次，涵盖文心一言、豆包、剪映等标杆产品，并在教育、自动驾驶等领域实现场景落地。然而，与美国等国家相比，北京市在大语言模型（LLM）的底层技术突破与全球影响力方面仍存在显著差距。截至2025年2月，在全球大语言模型排行榜（Chatbot Arena）[①] 前20名中，仅有智谱GLM-4-Plus-0111来自北京，4个大模型来自杭州（分别来自DeepSeek和阿里巴巴），1个大模型来自上海，其余14个大模型都来自旧金山。国内用户熟知的豆包和Kimi均采用闭源技术路线，而且更加倾向于本土化、中文场景，其国际影响力较弱，并未上榜。在所有上榜大模型中，北京有11个，少于旧金山、杭州、西雅图和巴黎。

表4 主要城市全球TOP500数字企业市值和数量情况

单位：亿美元，家

城市	市值	数量
旧金山	154586.46	63
西雅图	58489.74	8
东京	8582.05	30
北京	8080.06	25
纽约	7380.32	22

---

① Chatbot Arena由加州大学伯克利分校等机构支持的非营利组织LMSYS Org发起。Chatbot Arena的测评主体是C端用户，他们通过匿名方式与多个模型进行互动，并根据个人体验投票选出表现最佳的模型。这种用户直接参与的测评方式，有利于提升排行榜的公信力和实用性。

城市	市值	数量
深圳	6950.96	10
杭州	3411.79	7
上海	3377.33	14
洛杉矶	2946.52	6
孟买	2177.00	5
华盛顿	1843.00	2
阿姆斯特丹	1770.84	2
巴黎	1738.96	4
班加罗尔	1730.00	5
多伦多	1629.00	4
新加坡	1133.46	3
芝加哥	903.00	3
首尔	866.00	5
伦敦	781.00	5
斯德哥尔摩	699.86	4

资料来源：Wind 数据库。

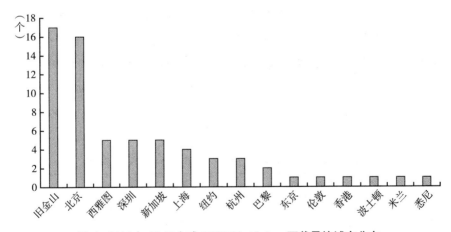

图6　2024 年 12 月全球 TOP100 AI App 下载量按城市分布

资料来源：非凡产研。

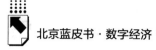
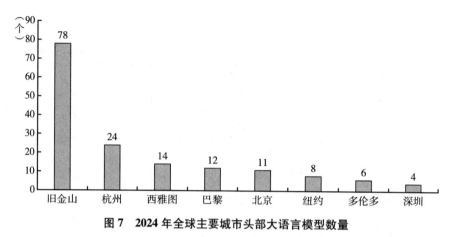

图7 2024年全球主要城市头部大语言模型数量

此外，在数字独角兽企业培育方面，北京市数字独角兽企业数量首次出现减少现象。如图8所示，全球TOP300数字独角兽企业中，北京市有13家，总估值达到319.3亿美元，与2023年相比，数量减少了6家。而旧金山同比增加4家。这与2024年我国创投市场下行有关。根据清科研究中心统计，2024年前三季度我国股权投资市场共发生投资案例数5494起，同比下降28.3%，投资金额同比降低28.6%，导致初创企业融资难度增大。北京市作为科技企业聚集地，受到的影响尤为显著。而且，新冠疫情后企业和消费者信心恢复缓慢，投资者对高风险项目持谨慎态度。尤其是在中美贸易摩擦背景下，部分美元基金退出中国市场，而国资背景投资机构占比从10%升至22%。这类机构风险偏好低，更倾向于投资成熟期的项目，对早期科技企业的支持不足。

表5 全球大语言模型排行榜（Chatbot Arena）前20名

排名	大语言模型	Arena Elo 评分	公司	城市
1	Grok-3-Preview-02-24	1412	xAI	旧金山
2	GPT-4.5-Preview	1411	OpenAI	旧金山
3	Gemini-2.0-Flash-Thinking-Exp-01-21	1384	Google	旧金山
4	Gemini-2.0-Pro-Exp-02-05	1380	Google	旧金山
5	ChatGPT-4o-latest（2025-01-29）	1377	OpenAI	旧金山

排名	大语言模型	Arena Elo 评分	公司	城市
6	DeepSeek-R1	1363	DeepSeek	杭州
7	Gemini-2.0-Flash-001	1357	Google	旧金山
8	o1-2024-12-17	1352	OpenAI	旧金山
9	Qwen2.5-Max	1336	Alibaba	杭州
10	o3-mini-high	1329	OpenAI	旧金山
11	DeepSeek-V3	1318	DeepSeek	杭州
12	GLM-4-Plus-0111	1311	Zhipu	北京
13	Qwen-Plus-0125	1310	Alibaba	杭州
14	Claude 3.7 Sonnet	1309	Anthropic	旧金山
15	Gemini-2.0-Flash-Lite-Preview-02-05	1308	Google	旧金山
16	Step-2-16K-Exp	1305	StepFun	上海
17	o3-mini	1304	OpenAI	旧金山
18	o1-mini	1304	OpenAI	旧金山
19	Gemini-1.5-Pro-002	1302	Google	旧金山
20	Grok-2-08-13	1288	xAI	旧金山

资料来源：Chatbot Arena。

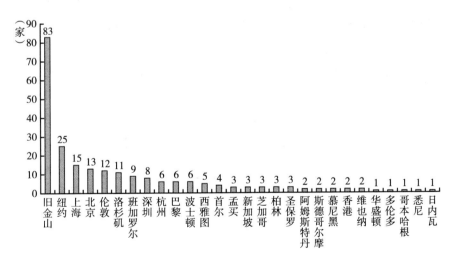

图 8　全球主要城市 TOP300 数字独角兽企业的城市分布

资料来源：胡润研究院。

在数字创新策源力方面,北京表现较好。数字创新策源力是构建数字经济标杆城市的源头。城市需要在基础技术研发、数据资源整合和技术生态建设上持续突破,从而掌握发展的主动权。通过自主创新,城市能够从单纯应用现有技术转向主导制定技术标准,并推动形成新的产业模式。这不仅能催生新产业,还能帮助构建符合本土市场需求的数字规则体系,最终实现技术自主以及产业引领力和全球影响力的全面提升。首先,北京市基础科学研究能力处于全球第一梯队。特别是顶尖人才集聚效应显著,清华大学、北京大学等顶尖高校构建了高密度的智力网络。北京市拥有 12 所全球 TOP200 人工智能研究机构,比上年增加 5 所,位居全球第一名。2024 年全球计算机科学领域高被引科学家榜单中,北京有 5 位学者在列,仅次于伦敦。其次,北京在数字创新方面投入了大量的资源。数字企业的研发强度不仅可以反映某经济体或地区在研发资源上的投入水平,也可以展现基础科学研究成果向实际产业转化的活力。欧盟公布了全球研发投入最多的 2500 家公司名单,其中 TOP500 数字企业研发投入情况如表 7 所示。旧金山拥有众多数字巨头企业,投入强度高达 2149.64 亿欧元,北京市投入强度 227.09 亿欧元。最后,北京市数字创新成果显著,科技论文、专利等领域的产出为其全球数字标杆城市建设奠定了坚实的基础。北京市人均论文发表数量在全球主要城市中位居第二,仅次于波士顿。2024 年,北京在世界知识产权组织发布的全球科技创新集群中排名第三位,仅次于东京—横滨和广州—深圳—香港。

表6 全球主要城市全球 TOP200 人工智能研究机构
和全球 TOP100 人工智能学者数量

单位:所,位

城市	全球 TOP200 人工智能研究机构	全球 TOP100 人工智能学者
北京	12	5
旧金山	8	44
上海	6	3
伦敦	5	2

城市	全球 TOP200 人工智能研究机构	全球 TOP100 人工智能学者
香港	5	2
西雅图	4	2
深圳	4	0
杭州	4	1
新加坡	4	0
波士顿	4	1
纽约	3	4
首尔	3	2
悉尼	3	0
巴黎	2	1
多伦多	2	0
芝加哥	2	1
柏林	2	0
东京	1	0
洛杉矶	1	0
阿姆斯特丹	1	1
慕尼黑	1	0
米兰	1	0

资料来源：Aminer。

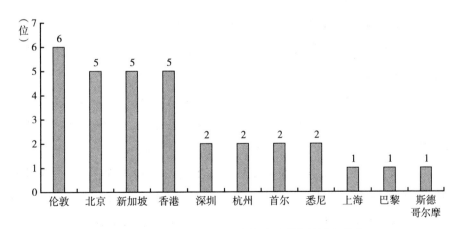

图9　全球计算机科学领域高被引科学家的城市分布

资料来源：科睿唯安。

表7　2024年TOP500数字企业研发投入

单位：百万欧元，%

城市	投入强度	平均增长率
旧金山	214964	8.66
深圳	34405	4.74
西雅图	27589	5.94
北京	22709	9.23
东京	21095	5.87
首尔	20725	4.28
纽约	10823	3.90
杭州	8488	8.22
洛杉矶	7676	8.45
柏林	6183	10.58
斯德哥尔摩	5936	7.59
波士顿	5362	14.98
巴黎	4092	11.49
华盛顿	3798	9.56
上海	3128	6.53

资料来源：欧盟IRI。

在数字治理保障力方面，北京市用数字化赋能城市治理，利用数字技术全面优化政务服务、社区管理和社会生态，建设数字社会治理体系，推进治理能力现代化。首先，北京市大力推进数字政府建设，将其作为提升城市数字治理水平的重要引擎。2024年，北京市持续完善网上政务服务平台，拓展"一网通办"服务场景，推动政务服务事项全程网办率提升，新增外资企业设立"一站式办理"功能，实现外资企业设立全流程线上化，2024年新设外资企业达2775家。在联合国发布的《2024联合国电子政务调查报告》中，我国的在线服务指数显著提升，排名从2022年的第15位提升至2024年的第11位。其次，数字技术正在深刻改变城市管理模式，北京智慧城市建设有了长足的进步。2024年，北京市探索建设政务领域大模型服务平台，落地10个重点场景商业化标杆应用，如消防救援现场数据多维感知场景、文旅数据可信流通场景等。北京市也积极利用新技术来改善城市管理，例如，2025 年初，北京市丰台区政务服务全面接入 DeepSeek，并在全市率先将其应用于政务服务领域，上线"丰小政"数智助手。根据瑞士洛桑国际管理发展学院（IMD）公布的 2024 年智慧城市指数（Smart City Index），北京市在 142 个城市中排名第 13 位，与上年相比下降 1 个位次，但与 2020 年相比上升 9 个位次。最后，在营商环境方面，北京市修订《北京市优化营商环境条例》，完成 413 项优化营商环境改革任务，12345 企业服务热线诉求解决率达 97.5%，推出"证照联办""跨省通办"等集成化服务，打造"北京服务"品牌。

表8　2022 年和 2024 年主要国家在线服务指数

国家	2024 年在线服务指数	排名	
		2024 年	2022 年
韩国	1.0000	1	3
丹麦	0.9992	2	4
爱沙尼亚	0.9954	3	1
沙特阿拉伯	0.9900	4	32
乌克兰	0.9854	5	34
新加坡	0.9831	6	5
英国	0.9535	7	17
新西兰	0.9453	8	6
日本	0.9427	9	10
哈萨克斯坦	0.9390	10	8
中国	0.9258	11	15
德国	0.9238	12	44
土耳其	0.9225	13	24
澳大利亚	0.9222	14	7
荷兰	0.9212	15	11
阿联酋	0.9163	16	12
美国	0.9136	17	9
挪威	0.9117	18	39
芬兰	0.9097	19	2
爱尔兰	0.9076	20	16

资料来源：联合国。

表9　2020~2024年全球主要城市的智慧城市指数排名

城市	2024 年	2023 年	2021 年	2020 年
苏黎世	1	1	1	1
奥斯陆	2	2	2	2
堪培拉	3	3	—	—
日内瓦	4	9	6	8
新加坡	5	7	7	7
哥本哈根	6	4	5	3
洛桑	7	5	4	—
伦敦	8	6	3	10
赫尔辛基	9	8	9	5
阿布扎比	10	13	12	14
斯德哥尔摩	11	10	11	9
迪拜	12	17	14	19
北京	13	12	17	22
汉堡	14	11	8	6
布拉格	15	14	10	4
台北	16	29	—	—
首尔	17	16	18	20
阿姆斯特丹	18	15	13	11
上海	19	25	—	—
香港	20	19	33	34

资料来源：IMD。

在数字对外开放力方面，北京发展滞后于纽约、旧金山、伦敦等城市，但与上年相比，北京有长足进步。例如，在数字企业出海融资方面，2024年，北京市有57家数字经济领域企业在国外证券市场上市，总市值达到4331.73亿美元，企业数量在样本城市中排名第一，企业市值在样本城市中排名第五，处于全球前列。在国际交流方面，根据清华大学中国发展规划研究院和德勤中国联合发布的《国际交往中心城市指数2024》，北京在国际交往中心城市排名中居全球第7位，是唯一跻身前十的中国内地城市。

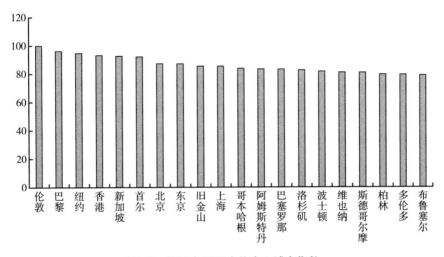

图10　2024年国际交往中心城市指数

资料来源：清华大学中国发展规划研究院、德勤中国。

但北京在对外金融服务、对外交流、外籍人员便利度等方面仍需加强。首先，在全球金融中心指数方面，根据英国智库 Z/Yen 集团等发布的《2025 年度全球金融中心指数报告》，北京市的全球排名有所下降，从 2024 年的第 18 名下降至第 20 名。其次，对外交流方面，疫情影响尚未完全消散，在 ICCA 认可的国际会议数量方面，2023 年北京仅 26 个，大幅低于 2019 年的 91 个。2024 年北京接待入境游客 394 万人次，与 2023 年相比增长 186.8%，刚刚恢复至 2019 年水平。最后，北京作为国际交往中心持续推进对外开放，但在外籍人员生活、工作的便利性方面仍存在短板，比如缺乏多语言服务、支付不便利和反馈机制不健全等。2024 年北京市进行了多方努力，尤其在支付便利度方面取得了长足进步。例如，2024 年首都国际机场和大兴国际机场打造了境外来宾支付服务示范区，为全球支付环境建设提供了"北京样板"。

五　结论与建议

建设全球数字经济标杆城市是北京抢抓时代机遇、抢占发展制高点的战略选择，也是全球城市数智化发展竞争的主阵地。本报告跟踪全球数字经济发展领先城市的最新动态，揭示全球数字经济标杆城市建设面临的竞争格局，从数智基础支撑力、数据要素配置力、数字产业引领力、数字创新策源力、数字治理保障力及数字对外开放力六个维度构建全球数字经济标杆城市指标体系，对32个样本城市进行了测度和比较。从研究结果看，在全球数字经济标杆城市建设方面，北京综合指数稳步提升（由2024年的0.708增至2025年的0.745），仅次于旧金山，并在数据要素配置力、数字产业引领力和数字创新策源力等方面表现优异，全球排名均处于前列。然而，北京在数智基础支撑力和数字对外开放力方面仍存在不足，与欧美领先城市相比存在差距。此外，在数字产业引领力方面，全球TOP500数字企业市值和全球TOP300数字独角兽企业数量均有一定下滑，反映在资本、技术转化和市场环境等维度尚待突破。

针对北京市全球数字经济标杆城市建设提出以下建议。

第一，加大技术基础设施投资与升级力度。推动5G、IPv6、云计算和算力设施建设，进一步缩小与国际先进水平的差距，同时加大对关键技术和"卡脖子"核心零部件的研发投入，确保数字基础设施为数字经济各项应用提供有力支撑，尤其是算力、芯片等底层技术领域。旧金山的算力指数领先全球，其背后是英伟达、AMD等企业对高端芯片的垄断。为打破这一格局，可重点完善相关产业链，推动产业—高校联动，力争实现量子计算核心部件国产化。

第二，强化数据资源整合与共享。完善"全量汇通"公共数据资源体系，扩大数据开放范围，提升政府内部及跨部门数据共享效率，并通过标准化、规范化建设推动数据资产高效配置，为人工智能、大数据等前沿应用提供坚实的基础。提高数据开放水平，建立数据质量动态评估机制，推动政务数据与社会数据融合应用。

第三，加快培育数字标杆产业，优化数字产业生态。在数字经济核心产业方面，北京市应基于现有数字产业基础，最大限度地改善数字龙头企业面临的监管环境、投融资环境和创新环境，建设具有特色的新兴数字产业集群；在新兴企业培育方面，北京市应进一步优化独角兽企业的营商环境，最大限度地降低企业运营成本，促进社会资本、创新人才、技术资源向前沿科技企业流动。尤其是要激活北京创投生态，如成立北京科创母基金，吸引跨境创投资本流入，优化北交所的交易制度，拓宽退出渠道，从而支持数字独角兽企业孵化。

第四，激发创新活力，使北京由学术高地转化为技术高地。鼓励重点数字企业加大研发投入，支持头部独角兽企业和创新型初创企业发展，通过政策引导和资本支持促进企业技术成果转化。同时，强化高校、科研机构与企业的协同合作，构建全链条创新生态，提升整体数字创新策源力。

第五，强化数字治理与政务服务能力。加快推进数字政府建设和智慧城市转型，提升在线服务平台的覆盖率和便捷性，持续优化"一网通办""跨省通办"等服务模式，同时探索基于大模型等新技术的智能化政务管理模式，提升城市治理智能化水平。

第六，扩大国际合作与数字对外开放。积极参与全球数字治理规则制定，推动跨境数字贸易与投资，加强与国际先进城市在数字标准、技术应用及数据流通领域的交流合作，鼓励数字平台企业拓展海外业务，参与全球规则和标准制定，提升城市在国际数字经济网络中的影响力和竞争力。

参考文献

陈晓红、李杨扬、宋丽洁、汪阳洁：《数字经济理论体系与研究展望》，《社会科学文摘》2022 年第 6 期。

经济合作与发展组织（OECD）：《衡量数字经济：一个新的视角》，张晓等译，上海远东出版社，2015。

倪鹏飞、沈立：《新型全球城市假说：理论内涵与特征事实》，《城市与环境研究》2020 年第 4 期。

倪鹏飞：《中国城市竞争力的分析范式和概念框架》，《经济学动态》2001 年第 6 期。

清华大学中国发展规划研究院、德勤中国：《国际交往中心城市指数 2024》，2024

年 7 月。

王振、惠志斌主编《全球数字经济竞争力发展报告（2024）》，社会科学文献出版社，2025。

谢辉主编《北京数字经济发展报告（2022~2023）》，社会科学文献出版社，2023。

徐清源、单志广、马潮江：《国内外数字经济测度指标体系研究综述》，《调研世界》2018 年第 11 期。

IESE Business School，"IESE Cities in Motion Index 2025，" 2025.

IMD Business School，"IMD Smart City Index Report 2024，" 2024.

B.3
中国数字经济产业创新
评估报告（2025）

王鹏　毕娟　姚京宏　孙明远*

摘　要： 数字经济作为我国未来发展的主要推动力之一，各地区全产业数字化转型和相关基础设施建设的跟进至关重要。本研究从产业数字化、数字产业化、数字化治理、数据要素、数字基础设施五大领域，分析了各省级行政区（港澳台除外）数字经济产业创新指数（DEIII），提出西部和东北地区可依照因地制宜原则推动农村和农业智能化发展；各地政府部门应当制定专项计划，保障通信与网络基础设施支持大数据云服务；东西部加强省级合作，并推动高新技术人才流动，构建数据设施和人才生态，促进技术转移与协同发展。

关键词： 产业创新　数字化转型　数字经济

一　数字经济产业创新指数的理论基础

（一）政策与技术背景

党的二十届三中全会强调发展数字经济，推动实体经济与数字经济深度

* 王鹏，北京市社会科学院管理研究所副研究员，主要研究方向为数字经济、数字政府、数据要素等；毕娟，博士，北京市社会科学院管理研究所副所长、副研究员，主要研究方向为公共服务、数字经济与治理、科技政策与管理、政府绩效管理；姚京宏，中央网信办网络社会工作局，主要研究方向为智能社会治理和互联网传播；孙明远，加州大学圣地亚哥分校，主要研究方向为数字经济、数字政府、数据要素等。

融合，加快构建数字经济发展体制机制，完善数字产业化和产业数字化政策体系。加强新一代信息技术全链条应用，发展工业互联网，打造数字产业集群，并推动数据产权、交易、保护制度建设，提升数据安全治理能力。同时，注重科技创新与产业创新融合，强化国家战略科技力量，优化科技资源配置，提升国家创新体系效能。数字化技术是推动现代社会发展的关键力量，可通过提高效率、降低成本、创新商业模式和改善用户体验，重塑经济和社会结构，对促进产业升级、增强国际竞争力、实现可持续发展具有决定性影响，并深刻改变生产生活方式。

（二）数字经济的多方面评估背景

近年来，数字经济逐渐成为全球未来发展的核心方向，我国的相关产业也迅速发展，成为推动经济高质量发展的新动力源。数字经济的兴起，为各行各业带来了前所未有的机遇，同时也伴随着诸多挑战。为了更全面地理解和促进数字经济的发展，学者们先后提出了多维度的评估指标体系，以期准确衡量数字经济的规模和影响力。

在数字经济相关评估中学者们采用的研究方法包括综合评价方法和统计分析方法等，以确保评估的准确性和科学性。通过多角度、多层次的分析，学者们在理论和数据的支持下，构建了涵盖广泛领域的评估体系。这些领域包括数字经济对经济效益、社会效益、环境效益的影响，政务服务的数字化水平，数据作为生产要素的作用，技术创新的发展情况，智慧城市的建设进展，数字经济对区域经济的影响等。

在评估经济效益时，学者们普遍关注经济增长率、生产总值、就业率和收入水平等关键经济指标。在技术创新的评估中，数字基础设施的完善程度、专利数量、新产品研发等维度被广泛关注。产业数字化和数字产业化的发展水平往往被用于衡量数据资源的开发利用程度。此外，相关研究还强调数据开放、数据共享和互联网普及度等细化指标在数字经济发展中的重要性。

（三）数字经济产业创新指数的必要性

在衡量数字经济的综合发展水平时，通常会涉及经济效益、社会效益、环境效益和技术创新等方面的影响。然而，传统的经济指标往往难以全面反映技术创新在数字经济中的实际贡献。在数字经济时代，技术创新已经成为驱动数字经济发展的核心引擎，其重要性不言而喻。技术创新不仅推动了新技术、新产品和新服务的不断涌现，还促进了传统产业的数字化转型，提升了生产效率和增进了社会福祉。

设立数字经济产业创新指数（Digital Economy and Industrial Innovation Index，DEIII）有利于加深对技术创新必要构成条件的理解，为政策制定者提供决策支撑。通过政策鼓励，可以推动新型科技人才在关键领域取得突破，并加强数字产业配套基础设施建设。这将进一步深化数字经济的发展，推动产业升级，加快经济增长。创新指标体系通过系统性地衡量数字技术的研发、应用及其对产业发展的影响，能够更加精准地评估技术创新对经济的推动作用，不仅有助于制定更具科学性的政策，还能为投资决策提供重要参考，确保资源能够被更有效地配置到高增长、高潜力的数字产业领域。

（四）数字经济产业创新的多维度影响因素

在评估数字产业创新程度时，必须多维度分析会直接影响技术创新条件和发展水平的因素。有五个关键维度必须被纳入考量体系：产业数字化、数字产业化、数字化治理、数据要素和数字基础设施。每个维度在推动数字经济创新发展方面都具有独特的合理性和重要性。

产业数字化是指传统产业借助数字技术进行转型升级。通过数字化手段，传统行业能够提高生产效率、降低成本、优化流程，并开发出新的商业模式。产业数字化是实现传统产业与新技术结合、推动全社会经济结构优化的重要手段，因此必须被纳入考量体系。

数字产业化是指通过发展和应用数字技术来推动新兴产业的形成和壮大。作为技术创新的直接成果，数字产业化不仅反映了一个国家或地区在数

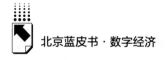

字技术研发和应用上的领先地位，还直接推动了经济增长。它为社会提供了新的就业机会和经济动能，是衡量数字经济整体创新能力的重要指标。

数字化治理是指政府、企业和社会组织通过数字技术来提升管理和治理能力。良好的数字化治理能够保障数字经济健康发展，确保数据安全、隐私保护以及公平竞争。同时，它还能提升公共服务的效率和透明度，增强社会对数字经济的信任。因此，数字化治理是衡量数字经济可持续性和社会影响力的关键指标。

数据要素的开发、利用和共享能够显著提升企业的生产效率，推动创新和价值创造。通过评估数据要素的作用，可以准确把握数据资源对产业发展的推动作用，从而更好地优化数字经济的创新路径。

完善的数字基础设施能够推动技术的广泛应用，促进产业升级，并为数字经济的长远发展提供坚实的保障。因此，数字基础设施是不可或缺的指标。

（五）三级评估结构理论合理性

数字经济产业创新指标体系将通过三级指标来评价各个地区的综合发展水平。本研究从数字经济的广泛维度逐步提炼出关键决策准则，并进一步分解为具体的指标，构建完整的评价体系。每个二级指标的权重相同。本部分将详细阐述全部二级指标及其三级指标，以解释其在反映地区综合发展水平方面的合理性。

1. 产业数字化

智能制造水平方面，智能制造是产业数字化的核心，通过评估规模以上工业企业 R&D 经费、智能制造示范工厂揭榜项目数量以及 5G 工厂数量，可以反映传统制造业的数字化转型进度。高技术产业企业数量作为附加指标，可反映地区新质生产力发展水平。

农业数字化水平方面，农业数字化、农村现代化水平主要通过农村宽带接入用户数量、农村消费品零售水平和农村居民每百户拥有的移动电话数量等来衡量。这些指标综合反映了农村地区的数字化程度，尤其是在推动农业现代化和农村经济发展中的作用。

服务业数字化水平方面，服务业的数字化对整体经济影响深远，电子商务销售额和省级数字普惠金融指数可以有效衡量服务业的数字化渗透度以及对消费者的惠及程度。

2. 数字产业化

数字产业规模方面，光缆路线长度能够反映数字产业所必要的基础建设规模。通过评估每百家企业拥有网站数以及关键业务环节数字化企业的比例，可以直观地看到数字技术在产业中的普及程度。

数字产业创新能力方面，创新能力是衡量数字经济长期竞争力的关键，技术市场成交额和技术合同成交总额是反映技术创新成果和市场化能力的直接指标。

数字产业人才方面，科学研究和技术服务业与信息传输、软件和信息技术服务业城镇单位就业人员比例是衡量数字产业人才储备和创新能力的重要指标。国内专利申请受理量可反映技术创新研发活力。

3. 数字化治理

治理服务数字化方面，开放树林指数和网上政府创新指数反映了政府数字化服务的开放性和创新性，而经营管理数字化普及率则展示了数字化对治理结构的影响。

政务环境方面，营商环境指数可以直接反映地区数字化治理水平，对企业的影响较大。

治理效果方面，中国数字政府发展指数作为单一指标，可全面反映国家在数字治理上的整体成就。

4. 数据要素

数据要素供给方面，数据要素市场发展指数、要素支撑指数、城市数据要素市场化指数以及数据要素生态指数共同构成了对数据作为生产要素的供给能力的全面评估。

数据要素流通方面，各省域名数和每百人使用计算机数则集中反映了数据要素在社会中的流通性与应用广度。

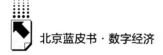

5. 数字基础设施

通信网络基础设施方面，5G 基站密度、IPv4 地址数和移动电话普及率直接关系到通信网络建设水平，是数字经济发展的基础设施保障。

新型基础设施方面，人工智能企业数量和新型基础设施竞争力指数共同反映了新技术领域的基础设施建设水平，体现了数字经济创新的潜力和竞争力。

二 数字产业创新指数的评价方法

（一）原始数据的收集

为确保计算的数字经济产业创新指数具备准确性和权威性，指标数据均来自国家机关、地方政府和权威学术组织发布的研究报告，包括国家统计局、工信部等官方渠道，以及清华大学、北京大学、复旦大学等高等院校和社会研究机构。各方采取的数据均经过严谨的取样方法和理论论证，具备可靠性和代表性。

表 1　指标的数据来源说明

量化指标	数据来源
1.1.1 规模以上工业企业 R&D 经费	国家统计局
1.1.2 智能制造示范工厂揭榜项目数量	工信部
1.1.3 5G 工厂数量	工信部
1.1.4 高技术产业企业数量	国家统计局
1.2.1 农村宽带接入用户数量	国家统计局
1.2.2 农村消费品零售水平	国家统计局
1.2.3 农村居民每百户拥有的移动电话数量	国家统计局
1.3.1 电子商务销售额	国家统计局
1.3.2 省级数字普惠金融指数	北京大学国家发展研究院
2.1.1 光缆路线长度	国家统计局

续表

量化指标	数据来源
2.1.2 每百家企业拥有网站数	国家统计局
2.1.3 关键业务环节全面数字化企业的比例	中国两融发展数据地图
2.2.1 技术市场成交额	国家统计局
2.2.2 技术合同成交总额	技术转移研究院
2.3.1 科学研究和技术服务业城镇单位就业人员比例	国家统计局
2.3.2 信息传输、软件和信息技术服务业城镇单位就业人员比例	国家统计局
2.3.3 国内专利申请受理量	国家统计局
3.1.1 开放树林指数	复旦大学郑磊团队
3.1.2 经营管理数字化普及率	中国两融发展数据地图
3.1.3 网上政府创新指数	清华大学计算社会科学与国家治理实验室
3.2.1 营商环境指数	中国城市产业营商环境发展报告
3.3.1 中国数字政府发展指数	清华大学数据治理研究中心
4.1.1 数据要素市场发展指数	大数据流通与交易技术国家工程实验室、上海数据交易所
4.1.2 要素支撑指数	中国城市产业营商环境发展报告
4.1.3 城市数据要素市场化指数	赛迪研究院
4.1.4 数据要素生态指数	国脉研究院
4.2.1 各省域名数	国家统计局
4.2.2 每百人使用计算机数	中国统计年鉴
5.1.1 5G 基站密度	工信部
5.1.2 IPv4 地址数	中国统计年鉴
5.1.3 移动电话普及率	国家统计局
5.2.1 人工智能企业数量	天眼查
5.2.2 新型基础设施竞争力指数	清华大学互联网产业研究院

（二）指标赋权的理论模型

以传统熵权法为基础，结合层次分析法（AHP）的比较矩阵，为以上三级指标赋权。两种方法结合能够相互弥补弊端，确定较为客观且合理的权重。

熵权法是一种经典的客观赋权方法，能够依据数据本身的离散程度计算权重。传统的熵权法存在的主要问题在于当数据离散程度太大时会导致权重过高，进而影响分析结果。借鉴卢江等[①]的方法，结合 AHP 构造比较矩阵的思路，改善权重的偏倚，进而改进模型赋权方面的性能。

模型的使用遵循以下步骤。

1. 数据的标准化

在收集到原始数据后，考虑到不同种类数据受到量纲、单位等因素的影响，会存在较大的差异，进而对模型的有效性产生较大的影响，因此需要进行标准化处理，实现数据的可比性，并提高权重的有效性。采取极值法对数据进行标准化处理：

$$x_{ij}^* = \frac{x_{ij} - x_{\min}}{x_{\max} - x_{\min}} \tag{1}$$

其中，x_{ij}^* 为第 j 个指标的第 i 个样本进行标准化之前的数据，$x_{\min}$ 和 $x_{\max}$ 分别为第 j 个指标的极小值与极大值。该方法能够使第 j 个指标的所有数据取值位于区间 [0，1]，实现数据的可比性。本文采用的指标均为正向化指标，故不进行正向化处理。

2. 熵值与差异化系数计算

采用传统熵权法，计算每个指标所对应的权重，方法如下：

$$p_{ij} = \frac{x_{ij}^*}{\sum_{i=1}^{m} x_{ij}^*} \tag{2}$$

其中，p_{ij} 为第 j 个指标的第 i 个样本的特征指标，m 为样本容量。

据此可以计算第 j 个指标的熵值与差异化系数。

---

① 卢江、郭子昂、王煜萍：《新质生产力发展水平、区域差异与提升路径》，《重庆大学学报》（社会科学版）2024 年 3 月 22 日。

$$e_j = -\frac{1}{\ln(m)} \sum_{i=1}^{m} p_{ij} \ln\left(\frac{1}{p_{ij}}\right) \tag{3}$$

$$g_j = 1 - e_j \tag{4}$$

其中，e_j 表示第 j 个指标的熵值，g_j 表示第 j 个指标的差异化系数。

3. 构造比较矩阵

为了实现对传统熵权法的优化，参考 AHP 模型的思路，构造比较矩阵，进而求出新的权重。求出差异化系数比 D 与在 $1\sim9$ 标度下的映射比率 R，具体计算方法如下：

$$D = \frac{\max g_j}{\min g_j} \tag{5}$$

$$R = \sqrt[\alpha-1]{D/\alpha} \tag{6}$$

其中，α 为调整系数，若 $D \leqslant 9$，则 α 取最接近 D 的整数，否则令 $\alpha = 9$。依据对 R 的计算，可以求出标度值，进而构造 AHP 的比较矩阵，如表 2 所示。

表 2　层次分析法映射标度值

标度	1	2	3	4	5	6	7	8	9
R^i	R^0	R^1	R^2	R^3	R^4	R^5	R^6	R^7	R^8

以上每个标度模拟如表 3 所示的 AHP 定性评分标准。

表 3　评分规则

分数	含义	分数	含义
1	同样重要	7	A 比 B 重要得多
3	A 比 B 稍微重要	9	A 比 B 极端重要
5	A 比 B 明显重要	2、4、6、8	重要程度的比较介于上述两个分数之间

$$r_{kj} = \begin{cases} \dfrac{g_k}{g_j}, g_k \geqslant g_j \\ \dfrac{g_j}{g_k}, g_k < g_j \end{cases} \tag{7}$$

选择与 r_{kj} 最接近的 R^i 值，取与之对应的标度，构造比较矩阵，再使用 AHP 方法进行权重计算即可。由于比较矩阵本身源于不同指标之间差异化系数的比值，根据黄国庆等的研究，[①] 该矩阵天然不存在不一致问题，无须与传统 AHP 一样进行一致性检验。选取特征值法对权重进行求解，得到各三级指标权重如表 4 所示。

表 4　权重计算结果

一级指标	二级指标	三级指标	权重
1. 产业数字化	1.1 智能制造水平	1.1.1 规模以上工业企业 R&D 经费	0.20
		1.1.2 智能制造示范工厂揭榜项目数量	0.20
		1.1.3 5G 工厂数量	0.35
		1.1.4 高技术产业企业数量	0.25
	1.2 农业数字化水平	1.2.1 农村宽带接入用户数量	0.55
		1.2.2 农村消费品零售水平	0.21
		1.2.3 农村居民每百户拥有的移动电话数量	0.24
	1.3 服务业数字化水平	1.3.1 电子商务销售额	0.45
		1.3.2 省级数字普惠金融指数	0.55
2. 数字产业化	2.1 数字产业规模	2.1.1 光缆路线长度	0.40
		2.1.2 每百家企业拥有网站数	0.40
		2.1.3 关键业务环节全面数字化企业的比例	0.20
	2.2 数字产业创新能力	2.2.1 技术市场成交额	0.50
		2.2.2 技术合同成交总额	0.50
	2.3 数字产业人才	2.3.1 科学研究和技术服务业城镇单位就业人员比例	0.33
		2.3.2 信息传输、软件和信息技术服务业城镇单位就业人员比例	0.41
		2.3.3 国内专利申请受理量	0.26

---

① 黄国庆、王明绪、王国良:《效能评估中的改进熵值法赋权研究》,《计算机工程与应用》2012 年第 28 期。

一级指标	二级指标	三级指标	权重
3. 数字化治理	3.1 治理服务数字化	3.1.1 开放树林指数	0.54
		3.1.2 经营管理数字化普及率	0.16
		3.1.3 网上政府创新指数	0.30
	3.2 政务环境	3.2.1 营商环境指数	1.00
	3.3 治理效果	3.3.1 中国数字政府发展指数	1.00
4. 数据要素	4.1 数据要素供给	4.1.1 数据要素市场发展指数	0.36
		4.1.2 要素支撑指数	0.33
		4.1.3 城市数据要素市场化指数	0.16
		4.1.4 数据要素生态指数	0.15
	4.2 数据要素流通	4.2.1 各省域名数	0.67
		4.2.2 每百人使用计算机数	0.33
5. 数字基础设施	5.1 通信网络基础设施	5.1.1 5G 基站密度	0.24
		5.1.2 IPv4 地址数	0.55
		5.1.3 移动电话普及率	0.21
	5.2 新型基础设施	5.2.1 人工智能企业数量	0.67
		5.2.2 新型基础设施竞争力指数	0.33

三 原始数据处理与评价结果

（一）处理缺失的原始数据

绝大多数指标的原始数据是完整且合理的，每项具体数值皆位于适当的阈值之内，且离群值大多为经济或人口规模巨大的省份，或是经济发展落后的偏远地区，符合常理预期。

原始数据矩阵中，仅数据要素市场发展指数和城市数据要素市场化指数两项指标含有缺失数据。因此，为了进一步确保最终指数的准确性和权威性，需要尽可能避免因数据收集漏洞而造成的最终指数偏倚。

数据要素市场发展指数缺失 11 项，占比为 35.4%，对应的地区为冀、晋、辽、吉、黑、藏、陕、甘、青、宁、新。缺失数据的条目为主要的西部地区、东北三省，以及河北、山西，根据此线索可以合理推测缺失原因大致为地理因素，故这条指标为随机缺失机制。城市数据要素市场化指数缺失4项，占比为12.9%，对应地区分别为蒙、藏、陕、青。这些地区的关联性较弱，比较难以推测缺失机制，或存在结构化缺失。

依据以下原因，选择不对两项指标的缺失数据进行填补。第一，由于数字经济产业创新指数的计算方法是权重与数据的线性组合，偏倚影响相对独立，具有对缺失数据的鲁棒性。第二，两个指数的权重较小，对于创新指数的权重贡献较小，造成的意外影响较弱。第三，两个指数同属的数据要素供给的其他三级指标能够反映缺失部分的大致水平。以要素支撑指数和数据要素生态指数作为参考，推测缺失地区的指数水平均较低，不填补的偏倚影响较小。为了保障创新指数的权威性，保留原始状态为最佳选择。

（二）评价结果

将数据矩阵和权重矢量相乘计算，缺失数据视为0，得到各地区的数字经济产业创新指数。同时，表5中列出了各地一级指数的情况。

表5　数字经济产业创新指数情况

省区市	产业数字化	数字产业化	数字化治理	数据要素	数字基础设施	DEIII
北京	0.986	2.093	2.643	1.944	1.408	9.075
广东	2.074	1.794	2.292	1.370	1.516	9.046
浙江	1.904	1.351	2.438	0.855	1.017	7.566
江苏	2.333	1.522	1.656	0.735	1.044	7.289
上海	0.961	1.282	2.866	1.250	0.861	7.220
山东	1.612	1.220	1.876	0.598	0.966	6.272
四川	1.358	0.715	2.150	0.681	0.611	5.514
安徽	1.360	0.840	1.665	0.469	0.495	4.830
福建	1.297	0.541	1.759	0.621	0.584	4.802

省区市	产业数字化	数字产业化	数字化治理	数据要素	数字基础设施	DEIII
湖北	1.329	0.945	1.298	0.639	0.516	4.727
重庆市	0.865	0.358	2.058	0.586	0.481	4.348
河南	1.275	0.621	1.183	0.441	0.591	4.110
天津市	0.578	0.610	1.767	0.629	0.465	4.048
湖南	1.109	0.756	1.199	0.401	0.438	3.904
陕西	0.841	0.731	1.214	0.311	0.497	3.595
贵州	0.688	0.252	1.576	0.639	0.336	3.491
河北	1.050	0.448	1.098	0.228	0.429	3.253
江西	1.000	0.478	1.184	0.226	0.360	3.248
广西	0.938	0.261	1.185	0.391	0.341	3.116
海南	0.665	0.070	1.340	0.399	0.315	2.789
辽宁	0.619	0.411	0.821	0.239	0.432	2.523
山西	0.630	0.241	0.997	0.198	0.360	2.426
云南	0.724	0.230	0.925	0.236	0.285	2.398
内蒙古	0.381	0.137	0.940	0.196	0.250	1.904
甘肃	0.656	0.170	0.515	0.175	0.200	1.717
黑龙江	0.344	0.172	0.544	0.236	0.286	1.582
吉林	0.342	0.169	0.607	0.212	0.249	1.579
宁夏	0.419	0.084	0.452	0.124	0.140	1.220
青海	0.443	0.086	0.403	0.160	0.078	1.170
新疆	0.482	0.172	0.081	0.077	0.205	1.017
西藏	0.324	0.125	0.119	0.104	0.021	0.694

四 数字经济产业创新指数结果分析

（一）创新指数分布和排行梯队划分

数字经济产业创新指数（以下简称"创新指数"或 DEIII）展示了我国在推动数字化建设方面的努力以及各地经济数字化、智能化发展水平。这一指数反映了各省份在产业数字化、数字基础设施建设、数据管理等方面的综

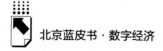

合实力。

北京市的创新指数较高，表明北京在数字经济领域的发展无论是政策支持、人才集聚还是科技创新方面均具有显著优势。总体来看，全国该指数区别分布较为均衡，形成了以下梯队。

第一梯队有北京、广东、浙江、江苏、上海。这五个省市该指数居全国前列，是我国数字经济发展的领先地区。北京市和广东省该指数处于领先地位，尤其是北京集中了大量的科技资源和创新企业，成为全国数字经济的标杆。广东省则凭借发达的制造业基础、完善的产业链以及国际化视野，在数字化转型中展现了巨大的潜力。

第二梯队有山东、四川、安徽、福建、湖北、重庆、河南、天津。这些省市是人口和经济发展的重要省份，在数字经济方面也具备较强的实力。它们拥有完善的工业基础和较高的城市化率，能够为数字经济的进一步发展提供稳定的基础设施和人才资源。例如，山东、四川等省份近年来加快信息化基础设施建设，推动制造业数字化转型。

第三梯队有湖南、陕西、贵州、河北、江西、广西、海南、辽宁、山西、云南。第三梯队的省份在数字经济产业上具备一定的基础，但仍有较大的提升空间，尤其是在基础设施、技术研发和产业链完备性等方面仍有待完善。

第四梯队有内蒙古、甘肃、黑龙江、吉林、宁夏、青海、新疆、西藏。这些地区位于我国的西部和东北等地区，经济相对欠发达，且基础设施建设滞后。同时，由于地域辽阔且人口密度较低，这些省份在推广数字基础设施、引进高端人才以及推动技术创新上仍面临一定的困难。

（二）一级评分趋势与突出项解析

从创新指数的五大构成维度来看，各省份在每个维度的表现基本上与其创新指数相匹配。

我国四个直辖市的产业数字化指数相对较低，与其创新指数并不完全匹配，主要是因为二级指标农业数字化指数偏低。直辖市的农村区域相对较小，农业在整体经济结构中的占比小，故此类指数较低。这一情况符合预期，显示出城市经济结构的不同对数字化发展的影响。

四川、福建、重庆的数字产业化指数偏低，主要反映了这些地区的数字产业创新能力相对不足。尽管这些省份在其他技术领域可能有所突破，但在信息技术服务、电子商务等更广泛的数字产业化方面，仍未形成强大的产业集群，创新成果较少。贵州在数字人才和创新技术开发上存在短板。而海南以旅游业为主，产业结构更侧重于服务业和旅游业，数字化进程相对较慢。

数字化治理主要用于衡量各地政府在推动数字政务和开放数据等方面的工作成效。北京、上海、浙江、广东等表现突出，得益于其在政务数字化和数据开放政策上的积极推进。这一维度与经济发展和技术创新的关联性相对较弱，更多的是反映出各地政府的政策力度和治理效率。

上海、北京和广东在数据要素方面表现出色，尤其是数据交易市场的成熟度和数字生态体系建设。上海虽然域名数少于北京和广东，但总体上保持了较高的水平，显示出数据要素对数字经济的重要推动作用。

（三）一级指标值域揭示省际差异

图1的箱线图展示了一级指数分布情况，反映出各省份在产业数字化和数字化治理方面的差异较大，显示出区域发展不平衡问题尤为突出。高分地区在产业升级和智能化转型方面具有显著优势，尤其是在制造业数字化、互联网+等领域取得了明显进展；而西部欠发达地区则在构建现代数字经济体系方面滞后。值得注意的是，在数字产业化和数字基础设施两个维度，绝大多数省份的得分率不到50%（数字产业化低于1.5，数字基础设施低于1），表明大部分地区在数字化建设方面，尤其是在人工智能、网络通信和基础设施规模等方面发展较为缓慢。

（四）地理环境因素

从地理位置来看，东部沿海省份的创新指数显著高于内陆省份，尤

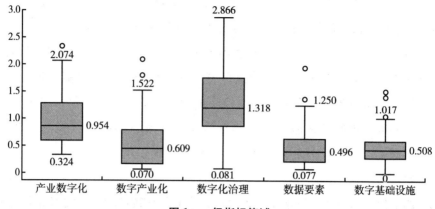

图1　一级指标值域

其是上海、浙江、广东、江苏、山东等。具体而言，东部沿海省份的平均创新指数达到 7.032，而内陆省份仅为 3.13。沿海地区主要得益于以下两个方面。首先，优越的地理条件和发达的交通网络促进了货物流通和经济发展，这为数字经济发展提供了坚实的基础。其次，这些地区拥有强大的高新技术产业，尤其是在信息技术、人工智能和先进制造等领域处于全国前列。同时，传统产业的大规模数字化转型和深度的"数实融合"也推动了这些地区的创新能力提升，使其在数字经济发展中表现优异。

（五）主要经济圈表现对比

我国四大经济"发动机"的创新指数超过全国平均水平。

珠三角地区创新指数表现最佳，制造业和外贸经济发达，数字产业化程度高，尤其是智能制造和跨境电商领域表现突出。该地区受益于改革开放初期的政策优势，形成了以深圳、广州等城市为核心的创新集群。

长三角地区紧随珠三角地区之后，归因于该地区强大的经济基础、高度集聚的人才资源，以及政府在科技创新和产业升级方面的积极推进。长三角地区的城市间协作和产业链整合能力强，为其数字经济快速发展提供了有力支撑。

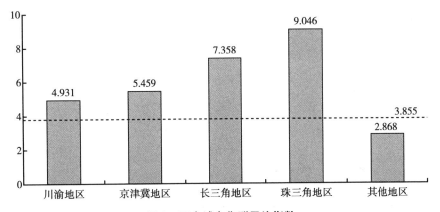

图2　四大城市集群平均指数

相较于珠三角地区和长三角地区，京津冀地区创新指数较低。尽管北京拥有丰富的科研资源和高新技术产业，但区域内发展不均衡，河北和天津与北京相比存在较大差距。京津冀地区需加强区域协同，优化产业布局，提升整体竞争力。

川渝地区作为近年来快速发展的内陆城市集群，表现相当亮眼，但与以上三个地区相比仍有差距。川渝地区可以利用区位优势，加强与共建"一带一路"国家的合作，推动数字经济的国际化发展。

（六）通过人均GDP了解创新指数

人均GDP作为衡量一个地区经济产出和居民平均收入水平的指标，与数字经济产业创新之间存在紧密且必要的联系。经济实力为创新提供了必要的资源、环境和条件，包括对研发活动的直接投资、对创新企业的财政激励以及对高等教育和技能培训的投入。此外，经济发达地区往往能够提供更多的就业机会和更高的生活质量，更易吸引和留住高技能人才，这也是推动数字经济创新的核心力量。

中国的经济发展水平与数字经济产业创新之间存在中等程度的正相关关系，这由R^2值为0.56所体现。经济发达地区如北京、上海和江苏，不仅人均GDP较高，创新指数也领先，这可能归因于其强大的经济基础、

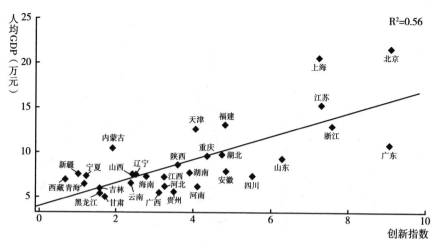

图 3　创新指数与人均 GDP

政策支持以及对科技和教育的大量投资。这些投资不仅为数字经济产业创新提供了必要的支持，还有助于吸引和培养高技能人才，推动产业升级和技术创新。而福建和天津虽然人均 GDP 较高，但创新指数相对略低，可能源于产业结构或特定创新领域的差异。山东和广东虽然人均 GDP 处于中等水平，但创新指数较高，说明在某些创新领域或有特别的突破或政策优势。

（七）地区产业结构对技术创新的影响

总体趋势显示，随着第一产业（农业等基础产业）占比下降，创新指数则呈现上升趋势。第一产业占比高的省份（如黑龙江、海南、新疆等），其创新指数往往较低，说明这些省份的经济结构仍以农业为主，数字经济发展水平不高和产业创新能力较弱。相反，第一产业占比低的省份（如北京、上海、广东、浙江等），创新指数往往较高。这些省份的经济发展更加依赖于第二、第三产业，尤其是技术驱动型产业，如制造业、服务业和信息技术产业。因此，数字经济的创新能力也更为突出。

可见，经济结构对创新能力有重要影响。创新指数在很大程度上反映了地区经济发展对数字化转型和高附加值产业的依赖程度。第一产业占比越高，意味着地区经济发展更依赖于传统产业，创新能力有限。而在第一产业占比低的省份，高附加值产业发展推动了创新指数提升。

五　发展建议

总体来看，我国各地区数字经济发展水平仍存在较大差距，特别是东部沿海与中西部地区之间的差距较为明显。未来，通过政策引导和资金投入，加强中西部地区数字基础设施建设，推动这些地区加快数字化进程，是我国整体数字经济发展水平提升的关键。本文通过对创新指标体系的构建与分析，提出以下政策建议。

首先，中西部和欠发达地区加快产业结构升级，是推动数字经济发展的核心。这些地区可以借助国家政策，重点发展与本地资源禀赋和市场需求相匹配的数字化产业。例如，针对农业主导的省份，可以大力推广智慧农业技术，如无人机监控、智能灌溉系统和农业物联网平台，提升农业生产效率。同时，引入先进的制造业和服务业，推动传统产业的数字化转型。政府可以通过设立专项基金，鼓励企业进行技术改造和数字化升级，提供税收优惠和融资支持，帮助企业实施智能制造和数字化服务。

其次，欠发达地区必须加大对数字基础设施的投入，这直接关系到数字经济的发展。可以优先在工业园区、重点经济区域以及大城市周边加快建设5G网络和高速宽带，提升网络覆盖和数据处理能力。此外，建设地方性的数据中心和云计算平台，提供云服务，帮助中小企业快速实现数据化运营。国家可以设立专项资金，针对欠发达地区，提供基础设施建设补贴和技术支持，确保这些地区能够加快数字基础设施建设步伐。

技术创新与人才培养是数字经济发展的核心驱动力。欠发达地区可以通过引进技术人才和培训本地人才的方式，提升技术创新能力。当地政府可以通过建设创新孵化器或数字经济产业园区，吸引高科技企业入驻，鼓励科技创新创业。此外，地方政府应与高校和职业院校合作，开设数字经济专业或课程，培养数字经济人才。例如，可以通过校企合作，

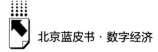

建立数字技术实验室和实训基地，帮助学生掌握前沿的技术技能。此外，政府可以提供技术培训补贴，帮助在职人员提升数字化能力，从而推动全社会的数字化进程。

在数字化治理方面，可以通过建设数字政务平台，实现企业登记、税务处理、政府服务等事项的在线办理，提升政府部门的行政效率和透明度。同时，推进数据开放和共享，鼓励企业发展数据驱动型的创新应用。政府可以通过制定开放数据相关法律框架，确保数据的安全和隐私保护，鼓励更多企业基于这些数据提供数字服务。

最后，区域协作是缩小区域数字经济差距的有效方式。国家层面可以通过东西部协作机制，鼓励东部沿海地区与中西部省份结成技术协作伙伴关系。例如，可以通过数字经济发展对口合作项目，鼓励东部地区输出技术、经验和产业模式，中西部地区则提供资源和市场，通过共享技术和创新成果，形成互利共赢的局面。此外，可以通过区域间的联合科技园区或合作实验室，加快技术转移和创新成果的应用落地，帮助欠发达地区尽快实现数字经济的跨越式发展。

参考文献

单志广、徐清源、马潮江、唐斯斯、王威：《基于三元空间理论的数字经济发展评价体系及展望》，《宏观经济管理》2020 年第 2 期。

冯守东、王爱清：《数字经济国际税改研究国内文献综述》，《国际税收》2023 年第 1 期。

《江苏省人民政府办公厅关于转发省统计局等部门江苏省数字经济发展综合评价办法（试行）的通知》，《江苏省人民政府公报》2022 年第 11 期。

刘传明、尹秀、王林杉：《中国数字经济发展的区域差异及分布动态演进》，《中国科技论坛》2020 年第 3 期。

刘军、杨渊鋆、张三峰：《中国数字经济测度与驱动因素研究》，《上海经济研究》2020 年第 6 期。

吕雁琴、范天正：《中国数字经济发展的时空分异及影响因素研究》，《重庆大学学报》（社会科学版）2023 年第 3 期。

唐睿：《安徽省数字经济评价体系构建和网络时空分异特征研究》，《地域研究与开发》2023 年第 2 期。

吴晓波、李思涵、徐宁、杜健：《数字经济背景下浙江省创新型经济发展评价及赋能对策研究——基于 2014—2017 年六省市的对比分析》，《科技管理研究》2020 年第 13 期。

理 论 篇

B.4
公平有序的公共数据授权运营
市场环境建设研究

孟庆国　王理达*

摘　要：　公共数据授权运营是推动公共数据要素价值有效释放的重要途径，但其中也存在权力寻租、市场垄断等风险。本文围绕公共数据授权运营市场环境的风险应对问题展开研究，梳理了地方公共数据授权运营在制度建设、实践进展及市场模式方面的情况，剖析了面临的公平性和垄断风险。同时，借鉴公共资源交易领域的风险防范经验，从明确授权内容、规范授权程序等方面构建风险防范制度，并对地方政府提出细化规则、做好数据登记、加强公开披露与监督管理等风险防范和应对建议，旨在为构建公平有序的公共数据授权运营市场环境，释放公共数据要素潜能，推动数字经济发展和社

* 孟庆国，清华大学公共管理学院教授，清华大学计算社会科学与国家治理实验室执行主任，清华中国电子数据治理工程研究院院长，主要研究方向为政府治理与创新、电子政务与数字政府、政务大数据与数字治理；王理达，清华大学计算社会科学与国家治理实验室专职研究员、高级工程师，清华中国电子数据治理工程研究院副秘书长，主要研究方向为数字政府、公共数据治理。

会治理创新提供参考和启示。

关键词： 公共数据授权运营　市场环境建设　风险防范　制度构建

一　公共数据授权运营的意义与风险认识

公共数据是数据要素的重要组成部分，是响应数字时代人类社会变革、建设数字中国过程中不可或缺的重要基础资源，对于发展数字经济、优化数字政务、繁荣数字文化、构建数字社会、建设数字生态文明具有重要的意义。近年来，加强公共数据资源的开发利用，已成为国家数字化战略的重要内容。[①] 特别是《中共中央办公厅　国务院办公厅关于加快公共数据资源开发利用的意见》（以下简称《意见》）的出台，明确了共享、开放和授权运营三种公共数据的供给和开发利用方式，这既是对前期公共数据治理与应用情况的总结归纳，也为下一步我国公共数据资源价值释放指明了方向。

其中，授权运营是《意见》中重点提出和规范的公共数据开发利用新模式，通过引入社会力量作为运营机构开展公共数据资源开发、产品经营和技术服务，从而扩大公共数据资源的社会化供给规模，帮助数据企业解决公共数据的获取问题，为我国数据产业发展注入新动能。

在积极推动公共数据资源社会化利用的同时，也应认识到，由于公共数据资源的独占性特点，在数据授权的过程中，与其他公共资源交易类似，自然会存在权力寻租、权钱交易的风险。同时，由于公共数据蕴含大量个人隐私、商业秘密和国家安全信息，不宜向过多主体进行大量授权，获得授权的运营机构数量必然较为有限。特别是一些地方或行业在初始阶段往往只授权一家进行授权运营，不可避免地存在垄断或不正当竞争的风险。[②] 针对这些

---

① 孟庆国、王友奎、王理达：《公共数据开放利用与授权运营：内涵、模式与机制方法》，《中国行政管理》2024 年第 9 期。

② 陆志鹏：《公共数据授权运营机制探索》，《网络安全与数据治理》2022 年第 7 期。

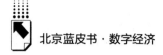

情形，在开展公共数据授权运营的过程中，除了关注数据供给和开发应用的效率外，还需要结合公共数据授权运营的具体做法，采取必要措施促进公平竞争，实现经济和社会效益最大化。

二 地方公共数据授权运营的探索与挑战

在国家大力推动公共数据资源开发利用的时代浪潮下，地方政府作为公共数据授权运营的重要实践主体，肩负着探索创新与应对挑战的双重使命。地方公共数据授权运营不仅是对国家数字化战略的积极响应，更是地方实现经济转型升级、提升社会治理效能的关键契机。这一过程涉及制度建设、实践推进以及市场模式的创新与优化，其间既有先行先试的成果，也面临着亟待解决的问题。

（一）地方公共数据授权运营的制度建设

截至 2024 年 9 月，地方政府共出台了 76 份公共数据授权运营相关政策文件，① 其中正式施行（包括暂行、试行）的文件 40 份，征求意见稿 36 份。最早出台的城市是成都市，2023~2024 年是相关政策相对集中出台的两年。

从政府层级来看，共有 10 个省级行政区（包括直辖市）出台了相关政策文件，分别是北京、海南、浙江、天津、安徽、贵州、吉林、江苏、河北、湖北。56 个城市（包括副省级城市、地级市）出台了相关政策文件。10 个区县（包括县级市）发布了公共数据授权运营相关政策文件。从区域来看，经济较活跃的东部地区出台的政策文件较多。从命名方式来看，当前公共数据授权运营的相关政策文件既有"管理办法"，也有"实施方案"，还有"实施细则""工作指南"等。虽然这些政策文件的名称有所差异，但针对公共数据授权运营的具体工作都起到了规范化的功能。虽然一部分政策还处于征求意见期间，尚未正式颁布，但可以预见的是，未来地方政府公共数据授权运营相关政策文件将会更多地涌现。

---

① 一些政策文件暂无公开全文，但有公开的相关报道。

表 1　地方公共数据授权运营相关政策文件

日期	名称
2020 年 10 月	《成都市公共数据运营服务管理办法》
2021 年 9 月	《海南省公共数据产品开发利用暂行管理办法》
2021 年 11 月	《安顺市公共数据资源授权开发利用试点实施方案》
2023 年 3 月	《随州市公共数据授权运营实施方案》
2023 年 4 月	《荆门市公共数据授权运营实施细则(试行)》
2023 年 4 月	《青岛市公共数据运营试点管理暂行办法(正式发布稿)》
2023 年 4 月	《东营市公共数据授权运营暂行管理办法(征求意见稿)》
2023 年 5 月	《孝感市公共数据授权运营暂行管理办法》
2023 年 6 月	《鄂州市公共数据授权运营工作方案(试行)》
2023 年 6 月	《达州市公共数据授权运营管理办法(征求意见稿)》
2023 年 7 月	《长沙市政务数据运营暂行管理办法(征求意见稿)》
2023 年 7 月	《包头市公共数据运营管理试点暂行办法》
2023 年 8 月	《浙江省公共数据授权运营管理办法(试行)》
2023 年 8 月	《长春市公共数据授权运营管理办法》
2023 年 9 月	《杭州市公共数据授权运营实施方案(试行)》
2023 年 9 月	《新昌县公共数据授权运营实施方案(征求意见稿)》
2023 年 9 月	《温州市公共数据授权运营管理实施细则(试行)》
2023 年 10 月	《衢州市公共数据授权运营管理实施细则(试行)(征求意见稿)》
2023 年 10 月	《义乌市公共数据授权运营实施细则(试行)(征求意见稿)》
2023 年 10 月	《永康市公共数据授权运营实施方案(试行)(征求意见稿)》
2023 年 10 月	《德州市公共数据授权运营管理暂行办法》
2023 年 11 月	《大理州公共数据授权运营管理办法》
2023 年 11 月	《烟台市公共数据授权运营管理暂行办法(征求意见稿)》
2023 年 11 月	《盐城市公共数据授权运营管理暂行办法(征求意见稿)》
2023 年 11 月	《绍兴市公共数据授权运营管理实施细则(试行)(征求意见稿)》
2023 年 11 月	《宁波市公共数据授权运营管理实施细则(试行)》
2023 年 12 月	《湖州市公共数据授权运营管理实施细则(试行)(征求意见稿)》
2023 年 12 月	《济南市公共数据授权运营办法》
2023 年 12 月	《淮安市公共数据授权运营实施方案(试行)》
2023 年 12 月	《安徽省公共数据授权运营管理办法(试行)(征求意见稿)》
2023 年 12 月	《衢州市公共数据授权运营管理实施细则(试行)(征求意见稿)(第二版)》

续表

日期	名称
2023 年 12 月	《缙云县公共数据授权运营管理实施细则(试行)(征求意见稿)》
2023 年 12 月	《北京市公共数据专区授权运营管理办法(试行)》
2023 年 12 月	《湖州市公共数据授权运营管理实施细则(试行)》
2023 年 12 月	《新昌县公共数据授权运营实施方案》
2023 年 12 月	《泰州市公共数据授权运营管理办法(试行)(征求意见稿)》
2023 年 12 月	《厦门市公共数据开发利用管理暂行办法》
2023 年 12 月	《沈阳市公共数据授权运营工作指南(试行)》
2023 年 12 月	《丽水市公共数据授权运营管理实施细则(试行)》
2023 年 12 月	《遂宁市公共数据运营管理办法(试行)》
2024 年 1 月	《金华市公共数据授权运营实施细则(试行)(征求意见稿)》
2024 年 1 月	《石家庄市公共数据运营管理办法(征求意见稿)》
2024 年 1 月	《金华市公共数据授权运营实施细则(试行)》
2024 年 1 月	《福田区公共数据授权运营暂行管理办法》
2024 年 1 月	《银川市公共数据授权运营试点实施方案(2024—2025 年)(试行)》
2024 年 1 月	《天津市公共数据授权运营试点管理暂行办法》
2024 年 2 月	《云和县公共数据授权运营管理实施细则(试行)(征求意见稿)》
2024 年 2 月	《苏州市公共数据授权运营管理办法(试行)(征求意见稿)》
2024 年 2 月	《云和县公共数据授权运营管理实施细则(试行)》
2024 年 2 月	《滨州市公共数据授权运营管理暂行办法(征求意见稿)》
2024 年 2 月	《无锡市公共数据授权运营管理办法(试行)》
2024 年 3 月	《舟山市公共数据授权运营实施方案(试行)》
2024 年 3 月	《潍坊市公共数据授权运营管理办法(试行)》
2024 年 3 月	《沈阳市公共数据授权运营管理办法(试行)(征求意见稿)》
2024 年 3 月	《郑州市公共数据运营服务评价指标体系(2024 年版)(试行)》《郑州市公共数据开放管理办法(试行)》
2024 年 4 月	《德清县公共数据授权运营管理实施细则(试行)(征求意见稿)》
2024 年 4 月	《南京市公共数据授权运营管理暂行办法》
2024 年 4 月	《吕梁市公共数据运营管理办法(试行)》
2024 年 5 月	《绍兴市公共数据授权运营管理实施细则(试行)》
2024 年 5 月	《威海市公共数据授权运营管理暂行办法(征求意见稿)》
2024 年 5 月	《缙云县公共数据授权运营管理实施细则(试行)》
2024 年 5 月	《河北省公共数据授权运营管理办法(试行)(征求意见稿)》
2024 年 6 月	《泰州市公共数据授权运营管理办法(试行)(征求意见稿)》

续表

日期	名称
2024 年 6 月	《徐州市公共数据授权运营管理办法(征求意见稿)》
2024 年 6 月	《扬州市公共数据授权运营管理办法(试行)》
2024 年 6 月	《衢州市公共数据授权运营管理实施细则(试行)》
2024 年 7 月	《贵州省公共数据授权运营管理办法(试行)(征求意见稿)》
2024 年 7 月	《银川市公共数据授权运营管理办法(试行)(征求意见稿)》
2024 年 8 月	《广州市公共数据授权运营管理暂行办法(征求意见稿)》
2024 年 8 月	《惠州市公共数据授权运营暂行管理规范(征求意见稿)》
2024 年 8 月	《浦东新区公共数据授权运营管理若干规定(征求意见稿)》
2024 年 8 月	《江山市公共数据授权运营管理实施细则(试行)(征求意见稿)》
2024 年 8 月	《兰州市公共数据授权运营管理暂行办法》
2024 年 9 月	《湖北省公共数据授权运营管理办法(试行)(征求意见稿)》
2024 年 10 月	《江苏省公共数据授权运营管理暂行办法(征求意见稿)》
2024 年 10 月	《呼和浩特市公共数据运营管理暂行办法(征求意见稿)》

(二)地方公共数据授权运营的实践进展

当前,公共数据授权运营机制探索正处于起步阶段,人力资源和社会保障部、文化和旅游部、国家市场监督管理总局、国家卫生健康委等国家部门,以及北京、浙江、上海、重庆等十余个地区率先开始探索公共数据授权运营机制。在实践中,各地区各部门主要通过成立国有资本运营公司、政企合作等方式创新公共数据价值释放路径。例如,金保信社保卡科技有限公司负责全国社保卡服务平台的建设、运维、运营和提供用户服务,推进人力资源和社会保障数据有效合规使用与开发利用,面向普惠金融、保险、人力资源服务机构,以数据模型、核验评分等方式提供 50 余项数据服务产品。北京以场景为牵引,形成了特色鲜明的"公共数据专区运营模式",其中"金融专区"具有较强的代表性,利用公共数据研发各类金融产品,为广大企业和金融机构提供信用信息查询、准入分析、风险洞察、企业守信分析等服务,以数字金融创新助力普惠金融发展。海南省打造了具有"前店后厂"

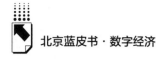

特征的"数据产品超市"模式。青岛市着力构建"数商"生态，以公共数据运营撬动数据要素市场发展。

（三）公共数据授权运营的市场模式与挑战

总体来看，在前期各地各部门开展的公共数据授权运营实践中，形成了三种有代表性的模式。一是整体授权，以上海、成都等地为代表，成立或指定一家国资公司（数据集团），将公共数据资源统一交给其进行开发运营，面向社会释放公共数据价值。二是分领域授权，以北京为代表，设立金融、交通、信用等数据专区，将各领域的相关数据分别向不同专区进行授权，由专区运营机构进行开发，面向不同行业领域提供服务。三是依场景授权，以海南为代表，设立数据产品超市，按照具体的场景需求进行公共数据资源授权和开发，提供有针对性的数据产品和服务。

这些模式都显著提升了公共数据供给和开发的效率，但从公平性的角度看不可避免地存在一些潜在风险。一是面向不同类型经营主体的公平性风险，基于安全性考虑，各级各地政府普遍倾向于选择具有国资背景的企业进行公共数据的授权运营和相关基础平台建设，这种做法在保障安全、隐私方面具备优势，但是对其他社会主体而言不够公平。二是少数运营机构所带来的垄断风险，同样出于安全性考虑，不可能将公共数据授权给大量主体，上文提到的三种模式往往指向一家或有限的几家机构进行数据授权或平台建设委托，不可避免地带来垄断或者滥用市场支配地位的风险。

三　公共资源交易过程中风险防范做法

公共资源交易领域（如政府采购、水、电、交通等）为防范权钱交易和垄断行为，已采取多项举措，提出了具体的政策要求，对于防范公共数据授权运营过程中的相关风险有显著的借鉴价值。

（一）建立公平竞争和公开透明机制，提升腐败预防能力

2022年4月，中共中央、国务院印发《关于加快建设全国统一大市场的

意见》，这是以习近平同志为核心的党中央从全局和战略高度作出的重大决策，公共资源交易是全国统一大市场的重要方面，必须紧紧围绕全国统一大市场要求，在招标投标、政府采购、资源交易、医药采购、产权交易等领域实现准入畅通、规则一致、设施联通、监管协同和信息公开共享，激发市场活力，提高公共资源配置的质量、效率和公信力。① 2024 年 6 月，国务院发布《公平竞争审查条例》、国家有关部门印发《招标投标领域公平竞争审查规则》，旨在从源头上消除地域歧视、所有制歧视、行业壁垒、地方保护限制等，打造公平公正的交易环境，避免制度性腐败和制度性漏洞，从源头上预防腐败。

（二）加强反垄断法规制建设

严格执行招标投标法规制度。《国家发展改革委等部门关于严格执行招标投标法规制度进一步规范招标投标主体行为的若干意见》（发改法规规〔2022〕1117 号）强调严格执行招标投标法规制度，进一步规范招标投标各方主体行为，防止垄断和不正当竞争。反对政府采购领域的行政垄断：行政主体利用行政权力排除、限制竞争的行为在政府采购领域时有发生，需通过反垄断法规制加以规范，以维护市场公平竞争。

从实践来看，政府采购领域的行政垄断有较多表现形式，有关的法律规定也分布在《招标投标法》《政府采购法》《反不正当竞争法》《反垄断法》等中，至少可以分为竞争法（反垄断法）对于政府采购领域的行政垄断的规制和政府采购法（包括招标投标法）对于该行为的规制两大类。② 其中，《政府采购法》提出的立法目的就包括"规范政府采购行为，提高政府采购资金的使用效益""维护国家利益和社会公共利益""保护政府采购当事人的合法权益""促进廉政建设"。

---

① 张国清：《构建全国统一大市场》，《人民日报》2024 年 7 月 29 日。
② 李胜利：《论政府采购领域中行政垄断的反垄断法规制——从五个典型案例出发》，《中国政府采购》2020 年第 6 期。

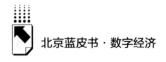
（三）建立统一的公共资源交易平台，加强制度与技术融合

2015年，国务院办公厅发布了《整合建立统一的公共资源交易平台工作方案》，基于该工作方案的指导与细则，在2016年发布《公共资源交易平台管理暂行办法》。为深化各级公共资源交易平台互联互通，促进公共资源交易数据汇聚共享，2018年国务院对《公共资源交易平台系统数据规范》进行了修订，发布《公共资源交易平台系统数据规范（V2.0）》。

为减少人为干预和权力寻租空间，全国各地区积极推进公共资源交易平台的整合，实行统一的交易规则和流程，确保交易过程公开透明。实施电子化招投标，通过电子招投标系统，实现全流程在线操作，减少人为干预，提升透明度和效率。加强评标专家管理，建立健全评标专家库，严格专家选聘和管理，防止专家与投标人串通舞弊。下一步应强化机器学习，提升公共资源交易领域大数据防治新型腐败和隐性腐败能力，加快推进机器评标、AI智能辅助评标，拓展信用评价在公共资源交易领域的应用，减少人为干预，用技术手段强化制度刚性执行，织牢制度笼子，切实提高"不能腐"的约束力。

（四）进一步强化监管制度，构建清廉生态

建立综合监管体系，实行行业监督部门、综合协调部门、公共资源交易机构协同监管。公共资源交易涉及行业多、环节多，需要有关单位协同发力，提升联防共治能力，充分利用技术手段，构建电子化监督平台，实现全行业交易违法违规行为、交易风险预警线索、投诉质疑、行政监督指令等全流程线上闭环运行，对违法违规行为依法依规纳入信用评价管理；在处理相关投诉质疑时，公共资源交易机构可基于技术性分析、专业性判断提供中立性处理意见，供行业行政监督部门参考，提高投诉质疑处理的科学性、公正性；纪检监察机关等可全程线上跟踪督办，有效实施再监督，营造风清气正综合监管风气。招标人（代理机构）等是公共资源交易发起方，应坚持项目全流程公开管理，对各类经营主体一视同仁、平等对待；投标人等是响应

方，应当坚持市场原则，做优竞标方案公平参与竞争；评标专家是"交易裁判员"，应当坚持独立评审、公正对待所有投标方案；公共资源交易机构是服务平台，应当坚持服务优先，充分发挥技术性、业务性作用，尽职尽责保障交易项目顺利开展。纪检监察机关等可及时发布相关典型案例，加大对违法违规行为的曝光力度，强化信用评价结果应用，提升警示教育效果，推动构建清廉、清爽、清亮的交易风气，涵养良好交易生态，切实提升"不想腐"的自觉力。

四　公共数据授权运营市场风险防范制度构建

授权运营是公共数据资源开发利用的新方式，也是扩大公共数据资源供给最为关键和有效的方式。公共数据资源授权运营的规范有序开展，有利于更好推进公共数据资源开发利用，更好释放公共数据要素潜能。[1] 应从制度建设入手，做好面向公共数据授权运营活动中权钱交易和垄断风险的防范设计。

（一）明确授权内容，减少含糊灰色地带

公共数据授权运营中，授权内容的清晰界定至关重要。《意见》明确提出，建立公共数据资源登记制度，依托政务数据目录，根据应用需求，编制形成公共数据资源目录，对纳入授权运营范围的公共数据资源实行登记管理。2025年初，国家发展改革委、国家数据局印发《公共数据资源登记管理暂行办法》（发改数据规〔2025〕26号，以下简称《登记办法》），明确要求对纳入授权运营范围的公共数据资源进行登记，记录进行授权运营的公共数据主体信息、数据合法合规性来源、数据资源情况、存证情况、产品和服务信息、应用场景信息、数据安全风险评估信息等。通过公共数据资源登记措施与授权运营活动相配合，可以实现对"授权哪些数据""授

---

[1]　李芃达：《加快公共数据资源开发利用》，《经济日报》2025年2月16日。

权给了谁""授权干什么用"等问题的准确回答，确保授权运营活动中公共数据流向的可追溯、可控，从源头上减少因授权内容模糊而导致的风险。

（二）规范授权程序，做好运营机构选择

建立规范的公共数据授权程序和监管措施，是降低授权运营风险的关键。《意见》明确提出，探索将授权运营纳入"三重一大"决策范围，明确授权条件、运营模式、运营期限、退出机制和安全管理责任。2025年初，国家发展改革委、国家数据局印发的《公共数据资源授权运营实施规范（试行）》（发改数据规〔2025〕27号，以下简称《实施规范》）中，进一步要求以公开招标、邀请招标、谈判等公平竞争方式选择运营机构，经实施机构"三重一大"决策机制审议通过后，与依法选定的运营机构签订公共数据资源授权运营协议。通过公开、规范的公共数据运营机构遴选，设定明确、合理的准入门槛，避免不合理的限制条件，保障各类符合资质的企业都能公平参与竞争。选取具备良好数据资源加工、运营所需的管理和技术服务能力，经营状况和信用状况良好，符合国家数据安全保护要求的机构从事公共数据资源的开发运营。

（三）推动价格管控，避免牟取超额利润

公共数据具有显著的公共品属性，在通过市场手段引导促进公共数据社会化利用的同时，不能忽视其社会价值，要推动更多主体能够获得所需的公共数据资源。《意见》明确提出，用于产业发展、行业发展的公共数据经营性产品和服务，确需收费的，实行政府指导定价管理。针对这一要求，2025年初，国家发展改革委、国家数据局专门印发《关于建立公共数据资源授权运营价格形成机制的通知》（发改价格〔2025〕65号，以下简称《价格通知》），对定价范围和管理权限、定价程序、最高准许收入和上限收费标准等进行了说明。综合考虑授权运营相关平台建设和运维成本，数据传输、汇聚、存储、治理等成本，人力资源成本，获取公共数据

资源的相关支出等，按照"补偿成本、合理盈利"的原则，合理确定各项数据产品和服务的公共数据运营服务费上限，并定期进行评估调整，防止漫天要价，维护市场价格秩序，促进行业生态的良性发展。

（四）限制独占行为，构建良性竞争环境

在公共数据授权运营领域，限制独占行为、营造公平竞争环境是确保市场健康发展的关键所在。公共数据作为重要的战略性资源，其运营应服务于更广泛的社会利益，避免因个别运营机构的独占行为而阻碍行业进步。《实施规范》针对这一问题，明确提出开展授权运营活动，不得滥用行政权力或市场支配地位排除、限制竞争，不得利用数据和算法、技术、资本优势等从事垄断行为，在具体操作上要求运营机构应依法依规在授权范围内开展业务，不得直接或间接参与授权范围内已交付的公共数据产品和服务再开发。通过这些措施，面向运营机构进行明确的约束，预防其凭借垄断地位开展不正当竞争活动，保障市场交易的公平性，推动公共数据运营市场形成充分竞争的良好局面，从而提升公共数据运营效率，为社会提供更优质、更丰富的数据产品和服务。

（五）做好公开披露，发挥社会监督作用

授权运营相关信息的公开和披露是公共数据授权运营中强化社会监督、保障市场公正透明的重要环节。通过全面、及时的信息公开，能够有效解决信息不对称问题，让公共数据授权运营活动在阳光下进行，有力防范潜在风险。《意见》要求建立公共数据资源授权运营情况披露机制，按规定公开授权对象、内容、范围和时限等授权运营情况，运营机构应公开公共数据产品和服务能力清单，披露公共数据资源使用情况，接受社会监督。一方面要披露"授权运营情况"，将谁授权了哪些数据、给了谁、能干什么用、能用多久等信息公开出来，是保障公众知情权的基础，是对公共部门权力的约束，确保授权过程的公平、公正、公开。另一方面，要公开"产品和服务能力清单"，将运营机构产生的公共数据产品和服务公开出来，让广大经营主体

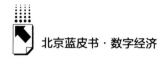

能够公平地获取相关产品和服务，是对运营机构行为的约束，保障公平、有序的市场环境。

五　面向地方政府的公共数据授权运营市场风险防范和应对建议

地方政府在公共数据授权运营进程中处于关键枢纽地位，是确保市场环境公平有序、实现公共数据资源高效利用的重要力量。在加快推进公共数据资源开发利用的同时，也不能忽视权钱交易、市场垄断等潜在风险，需要从多个维度发力，制定切实可行的防范策略和应对措施。

（一）结合自身特点完善授权运营规则

国家层面通过《意见》《登记办法》《实施规范》《价格通知》"1+3"系列文件的出台，为公共数据授权运营工作搭建起了宏观的制度框架，为我国公共数据授权运营工作的开展提供了基本遵循。但由于国家文件需要适配全国不同地方、不同部门的不同情况，相关规则设计不可能非常具体和细化，更多侧重于基础性、原则性要求，各地方应结合当地经济发展水平、产业结构、数据资源禀赋、技术创新能力等具体情况，以及自身公共数据授权运营体系设计的具体模式，制定具体的制度规则、实施方案和操作细则，将"三重一大"决策、公平选择运营主体、公开披露、价格限制、禁止运营机构再开发等要求落到实处，推动公共数据授权运营工作规范、高效开展。

（二）扎实做好公共数据资源一体化登记

全面准确的公共数据登记是防范权钱交易和垄断风险的基石。首先，构建统一的公共数据登记平台，整合下辖地方和部门分散的公共数据资源信息，确保数据来源的唯一性和准确性。对公共数据的基本属性，如数据名称、数据类型、数据格式、数据来源部门、数据更新频率等进行详细登记，形成标准化的数据目录清单。其次，依据数据的敏感性、重要性和应用场景，实施分级分类管理。例如，将涉及国家安全、个人隐私、商业秘密等敏感数据列为高风险等级，严格限制其登记内容、授权范围和使用方式；对于一般性公共数据，按照不同行业领域和应用需求进行分类登记，便于数据的精准检索和合理开发利用。同时，在登记过程中，加强数据质量审核，运用数据清洗、验证、比对等技术手段，确保登记数据的真实性、完整性和一致性。定期对公共数据资源进行清查盘点，及时更新登记信息，动态掌握数据资源的变化情况，做到公共数据家底清晰、情况明了，为授权运营和风险防范提供坚实的数据基础。

（三）以公开披露为抓手防范不当行为发生

建立健全公共数据授权运营公开披露机制是保障社会公众知情权、参与权和监督权的关键举措。明确公开披露的主体为公共数据授权运营的管理部门和运营机构。管理部门负责披露授权运营的政策法规、总体框架、运营主体选择标准、监督管理措施等宏观层面的信息，以及授权的具体公共数据资源；运营机构则需详细披露其运营计划、数据开发利用项目进展情况、数据产品和服务的内容与定价依据、收益分配方案及数据安全保障措施等具体业务信息。确定公开披露的渠道，充分利用政府官方网站、政务新媒体平台、公共数据开放平台等多种渠道进行信息发布，确保信息传播的广泛性和便捷性。定期发布授权运营报告，以年度、季度或月度为周期，向社会公众全面展示公共数据授权运营的工作成果、存在的问题及改进措施。在公开披露过程中，注重信息的可读性和可理解性，采用图表、案例分析等形式对复杂的数据和政策信息进行解读，便于社会公众更好地了解公共数据授权运营工作的实际情况，形成全社会共同参与监督的良好氛围，有效遏制权钱交易和垄断行为的发生。

（四）做好监督管理将相关制度要求落到实处

构建全方位、多层次的监督管理体系是防范公共数据权钱交易和垄断风险的核心保障。首先，强化政府内部监督，明确相关部门在公共数据授权运营监督管理中的职责分工，建立协同监管机制。数据管理部门负责对数据资源登记管理、授权运营流程合规性进行监督；市场监管部门重点关注运营机构的市场行为，防止其在数据产品和服务市场中形成垄断地位或进行不正当竞争；审计部门定期对授权运营项目的资金使用情况、收益分配情况进行审计监督，确保公共资金安全和合理使用。加强对授权运营过程的实时动态监控，运用大数据分析、人工智能等技术手段，建立风险预警模型。对数据授权、数据交易、数据使用等关键环节进行实时监测，及时发现异常交易行为、数据滥用现象以及潜在的权钱交易风险点，并自动发出预警信号，以便监管部门及时介入调查处理。建立公众举报投诉机制，畅通社会监督渠道。鼓励社会公众对公共数据授权运营过程中的违规行为进行举报投诉，对举报人的合法权益予以保护，并对查证属实的举报给予适当奖励。定期对举报投诉案件进行梳理分析，总结经验教训，及时完善监督管理制度和风险防范措施，形成政府监管、社会监督和运营机构自我约束相互配合、相互促进的监督管理格局，确保公共数据授权运营工作在健康、有序的轨道上运行。

通过以上多方面举措的协同推进，形成一套严密的公共数据授权运营市场风险防范机制，充分发挥释放公共数据资源价值，为我国数字经济发展和社会治理创新提供有力支撑。

参考文献

孟庆国、王友奎、王理达：《公共数据开放利用与授权运营：内涵、模式与机制方法》，《中国行政管理》2024 年第 9 期。

陆志鹏：《公共数据授权运营机制探索》，《网络安全与数据治理》2022 年第 7 期。

张国清：《构建全国统一大市场》，《人民日报》2024 年 7 月 29 日。

李胜利：《论政府采购领域中行政垄断的反垄断法规制——从五个典型案例出发》，《中国政府采购》2020 年第 6 期。

李芃达：《加快公共数据资源开发利用》，《经济日报》2025 年 2 月 16 日。

B.5
数字经济与新质生产力的形成[*]

——基于"技术—组织—制度"三维视角

李勇坚　张海汝　刘宗豪[**]

摘　要： 　数字经济作为新一轮科技革命与产业变革的重要经济表现形式，其在技术、组织和制度层面的深刻影响与新质生产力的生成密切相关。本文基于"技术—组织—制度"视角，探讨了数字经济对新质生产力生成的理论逻辑、面临的现实困境及应对策略。首先，数字经济与前三次工业革命中的生产力跃升具有历史同一性，数字技术变革催生了新质生产力要素的出现，数字组织变革优化了生产力要素的组合，而数字经济制度则加速了新型生产关系的变革。因此，发展数字经济在理论上具有推动新质生产力生成的重要意义。然而，当前我国数字经济在技术、组织和制度层面仍面临诸多现实挑战。亟须加强数据要素与数字技术创新驱动，推动高校协同的数字生态系统建设，并构建适应新质生产力发展的数字经济制度，从而进一步释放数字经济在培育新质生产力方面的潜力，以加快我国新质生产力的形成与发展。

关键词： 　数字经济　新质生产力　生产要素组合　新型生产关系

---

* 基金项目：中国社会科学院创新工程项目"数据要素的基础理论及其经济贡献研究"（项目编号：2024CJY0103）；国家社会科学基金重大项目"基于'数实深度融合'的数字产业集群创新理论与实践研究"（项目编号：24&ZD074）。

** 李勇坚，中国社会科学院财经战略研究院研究员，中国社会科学院大学应用经济学院教授、博士生导师，主要研究方向为数字经济；张海汝，江苏省社会科学院助理研究员，主要研究方向为平台经济；刘宗豪，中国社会科学院大学应用经济学院，主要研究方向为人工智能经济、数据经济。

在数字化浪潮席卷全球的背景下，数字经济作为新一轮科技革命与产业变革的重要经济表现形式，正深刻重塑经济发展模式和社会生产关系。[①] 发展新质生产力是实现中国式现代化的重要内容，其本质特征在于劳动者、劳动资料与劳动对象的优化组合，推动生产力发生质的跃升。在这一过程中，数字经济不仅是技术进步的催化剂，更是加速新质生产力生成的关键力量。数字经济是一种超越数字技术的经济范畴，不仅仅是依赖技术本身的创新与进步，更是一种系统化的创新模式，涉及技术、组织与制度的深度变革。[②] 随着信息技术、人工智能、大数据、物联网等一系列新兴技术的快速发展，数字经济在重构生产力要素、优化生产方式以及推动生产关系变革方面发挥着越来越重要的作用。[③] 目前，现有关于数字经济的研究大多聚焦数字技术如何推动生产力要素的数字化转型，如劳动者、劳动资料和劳动对象的智能化与数字化，以及新型生产要素（数据、算力等）对新质生产力的支撑作用，[④] 而忽略了数字经济如何从技术应用到组织优化再到通过生产制度的创新变革，多层面、系统地影响新质生产力生成的价值路径。

新质生产力是习近平总书记在新时代背景下，结合马克思主义政治经济学基本原理与经济发展实践，基于对高质量发展底层逻辑思考所提出的创造性概念。新质生产力既是生产力发展命题，也是生产关系改革命题。实际上，数字经济通过技术应用首先促使生产力要素（劳动者、劳动资料以及劳动对象）的跃升，继而生产力要素的跃升催生了数字化、网络化、生态化的组合优化质变，提升生产力的整体效能。在这一系列变化过程中，传统

---

① Carlsson B., "The Digital Economy: What is New and What is Not?" *Structural Change and Economic Dynamics*, 2004, 15 (3).

② Williams L. D., "Concepts of Digital Economy and Industry 4.0 in Intelligent and Information Systems," *International Journal of Intelligent Networks*, 2021, 2.

③ 汪旭晖、张涛嘉：《数字科技创新引领数字经济产业高质量发展的机制、路径及建议》，《当代经济管理》（网络首发）2025 年 1 月 14 日；夏杰长、马慧洁：《数字技术与制度变革：发展壮大新质生产力的内生动力》，《科学管理研究》2024 年第 6 期。

④ 周子煜：《数字经济赋能新质生产力发展：理论机制、内在机理与政策构想》，《新疆社会科学》2024 年第 5 期；朱海华、陈柳钦：《数字经济赋能新质生产力的理论逻辑及路径选择》，《新疆社会科学》2024 年第 4 期。

生产模式下的生产关系逐渐无法适应新型生产力的要求，进而推动了新型生产关系的形成和适配，从而进一步促进新质生产力的生成。因此，数字经济赋能新质生产力的过程是有层次和逻辑联系的。本研究将从"技术—组织—制度"的视角出发，深入探讨数字经济如何推动新质生产力的生成的内在逻辑、关键路径。在此基础上，基于我国的实际背景，提出数字经济在促进新质生产力生成中的对策进路，为发展新质生产力、推进中国式现代化提供理论支持与实践参考。

一 数字经济培育新质生产力的时代内涵

随着科学技术的不断进步与创新，人类社会历经数次生产力的飞跃，每一次跃升都镌刻着鲜明的时代印记与历史底蕴。当前，数字经济正孕育着新质生产力的蓬勃发展，其背后蕴含着深厚的历史逻辑与时代意义。因此，需要在历史和时代的审视下厘清数字经济与新质生产力生成的概念与内涵。

（一）生产力跃升的历史回溯："技术—组织—制度"的变革

综观前三次工业革命的时代经验，技术革新推动了生产力的跃升，还优化了生产要素的组合，进而深刻影响了生产关系的变革，使得生产力进一步发展。① 可以说，前三次工业革命中，每一次生产力的跃升均内含着"技术—组织—制度"的发展逻辑。

第一次工业革命始于 18 世纪中后期，其核心技术突破是蒸汽机的广泛应用。蒸汽动力的出现极大提高了能源转换效率，使得生产不再依赖人力和畜力，从根本上突破了传统农业社会的生产瓶颈。第一次工业革命时期，机械化生产逐步取代手工劳动，推动了生产效率的大幅提升，为工业化社会奠定了基础。在生产组织层面，蒸汽机驱动的机械化生产方式使得工厂制度迅

---

① 李勇坚、张海汝：《新质生产力的运行机理、生成逻辑与模式建构——基于生产力与生产关系辩证统一的视角》，《新疆师范大学学报》（哲学社会科学版）2025 年第 1 期。

速兴起。传统的小作坊模式被集中化、规模化的工厂体系取代，劳动分工愈发精细，流水线作业雏形初现。这种生产组织方式提高了劳动效率，同时也促使资本和劳动的结合方式发生变化。机器的广泛应用降低了对熟练工匠的依赖，使得生产要素的组合更加倾向于机械设备与资本的集约化投入。在制度层面，蒸汽机的推广和工厂制度的兴起促使资本主义市场体系逐步形成。资本家掌控生产资料，劳动者则以出卖劳动力为生，成为受雇佣的工人阶级。劳动力市场的建立推动了城市化进程，大量农村人口涌入工业中心。与此同时，资本主义经济制度初步确立，市场竞争加剧，企业家精神成为推动技术创新和产业扩张的重要力量。在这一过程中，传统农业社会向工业社会的转型加速，现代化经济体系的雏形逐步显现。

19 世纪末至 20 世纪初，第二次工业革命的核心技术突破是电力和内燃机的广泛应用。这一时期，电能的引入不仅提高了生产设备的运行效率，还极大拓展了工业生产的规模，使得更大范围内的资源配置和生产协作成为可能。电力的普及推动了自动化生产技术的发展，使得流水线作业方式得以普及，从而极大提升了生产效率。在生产组织层面，电力技术的应用促进了企业组织结构的变革。流水线作业取代了传统的手工制造方式，福特汽车公司率先推广的流水线生产模式使得大规模、标准化生产成为可能。这种生产方式降低了单位生产成本，使得工业制品能够以更低价格进入市场，极大地推动了市场需求的增长。此外，生产的高度机械化和自动化使得工人的劳动形式发生变化，劳动者不再仅仅是生产工具的操作者，而是成为高度分工体系中的专业工人。在制度层面，第二次工业革命催生了现代企业制度和垄断资本主义的兴起。由于资本投入规模扩大，企业之间的竞争愈发激烈，大量企业通过兼并、收购等方式来实现规模扩张，形成大型跨国企业。随着生产规模的扩大，科学管理理论逐步得到推广，成为企业组织管理的重要理论基础，提高了劳动效率和管理效率。同时，随着劳资矛盾的加剧，工会运动兴起，劳动保护法规逐步完善，社会福利制度开始萌芽，资本主义经济制度进入新的发展阶段。

20 世纪中后期，第三次工业革命的核心技术突破在于信息技术和自动化技术的发展。计算机、互联网、人工智能等技术的广泛应用，使得信息获取、存储和处理的效率大幅提升，从而推动了生产方式的深刻变革。在生产组织层面，信息技术的进步催生了智能化生产系统和数字化管理模式，极大地提高了生产效率和资源配置效率。计算机控制的自动化设备替代了传统的机械操作，使得生产流程更加精细化、智能化。此外，互联网技术的兴起推动了全球化供应链体系的建立，企业不再局限于单一地域生产，而是通过信息网络实现全球范围内的资源整合与优化配置。这一趋势促使企业组织模式从传统的层级化管理向扁平化、网络化结构转变，提高了企业对市场变化的敏感度和应对能力。在制度层面，信息技术革命深刻影响了生产关系的演变。随着全球化生产体系的形成，劳动力市场发生了根本性变化，知识型劳动者逐步取代传统体力劳动者，成为推动经济增长的核心力量。同时，企业的组织模式趋向于更加灵活的合作网络，平台经济、新型产业生态系统等新型经济模式不断涌现，改变了传统企业的竞争格局。此外，信息技术的发展催生了数据经济和数字治理的新模式，政府和企业在数据产权、隐私保护、网络安全等领域的制度创新成为新的经济发展重点。

（二）数字经济的概念范畴

数字经济是新一代科技创新和产业变革引领下的主要经济形态。数字经济的概念从广义上讲，是指以数据和算力作为关键生产要素，以现代信息网络为重要载体，通过数字技术与实体经济的深度融合，不断提高数字化、网络化、智能化水平，从而加快重构经济发展模式和新经济形态治理方式的经济活动总和。[1] 数字经济具有数据驱动、网络效应强、跨界融合等特点，对生产力的提升和生产效率的提高具有重要价值。[2] 由于数字技术应用的广泛融合性，数字经济是一个涵盖广泛的经济学概念。目前，学界认为数字经济主要涵盖数字产业化和产业数字化两大核心领域。数字产业化主要指的是信

---

[1] 裴长洪、倪江飞、李越：《数字经济的政治经济学分析》，《财贸经济》2018年第9期。
[2] 陈晓红、李杨扬、宋丽洁等：《数字经济理论体系与研究展望》，《管理世界》2022年第2期。

息和通信业的发展，包括电子信息制造业、电信业、软件和信息技术服务业、互联网业等；而产业数字化则涉及工业互联网、智能制造、车联网、平台经济等融合的新产业、新模式、新业态，是数字技术在传统产业中的应用所带来的产出增加和效率提升部分。[①] 从学理角度来看，数字经济的经济学范畴更为广泛，包含着"技术驱动、组织创新和制度变革"三个维度。一是技术驱动，主要表现为大数据、云计算、人工智能、物联网等数字技术的广泛应用，是单纯技术层面的应用。[②] 二是组织创新，包括数字平台、互联网平台、数字生态系统等新型生产组织的产生，平台发挥"中介"作用，将消费者、生产者和其他利益相关者连接起来，形成一个高效的交易、合作与互动的生态系统。[③] 同时，组织创新还包括在平台型生产组织之上进行的网络化协同生产，企业之间、行业之间可以快速共享资源、信息与技术，加速创新过程并提高整体产业链的运行效率。[④] 三是制度变革，主要体现在生产关系变革和数字治理方面。特别是随着数字经济的发展，数据成为继劳动力、资本、技术、土地后的新生产要素。新生产要素的产生使得生产关系发生变革，例如数据交易、数据产权等的出现。此外，数字经济也包含着数字治理的内容，基于数字化技术的治理工具与措施，以及对数字经济的治理，同样是组成数字经济的重要部分。[⑤]

（三）新质生产力的时代内涵

新质生产力是创新起主导作用，摆脱传统经济增长方式、生产力发展路

① 蔡跃洲、牛新星：《中国数字经济增加值规模测算及结构分析》，《中国社会科学》2021年第11期。
② Rusch M., Schöggl J. P., Baumgartner R. J., "Application of Digital Technologies for Sustainable Product Management in a Circular Economy：A Review," *Business Strategy and the Environment*, 2023, 32 (3).
③ Barykin S. Y., Kapustina I. V., Kirillova T. V., et al., "Economics of Digital Ecosystems," *Journal of Open Innovation：Technology, Market, and Complexity*, 2020, 6 (4).
④ Wang J., Xu C., Zhang J., et al., "A Collaborative Architecture of the Industrial Internet Platform for Manufacturing Systems," *Robotics and Computer-Integrated Manufacturing*, 2020, 61.
⑤ Hanisch M., Goldsby C. M., Fabian N. E., et al., "Digital Governance：A Conceptual Framework and Research Agenda," *Journal of Business Research*, 2023, 162.

径，具有高科技、高效能、高质量特征，符合新发展理念的先进生产力质态。目前，学术界从本质、要素和比较三个角度对新质生产力的概念内涵进行了定义与诠释。一是从本质性质角度看，新质生产力本质上是创新驱动、绿色可持续、高效高质量的社会生产力。[①] 二是从要素角度出发，根据生产力要素对新质生产力的概念内涵进行界定，即"新"与"质"在劳动者、劳动资料、劳动对象上的体现及生产力三要素组合效率提高形成的生产力新形态。[②] 三是从比较角度进行研究，从新质生产力是相对传统生产力的视角进行理解与阐释，"新"指新基础设施、新要素、新产业、新业态，"质"为高质量、高效率、高水平等。[③] 由此可见，学术界从不同视角对新质生产力的概念内涵进行研究与讨论，为进一步明晰新质生产力的科学内涵提供了必要的分析基础。

新质生产力是一种先进生产力质态，从"技术—组织—制度"的视角来看，其先进性主要体现在新技术、新要素参与生产，此为狭义层面的新质生产力的内涵。从广义层面看，新质生产力不仅是技术革命性突破带来的"新"与"质"的生产能力，而且是包含技术革命性创新影响下生产力要素组合优化所带来的组织创新，以及进而引发的社会生产关系变革，发展并解放出的"新"与"质"的生产力。[④] 因此，本文将新质生产力定义为，在新一轮科技革命以及新要素驱动下形成的，兼具新型劳动者、新型生产资料、新型基础设施及其组合优化、新型生产关系要求，以高生产效率、高质量发展为结果导向的一种新型高效生产力形态。新质生产力不仅意味着传统生产力效率和质量的提升，而且内含着生产要素的组合优化以及生产关系的

---

① 刘志彪、凌永辉、孙瑞东：《新质生产力下产业发展方向与战略——以江苏为例》，《南京社会科学》2023 年第 11 期；万长松、徐志源、柴亚杰：《新质生产力论》，《河南师范大学学报》（哲学社会科学版）2024 年第 2 期。

② 孟捷、韩文龙：《新质生产力论：一个历史唯物主义的阐释》，《经济研究》2024 年第 3 期；赵峰、季雷：《新质生产力的科学内涵、构成要素和制度保障机制》，《学习与探索》2024 年第 1 期。

③ 蒋永穆、乔张媛：《新质生产力：逻辑、内涵及路径》，《社会科学研究》2024 年第 1 期。

④ 周文、白佶：《新质生产力与新型生产关系：生产力跃迁与生产关系变革》，《云南民族大学学报》（哲学社会科学版）2025 年第 1 期。

深刻变革，使生产组织关系、生产资料所有制、劳动关系、分配关系优化，以适应新质生产力的发展需求，最终呈现为全生产要素的提高。新质生产力的典型特征是"新"与"质"。具体而言，"新"是形式特征，表现为创新驱动下形成的生产力要素及其组合模式与生产关系的更新升级，包括新技术、新模式、新产业、新领域、新动能等。"质"是结果特征，表现为生产力要素及其组合模式与生产关系更新升级后产出的高质量发展成果，如绿色可持续、高效高质量的经济增长路径。

二 数字经济赋能新质生产力生成的理论逻辑

（一）数字技术变革重塑生产力三要素

社会生产力的跃升最先显现于技术层面。数字技术以颠覆性的特质深刻改变了劳动者、劳动资料和劳动对象三大生产要素，通过推动创新活动、提升生产效率，形成了符合新时代要求的高科技、高效能、高质量生产力。创新是发展新质生产力的核心动力，而新型劳动者则是创新的主体。数字技术的广泛应用不仅催生了新型劳动者，还深刻重塑了劳动者的角色。传统意义上的劳动者以体力劳动或单一技能为主，而在数字经济时代，劳动者逐步向具备多元技能、创新能力和协作意识的新型劳动者转变。

创新是发展新质生产力的核心要素，而新型劳动者正是创新的主体，因此是发展新质生产力的重要主体。由于数字技术的广泛应用，新型劳动者的供需两端均受到影响。数字技术催生了新型劳动者，重塑了劳动者的角色，使其从传统的体力劳动者和单一技能型人才向具有多元技能、创新能力和协作意识的新型劳动者转变。[①] 数字经济中出现了远程教育、在线职业培训等方式，为劳动者提供了持续学习与技能提升的渠道，增强了劳动者的创新意

---

① Fuchs C., Sandoval M., "Digital Workers of the World Unite! A Framework for Critically Theorising and Analysing Digital Labour," Triple C: Communication, Capitalism & Critique, Open Access: *Journal for a Global Sustainable Information Society*, 2014, 12（2）.

识和能力。同时，发展新质生产力所需的创新型、多元复合技能人才愈加短缺。2025 年世界经济论坛（WEF）的《2025 年未来就业报告》指出，到 2030 年，近 40% 的工作技能将会发生改变，63% 的雇主将此列为其面临的关键障碍。人工智能、大数据和网络空间安全领域的技术技能需求将快速增长。① 数字技术变革也将进一步从市场需求端催生新型劳动者。

数字技术的应用使劳动资料从传统的机械设备演变为具有智能化、协作化特征的新型生产工具。新型劳动资料包括人工智能、区块链技术、云计算、虚拟现实（VR）和增强现实（AR）设备等，以云计算和人工智能为代表的新型劳动资料，能够实时分析和优化生产流程，从而提高生产效率和资源利用率。② 随着数字经济的不断发展，数字技术也将赋予劳动资料更强的创新功能。例如，数字孪生技术、人工智能技术能够模拟复杂产品的运行状态，从而加速产品创新设计与优化的过程。目前，波音公司通过数字孪生技术缩短了新型飞机的研发周期，并将故障率降低了 30% 以上。这种基于数字技术的创新应用，使劳动资料不仅成为生产工具，更是推动技术创新和高质量发展的关键载体。

随着数字技术的发展，劳动对象从传统的物理形态逐步转变为数字化和智能化的形式。其中，数据成为关键的劳动对象，党的十九届四中全会首次将数据纳入生产要素范畴，数据被视为新的"石油"。数据要素本身具备规模效应、非竞争性特点，③ 在模型运算等背景下成为新型劳动对象，具有更高的生产效率。同时，数据更能依托数字技术、数字基础设施将传统劳动对象数字化、智能化，并赋予其更大创新潜力。数据作为一种新型劳动对象，对其的开发利用已成为企业创新的重要驱动力。众多研究发现，数字经济逐

---

① 《达沃斯论坛报告：预计到 2030 年新创造的工作岗位达 1.7 亿个 同时淘汰 9200 万个工作岗位》，https://finance.eastmoney.com/a/202501083291473449.html，2025 年 1 月 8 日。
② Waltersmann L., Kiemel S., Stuhlsatz J., et al., "Artificial Intelligence Applications for Increasing Resource Efficiency in Manufacturing Companies: A Comprehensive Review," *Sustainability*, 2021, 13 (12).
③ 李海舰、赵丽：《数据成为生产要素：特征、机制与价值形态演进》，《上海经济研究》2021 年第 8 期。

渐融入、渗透到劳动、资本等传统生产要素中，发挥了使传统生产要素倍增的作用。①

（二）数字组织变革优化生产要素配置

数字经济推动了生产力要素组合的深刻变革。数字平台、工业互联网、数字生态系统等新型生产组织形式的出现，不断重塑着生产要素的组合方式，在增强创新驱动能力、提高资源配置效率以及促进多主体协同方面展现出显著的价值，从而推动新质生产力发展。

首先，数字经济中生产组织变革的核心之一是构建以数据、技术和平台为支撑的创新环境，为新质生产力发展提供动力。数字平台和工业互联网通过集成化和智能化的技术手段，促进了创新要素的汇聚与资源的高效共享，从而激发了劳动者的创新潜能，同时推动了生产资料和劳动对象的创新应用。② 最重要的是，数字平台的出现也打通了需求与供给的循环，主要表现为交易效率与交易规模的提升，③ 有效激发了我国市场的发展活力。

其次，数字经济所引发的生产组织变革带动了资源配置效率提升。通过数据分析和智能化调度，实现了生产力要素的实时动态配置，显著降低了资源浪费，提升了经济效益。特别是以电商平台为代表的数字平台，通过精准营销和个性化推荐机制，不仅提升了消费需求，还反向推动了供给侧的优化。④ 消费者需求数据的精准反馈，使得生产企业可以依据市场需求动态调整生产策略，从而降低库存成本、提高产能利用率。⑤ 这种供需联动优化了生产要素的配置，显著推动了新质生产力的发展。同时，电商平台还通过构建高效的供应链网络，将劳动资料与劳动对象的分配效率提升至新的水平，

① 徐翔、厉克奥博、田晓轩：《数据生产要素研究进展》，《经济学动态》2021年第4期。
② 宋华：《数字平台赋能的供应链金融模式创新》，《中国流通经济》2020年第7期。
③ 冯华、陈亚琦：《平台商业模式创新研究——基于互联网环境下的时空契合分析》，《中国工业经济》2016年第3期。
④ 陶爱萍、任杰：《平台经济发展促进居民消费潜力释放了吗?》，《商业研究》2024年第5期。
⑤ 邢青松、王静、邓富民：《消费者数据共享赋能供应商产品创新的激励契约设计》，《系统管理学报》2025年第1期。

从而强化了新质生产力所需的高效能与高质量特征。

最后，数字经济中数字生态系统的构建使得生产趋向于多主体间的高效协同，进一步推动了新质生产力的发展。与传统的生产组织形式相比，数字生态系统整合了多种生产要素和主体，包括企业、供应链上下游、技术提供方以及消费者，构建起跨领域、跨产业的协同网络。[①] 数字生态系统的多主体协同机制提升了创新能力。通过开放平台，生态系统中的各主体能够共享资源和技术，从而形成协同创新的网络效应。北京市海淀区作为中国数字经济的重要发展区域，已经成功构建了一个多主体协同的数字生态系统，推动了新质生产力的发展。海淀区的数字生态系统包括政府、企业、科研机构、高等院校、技术提供方和消费者等多方主体，共同构建了一个跨领域、跨产业的协同网络。以"中关村科技园区"为代表的创新平台，正是这一数字生态系统的重要组成部分。中关村园区整合了科技企业、资本、人才与政策，形成了具有协同创新能力的数字经济体系。例如，海淀区通过与清华大学、北京大学等高校以及多家高科技企业的合作，推动了人工智能、大数据、5G通信等技术的研究与应用，形成了强大的创新能力。在这一数字生态系统中，政府提供政策支持，企业参与技术开发和市场推广，高校和科研机构则提供创新思路和技术支持，各主体通过开放平台和数据共享，促进资源的高效配置和协同创新。

（三）数字经济制度推动新型生产关系形成

数字经济的发展深刻改变了传统的生产关系，推动其向适应现代生产力发展的新型形态演变。生产关系的核心要素包括生产资料的所有制形式、生产过程中劳动者与劳动资料的结合方式以及分配机制。数字经济制度作为数字技术和组织变革的规则保障，通过推动所有权共享、劳动关系灵活化以及分配机制创新，加快了新型生产关系的形成和优化，为新质生产力的发展提

---

① 李勇坚、刘宗豪、张海汝：《产业生态系统视角下新质生产力发展内在逻辑及形成机制》，《改革》2025年第1期。

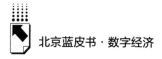

供了制度基础。

首先，数字经济推动所有权共享化和开放化。传统生产关系中，生产资料的所有权通常集中在单一主体手中，而数字经济制度以平台化和共享经济为核心特征，推动了生产资料所有权的共享化与开放化。通过建立多主体协作的产权制度，数字经济促进了生产资料的社会化利用和资源配置最优化。例如，基于区块链技术的数字经济制度，使得生产资料的所有权更加透明和分散。平台上的资源共享模式如 Uber、Airbnb 等通过制度化的合约和规则，将原本归属于单一主体的生产资料（如车辆、房屋）转化为可被多个主体共同使用的经济资源。这种共享化趋势不仅提高了生产资料利用效率，还重新定义了生产资料所有制关系，为劳动者与生产资料的结合创造了更加灵活的环境。[1] 同时，数字经济的产权制度创新也推动了公共资源的数字化再分配。"数据确权"制度正在全球范围内兴起，通过界定数据资源的产权归属并制定相应的共享规则，使数据这种关键生产资料能够在企业和个人之间流通，[2] 从而打破传统生产资料所有权垄断的局面，为新型生产关系的形成奠定了基础。2024 年，在北京市政府的大力推动下，国内首家基于"数据可用不可见，用途可控可计量"新型交易范式的数据交易所——北京国际大数据交易所（简称"北数所"）正式成立。北数所致力于成为国内领先的数据交易基础设施，并打造国际数据跨境流通枢纽。在确保个人隐私和信息安全的前提下，北数所通过技术驱动和数据流通双轮并进，推动数字经济中的数据资源共享与开放，探索新的产业形态、新兴业态以及创新模式。该平台的建设不仅推动了数据所有权的共享化，还促进了数据在多方主体间的开放流通，助力数字经济的可持续发展与生态系统的完善。

其次，数字经济推动了劳动关系灵活化和多样化。当下，灵活用工制

① Barbu C. M., Florea D. L., Ogarcă R. F., et al., "From Ownership to Access: How the Sharing Economy is Changing the Consumer Behavior," *Amfiteatru Economic*, 2018, 20 (48).

② Liu Y., Zhang Y., Yang Y., et al., "DOCS: A Data Ownership Confirmation Scheme for Distributed Data Trading," *Systems*, 2022, 10 (6).

度、劳动平台化等方式不断出现，改变了传统生产关系中僵化的劳动组织形式，推动劳动关系向灵活化和多样化方向转型。这种转型有利于激发劳动者的潜力，使劳动者能够适应新质生产力发展的需求。一方面，平台经济中的弹性工作制得到了数字经济制度的保障。许多国家通过制定相关政策，为自由职业者和平台劳动者提供社会保障，如灵活的税收政策、职业技能培训补贴等。例如，《关于维护新就业形态劳动者劳动保障权益的指导意见》对网约车驾驶员、网约配送员等新就业形态劳动者提供了基本的权益保障，切实维护劳动者劳动保障权益。另一方面，数字经济制度的形成赋予了劳动者更大的参与度和话语权。例如，通过"分布式自治组织"（DAO）等制度形式，劳动者可以直接参与决策过程，共同管理生产过程中的资源和利益分配问题。[①] 这种民主化的劳动关系模式，不仅提升了劳动者的积极性，也增强了其在生产中的创新能力，从而推动生产力质态的提升。

最后，数字经济增强了分配机制的公平性与激励性。数据驱动的分配机制创新，大幅提高了生产关系中利益分配的公平性与激励性，为新质生产力的发展创造了良好的制度环境。传统的分配机制往往以生产资料所有者为中心，而忽视了劳动者的贡献，导致利益分配不均问题。然而，在数字经济制度中，基于数据和智能算法的分配模式能够更准确地衡量劳动者与其他要素的贡献，从而实现更加公平的分配。例如，数字经济中的智能合同技术能够自动化分配利益，在区块链平台上运行的智能合约，可以实时记录劳动者的投入与产出，并按照预先设定的规则分配收益，从而避免人为干预和不公平分配问题。[②] 此外，许多数字平台已经引入了基于贡献值的奖励机制，例如通过用户参与度和贡献数据进行奖励分配。这种机制确保了劳动者获得的利益与其创造的价值相匹配，从而激励劳动者提高劳动效率。同时，数字经济制度还鼓励生态系统中的多主体共享发展成果。

---

① Wang S., Ding W., Li J., et al., "Decentralized Autonomous Organizations: Concept, Model, and Applications," *IEEE Transactions on Computational Social Systems*, 2019, 6 (5).

② Macrinici D., Cartofeanu C., Gao S., "Smart Contract Applications within Blockchain Technology: A Systematic Mapping Study," *Telematics and Informatics*, 2018, 35 (8).

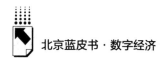

三　新质生产力背景下发展数字经济的现实困境

在数字经济背景下，技术变革是培育新质生产力的核心动力。然而，当前中国数字经济发展面临的技术层面的挑战主要体现在数据要素价值转化能力不足、核心技术自主研发能力不足以及技术场景化应用广度与深度不足等方面。

（一）技术层面：数据要素与核心技术的短板制约

1. 数据要素价值转化能力不足

数据要素是数字经济发展的核心驱动力，但在技术层面，数据要素的开发与应用仍面临严峻的挑战。一方面，数据质量有待提升。数据作为要素的高效流通和利用，依赖于高质量、完整且准确的数据来源。然而，部分企业或行业的数据采集技术不足，导致数据缺乏真实性、时效性和覆盖面。特别是许多中小企业在生产和运营中积累的数据规模有限，难以支撑复杂的数字化应用场景。另一方面，数据处理与分析能力不足。大数据分析技术的成熟度和普及率尚不高，尤其在偏远地区和传统行业，企业难以利用高效的数据挖掘算法和工具实现数据的深度价值转化。例如，一些传统制造企业积累了大量设备运行数据，但由于缺乏算法开发能力或数据挖掘工具，难以将这些数据用于优化生产流程。

2. 核心技术自主研发能力不足

在数字经济背景下，核心技术的自主可控能力决定了国家在全球数字化浪潮中的竞争力。然而，当前中国在核心技术自主研发方面仍存在一定挑战。一是关键技术的对外依赖。在芯片设计、人工智能算法框架、操作系统等领域，中国企业对国外技术的依赖程度较高。例如，我国高端芯片制造设备在很大程度上依赖于国际供应链，若面临技术封锁，将直接影响相关行业的数字化转型和技术升级。二是基础技术研发投入不足。我国整体研发投入逐年上升，但对于具有长周期、高投入特点的基础技术研究，企业和科研机构的关注度仍显不足。这使得许多前沿技术的核心理论和底层算法的创新能力落后于国际先进水平，影响了技术的自主性和领先性。三是缺乏系统性技术攻关能力。在技术研发领域，部分科研项目与产业需求脱节，难以形成技术攻关的协同创新体系。特别是人工智能领域的许多基础研究未能迅速转化为可落地的产业技术，造成技术创新与市场需求的供需错配。

3. 技术场景化应用广度与深度不足

技术场景化应用是推动数字经济融入实体经济、培育新质生产力的重要途径，但当前在技术应用领域还存在诸多问题。一是技术与行业需求对接不精准。不同行业的数字化需求具有高度异质性，但部分技术解决方案并未充分考虑行业特性。例如，农业领域的数字化需求与制造业截然不同，但现有的技术开发往往偏向于通用性解决方案，难以满足行业特定场景的精细化需求。二是新兴技术的应用领域过于集中。人工智能、大数据、区块链等技术主要应用于互联网、金融等领域，而在农业、教育、医疗等国计民生相关行业中的普及率较低。这导致技术红利无法全面释放，限制了在更广的范围内培育新质生产力。三是技术推广与基础设施配套不足。在一些偏远地区或中小企业，基础设施条件薄弱制约了技术的场景化应用。比如云计算、大数据等技术的应用需要强大的计算能力和稳定的网络环境，但许多中小企业因成本或技术受限，难以承担相应的基础设施建设投入。

（二）组织层面：生产协同与效率优化的现实矛盾

1. 生产协同机制尚未健全

在中国数字经济发展中，企业间、产业间协同不足依旧是制约数字经济高效运转的主要问题。一是行业间竞争多于协同。当前，"内卷式"竞争使得许多企业专注于构建自身的"封闭生态"，试图通过垄断数据、技术和用户资源来增强竞争力，而非参与开放式生态系统的共建。各大平台之间往往采取互不兼容的技术架构，导致用户数据难以共享，阻碍了跨平台的协同发展。二是资源与技术的共享机制缺乏。企业在数据、算法、计算资源等核心要素的共享方面存在顾虑。一些企业担心技术和资源共享会削弱自身竞争优势，从而不愿主动开放资源。这种局面导致行业整体的技术协同效率低，削弱了数字生态的系统性价值。三是缺乏统一的生态规则与标准。不同企业和行业的技术接口、数据格式和平台标准不统一，进一步加大了协同困难。

2. 供应链数字化转型不足

数字经济中供应链的高效运作需要上下游企业的紧密协作，但在组织层面，这一协作存在显著短板。一是中小企业数字化转型难度大。中小企业普遍面临资金不足、技术能力有限和数字化人才匮乏等问题，无法有效参与供应链的数字化升级。特别是服务业中小企业的数字化转型进程十分缓慢，导致供应链效率降低。[①] 二是大型企业的协同作用尚未充分发挥。部分大型企业的数字化转型主要集中于内部流程优化，未能将数字化效应延伸至整个供应链。例如，一些制造龙头企业虽然已实现智能化生产，但其上下游的中小供应商仍以传统方式运作，这削弱了供应链的整体协同效应。三是跨行业协作难度较高。不同行业间供应链数字化水平参差不齐，导致跨行业协作时信息对接效率低。例如，在农业与零售业的协作中，由于农业领域数字化基础薄弱，农产品的生产与流通环节的数据链条往往断裂，难以形成完整的供应链信息流。

（三）制度层面：创新驱动与市场规范的双重挑战

数字经济对新质生产力的培育离不开创新驱动与市场规范的双轮驱动。然而，在当前制度建设方面技术创新激励不足与市场规范滞后成为制约数字经济发展的关键问题。

1. 技术创新的激励机制不足

一是知识产权保护滞后影响创新积极性。新质生产力的形成依赖于高水平的技术创新，但当前知识产权保护体系的执行力度尚不足，部分创新成果容易被复制或侵权，导致企业特别是中小企业的核心技术研发投入不足。[②] 这种现

---

① 张贵：《中小微企业数字赋能状况调查》，《人民论坛》2024年第19期。
② 丁华：《知识产权金融赋能科技型中小企业创新发展：作用机理、现实困境与政策建议》，《管理学刊》2024年第5期。

象在数据处理算法、智能化工具等关键领域尤为明显，直接影响了数字经济对新质生产力的驱动效果。二是中小企业创新支持欠缺。中小企业是数字经济创新的重要力量，但其获取研发资金和技术支持的能力较为有限，特别是在高风险、高投入领域（如人工智能、物联网）更是面临较大的资金和技术壁垒。创新资源分配不均衡限制了中小企业在新质生产力培育中的作用发挥。三是成果转化与协同机制不完善。数字经济领域的技术创新具有跨领域、跨产业的特性，但产学研协同保障制度尚不健全，技术成果的市场化转化率较低。这不仅延缓了新质生产力核心要素的培育，也削弱了数字经济对生产关系重塑的支撑作用。

2. 平台经济的规范治理不足

平台经济作为数字经济的重要组成部分，其在快速发展中暴露出诸多治理难题。一方面，数字经济市场垄断问题突出。部分领域的头部平台企业利用其市场支配地位，通过不公平竞争行为压制中小企业发展。[①] 值得注意的是，数字经济所涉及的"数据垄断""双轮垄断""算法歧视"等新型垄断与不正当竞争行为屡见不鲜，而目前我国在这些领域的反垄断监管却相对滞后。[②] 另一方面，数据滥用和隐私侵权现象严重。平台企业在数据采集和使用过程中缺乏透明度，消费者隐私数据被滥用的问题屡见不鲜。例如，一些平台未经用户同意进行数据挖掘和精准营销，这种行为引发了公众对数字经济的信任危机。此外，数据滥用还可能引发平台内算法歧视和信息茧房等负面效应。[③]

3. 政策支持体系的灵活性不足

数字经济高速发展要求政策制定和实施能够快速适应新变化，但当前的政策支持体系在灵活性和针对性方面仍不足。一是政策工具适应性不强。一

① Hu Z., "Research on the Governance of Unfair Competition Among Internet Platform Enterprises," *Frontiers in Business, Economics and Management*, 2024, 13（3）.

② 李勇坚：《互联网平台数据垄断：理论分歧、治理实践及政策建议》，《人民论坛·学术前沿》2021 年第 21 期。

③ Gangadharan S. P., Eubanks V., Barocas S., "Data and Discrimination：Collected Essays," *Open Technology*, 2014, 12（1）.

些传统的产业政策未能适应数字经济发展需求。例如，税收优惠政策更多的是关注制造业和传统服务业，而对平台经济、新型互联网企业等新兴产业的支持政策较少，无法有效促进其发展。二是地方政策同质化。在区域经济发展中，不同地方的数字经济政策具有趋同性，未能根据各自资源禀赋、产业基础和经济特点制定差异化措施。例如，部分地区盲目跟风投资数字经济基础设施建设，而忽视了对人才、技术等软环境的培育。三是政策动态调整机制不足。对平台经济等新型数字经济发展模式的监管往往滞后于行业发展实际，无法及时解决新问题，这在一定程度上制约了市场的有序发展。

四 北京发展数字经济培育新质生产力的对策进路

（一）强化数据要素与数字技术驱动

数据要素与数字核心技术的创新应用是推动新质生产力生成的核心动力。目前，我国数字经济领域仍需进一步加强数据要素发展、加快数字技术创新驱动，以促进数字经济更好地赋能新质生产力的生成。

一是提升数据要素的价值转化能力。加强数据质量管理与标准化建设，推动行业数据标准化，特别是在中小企业的数据采集与管理上，提供技术与政策支持。例如，推广数据治理与清洗技术，提升企业数据的准确性与完整性。同时，企业应加大对数据质量管理的投资，通过加强数据验证机制与定期审核，提高数据的真实性、时效性和覆盖率，为数字经济应用提供坚实的数据基础。同时，目前许多企业尤其是中小企业在大数据处理和分析能力上存在明显短板，建议加快推动大数据分析技术普及，加强相关技术的区域性应用。可以通过建设行业专属或公共统一的公共数据平台，利用人工智能、大数据分析等先进技术帮助企业实现数据的价值转化。此外，推动大数据工具的开源化和普适化，使中小企业能够低成本获取先进的数据挖掘与分析工具，从而提高数据的深度利用效率。例如，推广自适应数据分析工具，帮助企业在不具备高级技术团队的情况下实现智能化的数据分析。要鼓励北数所在数据交易、数据产品、数据标准、数据共享等方面发挥更大的作用。进一步完善北京自贸区数据跨境流动机制，推动数据合法有序跨境流动。

二是增强核心技术自主研发能力。北京在数字技术研发、基础技术研究等方面具有显著优势，根据《2023年北京市科技经费投入统计公报》，2023年，北京研究与试验发展（R&D）经费投入稳步增长，投入强度保持在较高水平。全市共投入研究与试验发展（R&D）经费2947.1亿元，比上年增加103.7亿元，增长3.6%；研究与试验发展（R&D）经费投入强度（与地区生产总值之比）为6.73%，是全国研发投入占比最高的城市。在数字技术研发方面，北京也具有较明显的优势，2023年，规模以上信息传输、软件和信息技术服务业研究与试验发展（R&D）经费691.6亿元，比上年增长14%，其中，软件和信息技术服务业研究与试验发展（R&D）经费435.4亿元，增长107.5%。从推动数字经济培育新质生产力的角度，需要进一步加大数字经济基础核心技术研发投入与政策支持力度，特别是在人工智能、芯片制造、操作系统等领域出台更为有力的支持政策，如税收优惠、创新奖励、研发基金等，激励企业和科研机构自主研发。同时，加大对长期、基础性技术研究的支持力度，鼓励企业在自主研发的基础上进行技术攻关，形成良性竞争与创新生态。推动产学研深度合作与技术转化，打破产业与科研脱节的局面，通过促进高校、科研机构与企业的协同创新，推动技术研发成果快速转化。进一步发挥中关村科技园区的功能，为技术研发提供实验场地与应用场景，促进技术从实验室走向市场。例如，推动人工智能、芯片设计等前沿技术领域的科研成果在制造业、智能硬件等领域的应用，弥补技术应用与市场需求之间的供需错配问题。

三是拓展技术场景化应用的广度与深度。精准对接行业需求，推动技术定制化发展，加大对行业技术需求的调研力度，推动技术开发与行业需求的深度融合。支持技术创新与产业创新深度融合，推动技术创新与商业模式创新、业态创新同步；鼓励企业根据行业特点研发定制化的技术解决方案，尤其是在农业、制造业、医疗、教育等行业，推动大数据、人工智能、物联网等技术的具体化应用。同时，促进新兴技术的跨行业应用与融合。目前，新兴技术如人工智能、区块链、5G等，主要集中在互联网、金融等领域，应用相对单一。因此，应加速新兴技术在传统行业的渗透与应用。通过示范项目和政策引导，鼓励企业将这些技术引入制造、教育、医疗、健康、能源等行业，推动其技术场景的广度与深度拓展。特别是加快中小企业数字化基础设施建设。中小企业在数字化转型中面临基础设施建设的资金与技术障碍，建议设立专项基金，帮助中小企业购买必要的硬件设备与软件工具，降低其数字化转型成本；同时，推动数字基础设施共享平台的建设，鼓励企业通过合作共建共享的方式，降低技术推广成本，提升技术应用的普及率。

（二）推进高效协同的数字生态系统建设

数字生态系统是新质生产力生成的重要组织基础。鉴于目前数字经济在组织层面所面临的生态协同与效率提升的现实矛盾，应从以下两个方面入手，加快构建高效协同的数字生态系统，以促进新质生产力的加速形成。

一是推动数据驱动的生态化协作。在数字经济时代，数据已成为核心生产要素，而数据驱动的生态化协作则是提升组织效能的关键路径。首先，需要建立开放的数据共享平台，连接不同行业的参与者，推动数据的流通与融合。例如，全球领先的云计算平台，如亚马逊AWS和微软Azure等，依托强大的数据处理能力，为企业提供智能化数据服务，帮助各行业实现高效协作、降低运营成本，并提升决策的实时性与精准度。其次，政策支持和行业标准建设也是推动数据协同的重要支撑。通过制定相关法律法规，规范数据跨行业共享的流程与安全标准，确保数据流通的合规性与安全性。最后，鼓励行业协会制定统一的数据标准，以提高不同领域的数据兼容性，进而消除"数据孤岛"，为企业间的深度协作创造更优环境。

二是强化供应链的数字化协同。数字化供应链是企业降本增效、提升市场竞争力的关键环节。首先，加快构建数字化供应链平台，推动供应链上下游的数据互联互通。基于云计算、大数据和人工智能等技术，整合各环节的数据资源，确保信息的透明化和实时共享。例如，海尔的"COSMOPlat"工业互联网平台通过实时数据采集与分析，实现供应链的智能化协同，显著提升了企业运营效率和市场响应速度。其次，充分应用先进技术，提升供应链的智能化与自动化水平。借助物联网（IoT）、人工智能（AI）和机器人流程自动化（RPA）等技术，可实现物流、仓储、生产等环节的智能调度与自动化管理。例如，IoT设备可实时监控仓储和物流状况，AI可基于市场需求预测进行库存优化，而RPA则可自动执行订单处理等重复性任务，从而提高整体供应链的敏捷性和运营效率。最后，优化供应链各环节之间的信任机制与协作模式。通过数据共享、建立共同目标和利益分配机制，增强供应链各方的协同效应。例如，区块链技术可用于供应链数据的存证与追溯，确保交易数据的真实性和不可篡改性，提高各环节的信任度。此外，在共享经济平台或行业生态系统内建立基于信任的治理模式，有助于提升供应链的稳定性与创新能力，推动供应链从传统的线性模式向数字化、智能化、协同化方向升级。

（三）构建适应新质生产力的数字经济体制机制

数字经济培育新质生产力，不仅依赖于技术创新与组织协同，更需要配套的经济制度来提供保障和支持。在这一过程中，适应新质生产力的经济制度将着重从技术创新激励机制、平台经济监管体系和政策支持体系三个方面进行构建。

一是完善技术创新激励机制。技术创新是数字经济发展的核心驱动力之一，而创新的有效推进离不开合理的激励机制。完善的技术创新激励机制不仅能够鼓励企业加大研发投入，还能激发个体在创新过程中的积极性，从而为新质生产力的形成提供源源不断的动力。首先，知识产权保护是技术创新激励机制的基础。在数字经济中，知识产权保护不仅能够保障创新成果的独占使用权，避免创新成果被他人窃取，还能够有效激励企业和个人进行技术研发和创意设计。例如，针对互联网企业，国内外纷纷出台了针对软件、数据、人工智能等领域的知识产权保护法案，以促进创新成果的转化与应用。在此背景下，创新者能够在一定时期内拥有对其技术的控制权，从而通过市场化运作获得经济回报，形成良性的创新循环。其次，数据要素的权益分配也是技术创新激励机制的重要组成部分。在数字经济中,数据作为新型生产要素,已经成为创新和发展的核心资源。如何合理地对数据进行产权划分,确保数据所有者能够享有数据带来的经济利益,直接影响到数据资源的共享和利用效率。为此,国家应出台相关政策,明确数据要素的产权归属,制定合理的数据收益分配机制,以促进数据资源的流通和有效利用,进而推动新技术的创新和应用。

二是健全平台经济监管体系。平台经济的高速增长伴随着市场秩序、消费者权益保护以及市场公平竞争等方面的问题。因此,健全的平台经济监管体系对新质生产力的形成而言至关重要。首先,市场公平竞争是平台经济健康发展的前提。为了平衡创新与公平竞争,政府应加强对平台企业的反垄断监管,防止一些大型平台通过不正当手段排挤竞争对手,破坏市场有序竞争环境。例如,针对一些互联网巨头的市场垄断行为,全球范围内已有多个国家出台了反垄断法案,以维护市场的公平竞争。通过实施有效的反垄断政策,保证新兴平台有机会与大型平台竞争,为创新提供公平的市场环境。其次,税收政策的优化可以有效激发市场活力。随着平台经济的发展,传统的税收模式面临较大挑战。为了鼓励平台企业创新发展并保持市场活力,政府需要根据平台经济的特点,出台灵活的税收政策,如对创新技术的研发和应用给予税收减免等优惠。这将为平台经济的发展提供稳定的税收支持,推动其在技术创新方面不断突破,从而为新质生产力的形成创造有利条件。

三是构建灵活高效的政策支持体系。随着新质生产力的不断发展,其需求也愈加多样化和复杂化。因此,政策支持体系必须具备灵活性和高效性,能够在不同发展阶段对技术研发、人才培养和产业升级进行精准支持。首先,政策工具的动态调整至关重要。数字经济的发展充满变数,技术革新、市场需求和产业升级的步伐等具有高度的不确定性。因此,应根据市场反馈和技术变革,灵活调整相关政策,以适应产业和技术的变化。例如,针对数字经济中的新兴行业,如区块链、人工智能等,政府可以通过设立专项资金、提供税收优惠等措施,鼓励企业加大研发投入,加速技术迭代更新。同时,根据社会需求变化及时调整人才培养和产业发展政策,以确保新兴行业在快速发展的同时获得政策支持。其次，政府需加强与市场主体的互动，提供更加精准的支持。数字经济的创新需要跨行业、跨领域的协同合作。政府可以通过建立创新联盟、行业研究平台等方式，推动不同行业、企业和机构之间的合作交流，促进技术创新和资源共享。此外，政府还应鼓励地方政府、行业协会等主体发挥其在产业政策执行中的作用，推动地方特色产业和技术的开发与应用，形成政策合力。

B.6
农业数字化创新与 RWA 通证化

范文仲*

摘　要： 面对农业发展中存在的融资难、信息不对称等问题，RWA 通证化有助于提高农业生产效率、提升农业供应链透明度、增强农业资产流动性、促进农业金融创新与融资便利。为此，应提高投资者对农业 RWA 项目的接受度、完善法律法规、提升区块链性能和数据安全性、加强对 RWA 通证化的宣传和推广、搭建平台、加强监管等。

关键词： 农业　数字化创新　RWA 通证化

在全球经济数字化转型浪潮下，现实世界资产通证化（Real World Asset Tokenization，以下简称"RWA 通证化"），作为一种新兴的金融科技应用，是指将传统的现实世界资产，如房产、股票、债券、大宗商品等，通过区块链技术转化为数字代币通证（Token）的过程。这些通证代表着对现实资产的所有权或权益，并且可以在区块链上进行记录、交易和管理，实现资产数字化，增强交易的高效性和透明性。

农业作为国民经济的基础产业，在保障民生和国家安全方面发挥着至关重要的作用。然而，当前农业发展面临诸多挑战，如融资难、供应链效率低、信息不对称等。RWA 通证化的出现，为解决上述问题提供了新思路。

---

* 范文仲，北京市社会科学院党组成员、副院长（正局长级），兼任第十四届北京市政协委员及北京市侨联金融专业委员会主任委员，主要研究方向为金融监管、金融控股公司、数字经济与金融创新等。

一 RWA 通证化的技术特点

RWA 通证化主要包括以下步骤。

第一，实物资产数字化记录上链。将现实世界资产的信息，如资产的所有权证明、资产属性、交易记录等，以数字形式记录在区块链上。例如，在农产品 RWA 通证化过程中，农产品的产地、种植过程、质量检测报告等信息都可以被记录在区块链上，客户通过扫描产品上的二维码便可获取相关信息，实现农产品的溯源和质量监管。

第二，数字资产证书登记形成通证。区块链的去中心化和不可篡改特性，确保了农业资产信息的真实性和完整性，为资产的交易和管理提供了可信任的基础。同时，区块链上的交易记录对所有参与者公开，提高了交易的透明度。通过智能合约，定义通证的发行规则、所有权转移规则及相关权益分配规则等，将收益权转化为数字通证。

第三，数字资产通证交易和结算。传统的资产交易往往涉及多个中介机构进行，交易流程烦琐，结算周期长。而在区块链上，基于智能合约，通过数字通证可以实现交易的自动执行和结算，大大提高交易效率，降低交易成本。例如，在股票交易中，传统的交易方式需要通过证券公司、证券交易所、清算机构等，结算周期通常需要 T+1 或 T+2 个工作日。而通过 RWA 通证化，股票交易可以在区块链上高效完成，结算周期大幅缩短，大大提高了市场的流动性和效率。

除了区块链技术，RWA 通证化还涉及一些关键技术，如加密技术、物联网技术、预言机技术等。加密技术用于保障资产信息和交易的安全性，防止信息泄露、篡改等。利用物联网技术对生产过程进行实时监控，为资产的估值和管理提供准确的数据支撑。预言机技术可将现实世界的数据引入区块链，确保智能合约能够基于真实的数据。

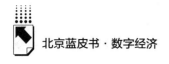

二 RWA通证化将有力推动农业数字化转型

（一）提高农业生产效率

农业生产过程中，对生产环境和作物生长状况的精准监测和管理至关重要。传统农业生产中主要依赖人工经验，难以实现对生产过程的精准控制，导致生产效率低，农产品质量不稳定。同时，在农产品质量追溯方面，传统的追溯体系存在信息不完整、追溯难度大等问题，无法满足消费者对农产品质量安全的需求。

RWA通证化可实现对农业生产过程的精准监测和智能化管理。在农业生产现场部署大量的物联网传感器，实时采集气象、土壤、作物生长等方面的数据并上传至云端。企业通过对这些数据的分析，可以对农业生产作出科学的决策，实现精准施肥、精准灌溉、精准施药，提高农业生产效率和农产品质量。

（二）增强农业供应链透明度

农业供应链涉及农产品的生产、加工、运输、销售等多个环节，存在信息不对称问题。在传统供应链模式下，消费者很难获取农产品从田间到餐桌的全过程信息，包括农产品的产地、种植过程、农药使用、加工工艺、运输路径等。消费者在购买农产品时，难以判断其质量和安全性。同时，供应链各环节之间的信息不畅，生产、销售等环节的协调困难，供应链的成本和风险增加。

基于区块链技术的去中心化、不可篡改和可追溯等特性，RWA通证化可以实现农业供应链信息透明化。在农产品生产环节，通过物联网传感器实时采集土壤湿度、温度、光照、施肥、病虫害防治等数据并上传至区块链。在加工环节，企业可以将加工工艺、添加剂使用等信息记录在区块链上，以便消费者可以获取这些信息，了解农产品的加工过程。

在运输环节，利用区块链技术可以实现对农产品运输轨迹的全程记录，采集运输过程中温度、湿度等数据并上传至区块链，便于消费者通过区块链平台查询。在销售环节，经销商可以将农产品的销售渠道、价格等信息记录在区块链上，以便消费者了解农产品的销售情况，实现农产品供应链的全过程透明。

在农牧产品质量追溯方面，RWA 通证化可基于区块链技术的不可篡改和可追溯特性，形成完整的农产品质量追溯体系。农牧产品从早期种植、养殖，到中期采摘、屠宰，再到后期加工、运输、销售的全过程信息都被完整记录，消费者通过扫描产品二维码获取详细信息，有利于对农牧产品质量问题进行快速追溯和责任认定，保障消费者合法权益。

（三）提升农业资产流动性

大型农机具价格昂贵且专用性强，一旦购买，很难在短期内变现，二手市场交易不活跃。这使得农业资产的价值难以得到充分释放，限制了农业资源的优化配置。对于大型农机具，同样可以通过 RWA 通证化实现资产的共享和流通。多个农业生产者可以共同购买农机具的通证，按照各自持有的通证比例享有农机具的使用权。当某个农业生产者不再需要使用农机具时，可以在区块链平台出售其持有的通证，实现资产变现。这种方式不仅提高了农机具的使用效率，还为农业生产者提供了灵活的资产配置方式，增强了资产的流动性。

通过 RWA 通证化，一块农田的收益权可以被分割为多个通证，每个通证代表一定比例的权益。投资者可以通过购买这些通证，成为土地收益的部分所有者，从而参与农业投资。这种方式使得土地收益能够在更广泛的市场范围内进行分配。通证的交易可以在区块链平台上实时完成，大大提高交易效率，增强资产的流动性。

（四）促进农业金融创新与融资便利

传统金融机构对农业贷款存在诸多顾虑，一方面，农业生产受自然因素

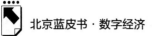

影响大，风险较高；另一方面，农业企业和农户往往缺乏有效的抵押物，信用评估难度较大。这使得农业企业和农户面临融资难等问题，制约了农业发展。

通过将农业资产通证化，企业可以将库存货物的未来收益等转化为数字通证，在数字化平台上进行融资。投资者可以购买这些通证，为企业提供资金支持。这种融资方式打破了传统融资方式的限制，降低了融资门槛，拓宽了企业的融资渠道。

RWA 通证化还可以促进农业金融产品创新。例如，基于区块链技术的智能合约可以实现农业保险创新。将农业生产数据与保险合约相结合，当触发理赔条件时，智能合约可以自动执行理赔操作，提高理赔的效率和公正性。同时，利用区块链技术可以实现农业金融创新，通过对供应链上的交易数据进行分析和评估，为企业提供融资服务，促进农业高质量发展。

三　农业领域 RWA 通证化的现实案例

目前，RWA 通证化在全球范围内呈现出向好发展态势，越来越多的国家和地区开始关注和探索 RWA 通证化技术在不同领域的应用，尤其是在农业数字资产创新方面。

（一）Solana 链上的 AgriDex 平台

AgriDex 是基于国际 Solana 区块链的农产品代币化平台，致力于将糖、谷物和葡萄酒等农产品代币化，并在农业数字资产创新领域取得了显著成效。该平台的诞生背景是全球农产品市场面临着供应链效率低、交易成本高以及信息不对称等问题。传统的农产品交易往往涉及多个中间环节，导致价格波动大，农民和消费者的权益难以得到有效保障。同时，跨境农产品交易还面临着复杂的贸易规则和监管环境，进一步增加了交易的难度和成本。

在农业资产数字化及交易方面，AgriDex 平台有着独特的运作过程。首先，平台与农产品供应商、生产商合作，将各类农产品的信息，如品种、产地、产量、质量检测报告等进行数字化处理并记录在区块链上。随后，这些信息被打包成数字资产，生成对应的通证。例如，对于一批来自巴西的咖啡豆，AgriDex 平台会详细记录咖啡豆的品种、种植区域、采摘时间、加工工艺以及专业机构出具的质量检测报告等信息，并将这些信息转化为数字通证，每个通证对应一定数量的咖啡豆。

在交易环节，AgriDex 平台基于区块链的智能合约，实现了交易的自动化和高效化。当买家和卖家在平台上达成交易意向后，智能合约会自动执行交易条款，包括资金的转移和通证的交割。整个交易过程无须第三方中介机构的参与，大大降低交易成本。同时，由于区块链的分布式账本特性，交易信息可被多个节点共同记录和验证，确保了交易的安全性和透明度。例如，在一笔咖啡豆的跨国交易中，买家来自英国，卖家来自巴西，双方通过 AgriDex 平台进行交易。在买家下单后，智能合约会自动锁定买家的资金，一旦卖家确认发货，通证自动被转移至买家账户，在确认收货后资金自动被释放给卖家。

AgriDex 平台对农业数字资产创新起到了极大的促进作用。在供应链方面，通过将农产品通证化，实现了供应链的全过程透明。消费者可以通过扫描产品上的二维码，查询到农产品种植、加工、运输、销售等全过程信息，增进了对农产品质量和安全的信任。例如，消费者在购买一瓶带有 AgriDex 通证的葡萄酒时，通过手机扫码就可以了解到葡萄的种植产地、采摘时间、酿造工艺、储存条件及运输路径等信息。在市场拓展方面，平台打破了地域限制，让农产品能够更便捷地进入全球市场。农户和农业企业可以通过平台直接与全球买家进行交易，拓宽了销售渠道，提高了农产品的市场竞争力。例如，一些原本只能在本地销售的特色农产品，可通过 AgriDex 平台进入国际市场，实现更多的收益。此外，AgriDex 平台还为农业企业和农户提供了新的融资渠道。农业企业和农户可以通过发行农产品通证，吸引全球投资者，为农业生产提供有力的资金支持。

（二）FarmTogether 项目

FarmTogether 是一家农业投资平台，通过将农业土地资产通证化，为投资者提供参与农业投资的新途径。FarmTogether 在 RWA 技术应用及创新方面具有显著特点。首先，对农业土地相关信息进行了详细的分析，包括土地的地理位置、土壤质量、灌溉条件、种植历史等。然后，根据分析结果，将土地资产分割为多个份额，每个份额对应一个数字通证。投资者可以通过购买通证，获得相应份额的权益。例如，一块位于澳大利亚昆士兰州的农田，经过评估后，被分割成 1000 个通证，每个通证代表 0.1% 的权益。投资者购买通证后，不仅可以获得收益权，还可以参与土地管理决策，如种植作物的选择、农业生产技术的应用等。

在运营模式上，FarmTogether 采用线上线下相结合的方式。在线上，通过平台为投资者提供项目信息、投资咨询、交易服务等；在线下，与专业的农业管理公司合作，负责实际运营和管理。这种模式既充分利用了互联网的便捷性，又保证了农业生产的专业性和高效性。例如，投资者可以通过FarmTogether 随时随地查询所投资土地的农业生产情况、收益状况等信息，同时，专业的农业管理公司会根据农业生产的实际情况和市场需求，制定科学的生产计划和管理方案，确保产出效益最大化。

FarmTogether 在国际上产生了良好的示范效应，为其他国家和地区提供了一种新的农业投资模式，受到全球投资者的关注。许多国家和地区的农业投资平台纷纷借鉴 FarmTogether 的经验，开展类似的通证化项目，促进了农业土地资产的优化配置，提高了农业生产的效率和可持续性。例如，一些发展中国家通过引入类似 FarmTogether 的项目，吸引了大量外资，改善了农业基础设施，提高了农业生产技术水平，促进了当地农业发展。此外，FarmTogether 项目还为投资者提供了一种低风险、高回报的投资选择，丰富了全球投资市场的产品种类，满足了不同投资者的需求。

（三）西班牙物联网蔬果种植项目

阿尔梅里亚省是西班牙的蔬果主产区。近期阿尔梅里亚大学和蔬果生产商联合会开展了一项农业数字化试验，在农田和温室大棚中安装了 90 个感应器，以便实时监测土壤湿度、温度、光照等信息。数据中台将这些数据进行汇总，对果蔬的生长过程和未来收成进行预测。例如，通过对土壤养分数据的分析，系统可以判断土壤中氮、磷、钾等营养元素的含量是否充足，从而助力农民精准施肥；根据光照和温度数据，结合作物的生长阶段，系统自动调节温室大棚中的遮阳设施和通风设备，为作物创造适宜的生长环境。

生产者可根据电子综合管理系统的分析结果，优化生产管理。系统还具备极端天气预警功能，通过与气象部门的数据对接，提前获取气象信息，当极端天气如暴雨、大风、寒潮等即将来临时，系统会预警生产者，方便他们及时采取预防措施，如加固大棚、提前灌溉或排水等。

物联网技术在阿尔梅里亚省蔬果种植中的应用取得了显著成效。在产量方面，借助电子综合管理系统，作物单位产量提高 6.9%~8.3%。这主要得益于系统对作物生长环境的精准调控，使作物在更适宜的条件下生长，充分发挥了作物的生长潜力。在成本控制方面，用水和能耗等生产成本降低5.2%。智能灌溉系统根据土壤湿度和作物需水量精准供水，避免水资源浪费，同时合理调节温室大棚中的温度和通风，减少能源消耗。在农药使用上，农药使用量减少 5.3%。通过对病虫害的实时监测和精准预测，农民可以在病虫害发生初期进行精准防治，避免大量使用农药，不仅降低了生产成本，还减少了农药残留，提高了农产品的质量和安全性。

（四）上海马陆葡萄项目

上海的名特产马陆葡萄拥有超过 40 年的种植历史，并荣获国家地理标志证明商标。然而，随着市场竞争的日益激烈，马陆葡萄产业面临着诸多挑战，如产业升级需求迫切、融资渠道有限、供应链管理效率有待提升等。

在此背景下，上海数据交易机构联合地方政府、科技企业、种植企业以及基础设施服务商、信息安全服务商、律师事务所、会计师事务所、资产评估公司等共同发起了马陆葡萄 RWA 项目。该项目旨在借助 RWA 通证化技术，探索数据资产创新，推动马陆葡萄产业数字化转型。

在项目实施过程中，左岸芯慧作为项目运营方，采取了一系列创新举措。首先，将马陆葡萄相关数据进行全面梳理和整合，并转化为项目资产。通过在葡萄园部署各类传感器和物联网设备，实时采集葡萄生长过程中的环境数据，包括温度、湿度、光照强度、土壤酸碱度、土壤肥力等，以及农事活动数据，如施肥、浇水、修剪、病虫害防治等信息。这些数据被实时上传至区块链，确保了数据的真实性、不可篡改和可追溯性。

通过与上海股权托管交易中心合作，将项目运营方的股份进行登记托管，并在"股易链"平台存证。同时，利用区块链技术，将马陆葡萄的生产数据、销售数据、物流数据等全面上链，实现了数据的公开透明和可查询。投资者可以通过区块链浏览器，实时了解马陆葡萄的生长情况、生产过程、销售渠道以及收益分配等信息，有利于增强投资者的信心。

（五）高邮蛋虾项目

高邮咸鸭蛋作为江苏特色土特产，在海内外久享盛誉，先后获批国家地理标志保护产品、地理标志证明商标、农产品地理标志产品。近年来，高邮形成了从鸭蛋生产、加工到销售的完整产业链，拥有80多家规模化加工企业，年加工各类蛋品约12亿枚，总产值达50亿元。高邮大虾是国家地理标志农产品，养殖面积约9万亩，占全国的1/5、全省的3/5，产出规模居全国第一位。近年来，高邮市围绕高邮大虾特色产业，提出"数字化、标准化、主体化、市场化、生态化"的现代化发展道路，形成了从苗种生产到加工流通的完整产业链，总产值近40亿元，带动就业人数近10万人，被中国渔业协会授予"中国生态大虾之都"称号。在数字化发展过程中，高邮咸鸭蛋和高邮大虾借助大数据、物联网等技术，实现了养殖过程的智能化监控和管理。例如，通过传感器实时监测饲料、水质、水温、含氧量等环境参数，根据数据及时调整养殖策略，提高养殖效率和产品品质。这些生产数据和管理数据经过整理和分析，成为具有价值的数据资产。

近期，高邮咸鸭蛋和高邮大虾作为特色产业和文化旅游数据产品在深圳数据交易平台上市，这标志着传统的土特产向数字资产跨越。通过数字化手段，将生产数据、加工数据、销售数据等进行整合与分析，形成具有市场价值的数据产品。这些数据产品拓宽了产业的融资渠道，有助于推动高邮特色农业进一步发展壮大。

（六）龙口"智慧畜牧贷"

山东龙口在智慧畜牧领域创新推出"智慧畜牧贷"，将"活体牛"转变为"数字牛"，有效解决畜牧企业的融资难题。传统畜牧养殖企业在融资过程中，由于活体牲畜资产难以评估和监管，面临着融资渠道狭窄、融资成本高等问题。龙口通过引入物联网、区块链等先进技术，实现了对活体牛的数字化管理。

在具体实施过程中，畜牧企业为每头肉牛佩戴智能耳标，该耳标集成了传感器和定位系统，能够实时采集肉牛的体温、运动量、进食量、地理位置等关键数据。这些数据通过物联网传输至大数据平台，经过分析处理后，形成肉牛的数字化档案。金融机构根据这些数字化信息，对肉牛的生长状况、健康状况进行精准评估，从而确定贷款额度和风险。数字化的评估方式降低了贷款风险，提高了资金的安全性和使用效率，从行业发展角度看，推动了畜牧养殖行业的数字化转型，提升了行业的整体竞争力，促进了畜牧产业的健康可持续发展。

四 农业数字资产面临的问题和解决建议

农业企业和农户对 RWA 通证化的认知不足。由于农业生产的传统性和保守性，许多农业从业者对新兴的金融科技应用了解有限，对 RWA 通证化的概念、原理和优势缺乏深入地认识。他们可能对通证化技术存在疑虑，担心其安全性和可靠性，不愿意尝试这种新的模式。此外，在一些农产品流通环节，由于信息不对称问题的存在，形成了大量的中介机构。整个种植、养殖和物流体系的透明化，有利于打破原有的利益格局。

投资者对农业 RWA 项目的接受度有待提高。农业生产受自然因素影响大，风险较高。即使 RWA 通证化提供了新的投资渠道和方式，但投资者可能仍然对农业 RWA 项目的风险和收益存在担忧。

法律法规不完善也给 RWA 通证化的推广带来了困扰。农业资产通证化涉及资产确权、交易规则、税收政策等方面的法律问题，相关法律法规有待完善。例如，在农业资产通证的发行和交易过程中，如何确定其法律性质，是属于证券、商品还是其他类型的资产，不同的法律定性将对应于不同的监管要求和法律责任。RWA 通证化是一种新兴的金融科技应用，各国对其监管的政策尚不完善，存在监管空白和监管模糊的地带。这使得企业和投资者在开展 RWA 项目时，面临着较大的风险。

区块链性能和数据安全性也是一个重要问题。一旦发生安全事故，信息泄露、篡改等问题会给企业和投资者带来巨大损失。数据存储方面，农业数据具有体量大、种类多、更新快等特点，如何在区块链上高效存储和管理这些数据是一个亟待解决的问题。传统的区块链存储方式可能无法满足农业数据的存储需求，需要探索新的数据存储和管理模式。

综上所述，需要加强对 RWA 通证化的宣传和推广。通过举办培训讲座、研讨会等，向农业从业者和投资者普及 RWA 通证化知识，深化他们对 RWA 通证化的认知。同时，分享成功的农业 RWA 项目，展示 RWA 通证化在解决农业问题、提升农业效益方面的实际效果，增强他们对推行 RWA 通证化的信心。

农业企业在开展 RWA 项目时，应注重风险管理，采取有效的风险防范措施，如购买农业保险、建立风险预警机制等，降低项目风险，提高投资者的接受度。

政府和监管机构应加强对 RWA 通证化的监管，制定相关的监管政策。明确 RWA 通证化的监管框架和监管要求，包括通证的发行、交易、托管等环节的监管规则，以及参与主体的资格和责任。建立健全监管协调机制，加强不同监管部门之间的沟通与协作，避免出现监管重叠和监管空白的情况。农业企业和投资者在开展 RWA 项目时，应密切关注监管政策的变化，积极与监管机构沟通，确保项目的合规性。

数字化平台建设和运营机构需要加大研发投入，推动区块链性能的提升。例如，研究和应用新型的共识机制，如权益证明（PoS）、委托权益证明（DPoS）等，提高区块链的处理速度和容量。加强对区块链安全技术的研究，建立完善的安全防护体系，如采用多重签名、加密算法等技术，防范安全攻击。同时，加强对智能合约的审计和测试，及时发现和修复漏洞。在数据存储方面，探索采用分布式存储、云存储等技术，结合区块链的特性，实现农业数据的高效存储和管理。

五　RWA 通证化在农业领域的应用前景

展望未来，RWA 通证化在农业领域的应用前景十分广阔，有望呈现出以下发展趋势。

（一）更广泛的应用场景拓展

RWA 将不仅局限于农产品和农业资产的通证化，还将延伸至农业产业链的各个环节。例如，农业知识产权也可能被通证化，如农产品品种专利、农业技术专利等，促进农业创新成果的转化和交易；农业供应链金融领域，通过 RWA 技术，将农产品应收账款、存货等资产通证化，为农业企业提供更加便捷的融资服务，加速资金周转。同时，在农业保险领域，也可引入 RWA 技术，实现保险产品的创新和风险的精准管理。

（二）技术创新与融合

未来区块链技术能够更好地满足农业数字资产大规模交易和数据处理的需求。同时，物联网技术将实现农业生产设备和环境的实时监测和数据采集，为 RWA 通证化提供有力的数据支持；大数据技术将对海量的农业数据进行分析和挖掘，推进农业资产的透明度和标准化；人工智能技术将促进智能合约的开发和执行，实现农业资产生产过程的智能化和交易执行自动化。

（三）与其他产业的融合发展

与其他产业的融合是未来农业发展的重要趋势，RWA 将在其中发挥重要作用。例如，在"农业+旅游"领域，采用 RWA 技术，将农业旅游资源通证化，游客可以购买通证参与农业旅游项目，分享收益；在"农业+健康"领域，有机农产品、特色农产品等与健康产业结合，通过 RWA 实现产品的溯源和价值认证，满足消费者对健康食品的需求。RWA 将促进农业与其他产业的深度融合，拓展农业发展空间，提升农产品的附加值。

参考文献

姚明峰、姜波、沈小晓、龚鸣：《数字技术赋能乡村发展 多国加快农业数字化转型》，《科学大观园》2021 年第 22 期。

专题篇 ▷

B.7
北京市数智基础设施新底座发展研究*

孟凡新**

摘　要： 随着北京建设全球数字经济标杆城市方案的持续实施，北京市数字基础设施正在加速向数智化跃迁，数智基础设施建设不断加快，呈现出规模智能算力集群加快建设、人工智能技术创新发展、长安链继续迭代升级、量子云算力平台不断突破、人工智能驱动新型智慧城市建设等特点，在政策支持、技术创新、应用场景拓展和区域协同等方面取得了显著成效。未来北京基础设施将加速从数字原生走向 AI 原生，急需围绕网络、存储、算力、云、能源等领域持续进行系统布局，推动数智基础设施朝着更高速、更智能、更融合、更绿色的方向发展。

关键词： 数智基础设施　人工智能　算力中心　新型智慧城市

---

* 基金项目：北京市社会科学院一般课题"北京人工智能发展的政府治理路径研究"（课题号：KY2025C0335）阶段性成果。

** 孟凡新，北京市社会科学院管理研究所副研究员，主要研究方向为数字经济、平台治理。

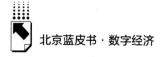

数智基础设施作为新一代基础设施体系，其核心特征聚焦数字化与智能化，是数字技术、智能技术与传统基础设施深度融合的产物。数智基础设施涵盖算力平台、通信网络、前沿技术、感知设施等多个维度，展现出全局性、基础性、支撑性、长远性和先导性等多重属性，并且在提升生产效率、驱动产业升级、优化公共服务、强化城市竞争力等多个层面产生影响，对经济社会数智化转型起着重要的支撑作用。近年来，北京市加快奠定数智发展基础，逐步形成以网络基础设施为根基、算力基础设施为引擎、新技术基础设施为动力、融合基础设施为保障的数智基础设施新底座，为北京加快建设全球数字经济标杆城市、推动数字经济高质量发展提供坚实的根基。

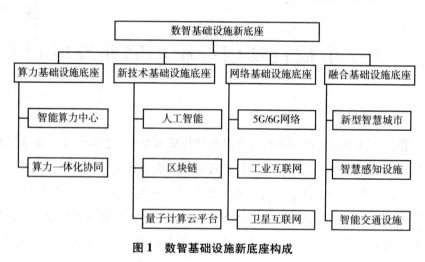

图1　数智基础设施新底座构成

一　大力推进算力基础设施底座

（一）智能算力中心建设

1.大规模智能算力集群加快建设

北京市政府积极规划智能算力基建布局，规模化先进算力供给能力得到显著提升。当前，京西智谷、昇腾北京、华章北京一号、北京AI公共算力、北京数字经济算力及亦庄 AI 公共算力等多个智算中心已建成或在建中。这些中心在算力规模、技术应用、绿色化措施等方面各有特点，共同为北京市的数字经济和人工智能产业发展提供了强大的算力支持。2024 年，《北京市算力基础设施建设实施方案（2024—2027 年）》发布，重点建设海淀、朝阳、亦庄、京西等 E 级智能算力高地，积极推动各区算力中心建设工作，智能算力规模超过 2.2 万 P，新增智算供给 8620 P，形成智能算力和绿色算力资源丰富的环京算力带，算力基础设施实现能级跃升。

表 1　北京市主要智能算力中心分布

算力中心名称	位置	建设/运营单位	算力规模	特色/亮点
"京西智谷"人工智能计算中心（北京昇腾人工智能计算中心）	门头沟区	华为昇腾等	500P（将持续扩容至 1000P）	华北区域首个获批"国智牌照"的人工智能公共算力开放平台，占地面积小，主要面向起步阶段的中小企业
石景山智能算力中心	石景山区	企商在线	610P	2024 年北京市重点工程项目，为 AI、VR、游戏等产业提供算力
华章北京一号智算中心	大兴区	华章数据	超过 1000P（6000 个机架）	环保节能，定制化程度高，容量大、扩展性强，网络延时低、速度快，国内首个设备预制化达到 85% 的数据中心
北京人工智能公共算力中心	海淀区	京能集团	一期 500P（将扩容至 4000P）	利用电厂制冷和电源条件，提高能源利用效率，为高校、科研院所、中小微企业提供普惠算力
北京数字经济算力中心	朝阳区	北京电子数智科技有限责任公司	3600 个智能算力机柜，预计 2000P	建立多个服务平台，为国企、政府和中小人工智能企业提供普惠算力服务
北京亦庄人工智能公共算力平台	亦庄	北京亦庄智能城市研究院等	3000P（计划建设 2000P 商业算力）	国内首个"算力资源+运营服务+场景应用"一体化建设工程，算力规模在北京最大

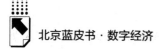

2. 政企统筹优化算力资源布局

通过与通信行业、云厂商合作，全市加快建设和归集现有算力资源。2024 年中国移动算力中心北京节点投入使用，成为通信运营商在北京建成的首个大规模训推一体智算中心，部署近 4000 张 AI 加速卡，AI 芯片国产化率 33%，智能算力规模超 1000P。北京联通在门头沟区打造的京西智谷智能算力中心，算力已经达到 500P，可服务 200 余家中小企业和单位。北京电信结合"光网之都，万兆之城"行动计划，在全国率先部署了 800G 超高速波分和以太网长距无损技术，将永丰、京津冀武清、亦庄瀛海等 3 个智算节点通过万兆光网进行互联，实现了算力运力协调发展。2024 年 12 月 14日，由北京市科委、中关村管委会及企业和学术机构共同参与的超节点算力集群创新联合体成立，开启了国产高性能算力互联集群的"北京方案"，推动底层智算基础设施向"超节点"形态升级。

（二）算力网络一体化协同

1. 算力互联互通平台上线

2024 年 9 月，北京市算力互联互通和运行服务平台正式上线，汇集京内外 29 家算力服务商，算力资源超 50000P，融合了管理、封装、调度、运营四大功能，通过市场策略优化了算力资源配置，促进了算力服务的标准化。平台实施统一认证，确保算力透明且安全。平台的上线标志着我国在算力基础建设与区域协同上的新进展，为多元领域数智化转型提供强大支持，也为政府决策、企业创新、社会治理等多个领域提供强有力的算力支撑，赋能千行百业的数智化转型。

2. 京津冀树立算网城市建设标杆

京津冀算力供需水平处于国内第一梯队，高效能算力承载力领先。京津冀算力规模占全国的 1/3 以上，智能算力占全国的比重超 25%。北京电信通过重构城域全光网，构建了以 DC 为中心的"一环一纵"全光算力底座精品网，其中"一环"面向东西流向，辐射京津冀，实现 1ms 算间互联，将算力资源互联成池；"一纵"则面向南北流向，利用 OTN 技术覆盖全市 60 个汇聚节点和上千个随选节点，提供高品质承载，实现业务 1ms 一跳入云。这一系列措施协同构建了京内 1ms 及环绕京津冀区域 2ms 的时延圈，有效整合并高效辐射了京津冀地区的算力资源，实现了算力网络的均等化服务。京津冀智算中心不仅促进了区域内人工智能算力的分层建设与一体化应用，且具备 50 万台服务器的承载规模，充分满足了京津冀区域热数据的本地化处理与应用需求。此外，该中心还积极推动数据中心采用分布式锂电 DPS、背板空调、间接蒸发冷却等新技术，探索绿电清洁能源的引入与余热回收利用，成功将智算中心的电能使用效率（PUE）降低至 1.25 以下，达到了行业领先水平。

二　抢先布局新技术基础设施底座

（一）人工智能大模型

北京市具有人才资源丰富、技术力量雄厚、应用场景多样等大模型发展的先发优势，持续引领全国大模型发展。截至 2024 年底，北京累计完成备案的生成式人工智能服务项目总数突破 105 款，占全国的 40% 以上。科技平台布局大模型算力、算法和应用全产业链，数十家独角兽和细分赛道头部创新企业赶超国际同行，产学研融合推动应用落地成果井喷，并在全国率先形成了 AI 大模型集聚区。

1. 人工智能技术体系创新发展

在科技前沿探索上，北京不断深化通用大模型等主流技术领域的布局，部分成就已达国际水准，支持智源研究院推出了全球首个原生多模态大模型 Emu3，建设北京市人工智能算力互连技术创新中心，并超前布局了全国首款 64 卡超节点算力服务器。此外，积极开辟类脑智能、光电计算等革命性技术的新路径，前瞻布局面向下一代应用的大模型前沿技术，打造国产化自主可控的软硬件技术体系，系统布局颠覆性技术，打造未来产业集群。北京诞生了量子云超算集群、全球首颗类脑视觉芯片等顶尖创新，完成 58 项国家科技奖项，占全国的 28.7%。产学研联合创新成为趋势，如在通用大模

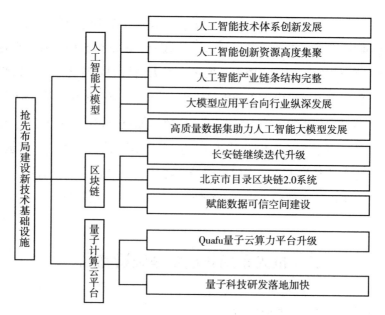

图2 新技术基础设施进展框架

型领域，北京智源人工智能研究院与中国电信于2024年7月联合发布了高性能开源多语言大模型Tele-FLM，实现大模型训练零调整，是全球首个实现低碳预训练的大模型。豆包大模型对齐GPT4.0水平，智谱首发支持生成汉字的开源文生图模型，Kimi的200万字上下文能力领跑行业，生数科技发布国内首个文生视频模型Vidu，快手可灵大模型支持生成时长3分钟、分辨率1080P的高清视频。

2. 人工智能创新资源高度集聚

北京AI核心产业迎来爆发式增长，在规模与增速上持续领先。根据《北京人工智能产业白皮书（2024）》，2024年，北京AI核心产业规模超3000亿元，年增速超12%；相关企业数量超2400家，年均增长9%；含46家上市公司（市值约4.3万亿元）、36家独角兽（占全国的半数以上）、备案大模型占全国的比例近四成。北京在AI人才、学术及研发上领先，全市有30所高校设AI本科专业，20余所高校建AI学院或研究机构，32所高校能授AI相关学位，拥有在读研究生4.4万名、教职工及科研人员1.2万名。

国家级创新平台、重点实验室在京集聚，中关村 AI 研究院等新型研发机构达 10 家，领军企业牵头 27 个创新联盟，116 家企业跻身全国科创 500 强。众多新型研发机构的崛起，以及领军企业主导的创新联盟和众多科创企业的涌现，进一步巩固了北京在全球 AI 领域的领先地位。

3. 人工智能产业链条结构完整

北京市的人工智能产业链全面覆盖了从基础层、技术层至应用层的各个关键环节。产业生态系统中新型研发机构不断推出具有重大影响力的创新成果，如北京智源人工智能研究院发布多模态世界模型 Emu3、北京通用人工智能研究院推出通用智能实体"通通"等标志性成果。人工智能头部企业运行情况良好，独角兽企业持续释放活力，初创企业创新实力凸显，陆续产出基座模型、文生视频模型、端侧大模型等一批新技术新产品；资源密度不断提升，形成以海淀区为重点产业集聚区，朝阳区、经开区、石景山区、门头沟区等区域各具特色的空间布局。智源研究院建设的北京人工智能数据运营平台汇聚了 180 多个数据集、近 2000TB 的数据总量。努力营造良好的投资孵化环境，市人工智能产业基金全年投资了近 20 亿元，带动社会资本 83 亿元。建成一批特色孵化器，全年培育孵化近百项优质创业项目。获批人工智能领域首个国家级先进制造业集群，持续推动国家人工智能创新应用先导区建设。

4. 大模型应用平台向行业纵深发展

政策推动方面，发布《北京市推动"人工智能+"行动计划（2024—2025 年）》，"北京市通用人工智能产业创新伙伴计划"聚合模型、算力、数据、应用、投资等 5 类 300 余家伙伴企业，形成人工智能创新创业和产业发展生态圈。2024 年完成第三批伙伴计划的征集，共征集伙伴企业 158 家。通过人工智能联盟、集智未来人工智能创新基地开展多场行业应用供需对接，引导企业加快人工智能场景落地。2024 年通过算力券补贴帮助 60 家大模型企业降低算力租赁成本，推动企业低成本获得高性能算力，帮助近百个大模型产品开展训练或推理应用。在应用落地方面，北京持续推动垂类模型率先应用。截至 2024 年底，北京累计完成备案的生成式人工智能服务项目总数突破 105 个，新增的生成式人工智能服务涵盖教育、医疗、金融和文娱等领域。推动文化、医疗、公共服务、金融等行业开展人工智能试点，25 所中小学人工智能试点校启动建设，国家级法律大模型创新平台落地北京。

5. 高质量数据集助力人工智能大模型发展

为了深化人工智能大模型应用建设，北京强化高质量数据集建设，在人工智能数据服务领域取得了一系列重要成果。建成全国首个人工智能数据训练基地。推动北数所联合相关单位发布 100 个人工智能大模型高质量数据集，完成脑健康医疗模型等 10 个模型训练，围绕自动驾驶、医疗健康等主题组织数据训练营，为大模型训练提供更加精准、可靠的数据服务。北京数据基础制度先行区落地数据资产登记窗口等 9 个市级数据要素服务平台，集聚 100 余家数据要素企业。北京国际大数据交易所累计数据交易规模达 59 亿元，全市已有 28 家企业完成数据资产入表。北京数据跨境服务中心北京经济技术开发区服务站在人工智能训练场授牌，全市统筹推动 47 家企业通过国家数据出境安全评估，165 家企业通过个人信息出境标准合同备案。首创数据沙盒监管制度，发布"北京人工智能数据治理监管沙盒 2.0 版方案"。这些举措不仅推动了人工智能数据服务的规范化、专业化发展，也为北京数据基础制度先行区的建设提供了有力支撑，进一步提升了北京在全球数字经济领域的竞争力。

公共数据共享方面，北京市大数据平台累计为各部门、各区提供数据服务超 49 亿次，支撑了政府治理、民生服务与产业发展等 120 余项市、区应用。在公共数据开放领域，全市已向社会无条件公开了 18573 个公共数据集，累计开放数据量超过 71 亿条。此外，还率先建立了"公共数据开放创新基地"，实现了有条件开放的数据总量达到 35 亿条，进一步推动了数据的开放利用。公共数据授权运营方面，建设落地公共数据专区并取得良好成效，其中金融专区作为全国首个上线的公共数据专区，已为 60 余家金融机构提供数据服务超过 2 亿次，触达企业超 54 万家。社会数据方面，编制印发《北京市"数据要素×"实施方案（2024—2026 年）》和相关典型案例集，其中"面向新药研发的高质量药物数据集及智能服务"入选首批 20 个国家"数据要素×"典型案例。

（二）区块链

北京加快区块链基础设施建设，以支持数据共享、资源管理等公共服务需求。截至 2024 年 8 月，北京现存区块链相关企业 1.26 万家。区块链技术在北京市政务服务中广泛应用，如义务教育入学资格核验和购房资格核验等场景，提升了政务数据的一致性和部门间的互信度。

1. 长安链继续迭代升级

长安链在 2023 年发布了 v2.3.x 版本作为长期支持版本（LTS），并在 2024 年继续推进 v3.x 版本的开发，以满足更大规模、更高安全、更广兼容和更易用的需求，提升了从单一模块到整体系统、尖峰性能到稳定性能、单链性能到并行多链性能。融合了抗量子多维安全计算、密文检索、可验证数据库等隐私技术，进一步提升了区块链的应用能力。2024 年，长安链运用隐私计算技术探索人社数据应用，推动人社领域公共数据资源开发利用，为北京建设了世界级超大城市政务目录链系统提供底层技术。目前，长安链支撑自然资源部逐步形成覆盖全国、跨层级、跨系统的不动产登记区块链，促进不动产登记数据安全可信流通。基于长安链的技术支撑，覆盖全国的"1+31+N"跨层级、跨系统全国不动产登记区块链逐渐形成，纵向贯通自然资源部和各省、市、县多层级数据，横向连通住建、金融、税务、市场监管等多个系统，实现多领域信息共享和业务协同。

2. 北京市目录区块链2.0系统

北京市成功部署并上线了目录区块链 2.0 系统，该系统将全市超过 80 个政府部门、16 个行政区、经济技术开发区，以及交通、金融等行业内 10 多家社会机构的数据目录全面上链。作为全国首个应用于超大城市的区块链基础设施，北京市目录链的升级工作基于"长安链"技术框架实施，确保了从基础架构至核心算法层面的全面自主可控性。2024 年，建立"依职有数"数据目录体系，依托市大数据平台和目录区块链系统，形成涵盖全市近百个部门的"机构—职责—系统—数据"公共数据目录底账。打造"全量汇通"数据资源体系，数据总量汇聚日更新约 4 亿条，通过"统采共用"模式汇聚社会数据超 2500 亿条。完善"五级六性"数据治理体系。按照源头部门治理和数据部门集中治理相结合的方式，形成 10 多项技术规范、1 万多条治理规则，持续提升数据质量。

3. 赋能数据可信空间建设

区块链、集成隐私计算、数据沙箱等多种数据安全技术，保障了数据要素在安全可信的环境中实现汇聚、共享、开放和应用，推动了医疗、空天等领域的可信数据空间建设。2024 年 12 月 22 日，中日友好医院与北电数智联合打造的医疗可信数据空间正式发布，促进院内院外医疗数据的可信流通，赋能多元化医疗场景应用，为医疗行业与人工智能技术的结合充分释放医疗数据要素价值。12 月 26 日，由国恒数据与开运集团联合建设运营的全国首个空天数据运营中心和全国首个空天可信数据空间在经开区宣布正式成立并上线运营，为空天产业提供数据全生命周期的管理和运营，通过空天产业数据规模化聚集、深度加工，构建全方位、多维度的空天数据生态体系。在区块链、隐私计算、加密计算等技术应用下，可信数据空间能对数据处理的全过程实现安全保障和隐私保护，打通政府、行业、企业间的数据桥梁，推动北京实现数据开放融合并形成更加安全、开放、高效的数据交换生态系统。

（三）量子计算云平台

1. Quafu 量子云算力平台升级

2023 年北京量子信息科学研究院推出 Quafu 量子云算力平台，2024 年北京量子院联合团队实现 5 台百比特规模的新一代量子计算系统和经典计算资源融合，新上线的量子云可用物理比特数达到 590 个以上。[①] 此外，量子

---

① 《北京量子院发布大规模量子云算力集群》，https：//www.baqis.ac.cn/news/detail/？cid =
2026，2024 年 4 月 26 日。

院联合中国科学院物理研究所、清华大学发布 Quafu 量子云算力集群，第二代"Quafu"形成了大规模量子云算力集群，有 5 个百比特规模以上的量子芯片资源，平均两比特门保真度超过 97%，最高可达 99%，综合指标进入国际第一梯队。截至目前，利用该平台发表的科技论文已超过 20 篇。深圳大学与香港中文大学合作研究组利用 Quafu 平台最新研发的 ScQ-136（Baiwang）超导量子芯片，实现了一项复杂的实验验证。

2.量子科技研发落地加快

依托国家实验室和行业领军企业，量子计算技术的研发与产业化进程不断加速。在金融领域，北京玻色量子与平安银行合作，成功将量子计算应用于客户信用评分中的特征筛选。通过玻色量子的相干光量子计算机，平安银行在不到 1 毫秒的时间内完成了对德国信用数据集的特征筛选计算，相比传统优化算法，不仅求解速度大幅提升，还能找到能量更低的可行解。此外，玻色量子还与相关机构探索专门用于优化投资组合配比问题的量子计算投资组合产品，进一步拓展了量子计算在金融领域的应用场景。

三 持续夯实新型网络基础设施底座

（一）通信网络

1.5G-A 从商用到深用

数字基础设施超前布局，推动 5G-A 应用不断深化。截至 2024 年末，北京市在数字基础设施领域实现了前瞻性的战略布局，累计构建 5G 基站 13.39 万座，人口密度对应的 5G 基站配置比率高达 61 座/万人，居国内首位。完成 IPv6 地址预规划，市级政务外网骨干网 100%支持 IPv6。同时，北京市实施 F5G-A（增强型全光网络）与 5G-A（5G 增强技术）的"双千兆"战略计划，标志着 5G-A 技术已迈入商业化应用的崭新阶段。截至 2024 年 10 月，北京市已成功部署 5G-A 基站 1.2 万座，并积极推动千兆小区与千兆园区的建设工作，特别是在北京四环以内及城市副中心区域实现了5G-A网络的全覆盖，为沉浸式多媒体、超高清流媒体传输、云端游戏等前沿应用提供了坚实的网络基础设施支撑，如延庆区大规模部署5G-A千兆基站覆盖长城空域、北京大兴国际机场创新应用5G分布式Massive MIMO工程、北京工人体育场实现5G与元宇宙融合等。

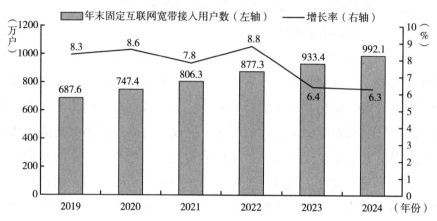

图3 2019~2024年北京年末固定互联网宽带接入用户数及增长率

资料来源：历年北京市国民经济和社会发展统计公报。

2. 引导6G产业超前布局

北京市正式印发《北京6G科技创新与产业培育行动方案（2024—2030年）》，全面开启6G技术研发与产业布局新篇章。中国移动研究院和中关村泛联移动通信技术创新应用研究院开展6G原型系统开发及试验网建设工作，已在海淀区牡丹园和昌平区信息港初步建设北京中央节点的小规模6G试验网，支持Sub-7GHz、毫米波、可见光等多频段融合组网，完成自动化测试系统的研发，可高效支持10余项6G新技术验证。在6G关键技术方面，泛联院推出多系列6G原型系统，取得国际领先创新突破。同时，构建完备语义信息理论框架，拓宽通信系统理论视野。首建6G通信与智能融合外场测试网，推动技术深度融合与创新发展。此外，泛联院还主导成立创新发展联盟，汇聚产业创新力量，共同推动6G产业迈向新高度。

（二）工业互联网

1. 工业互联网基础设施全国领先

我国工业互联网标识解析体系的"5+2"国家顶级节点布局已然成熟，共同构建起了强大的中枢架构。工业互联网累计接入二级节点数量 129 个，位列全国第一，新增标识解析量 88 亿次，新接入企业 1000 余家。在工业互联网供给侧资源方面，北京市持续展现出全国领先的态势，工业互联网平台数量、接入资源规模以及国家级智能制造系统解决方案提供商的数量，均排名全国前列。京津冀地区接入工业互联网标识解析国家顶级节点（北京）的二级节点数达 33 个。根据《中国工业互联网产业经济发展报告（2024 年）》，2024 年北京工业互联网产业增加值占 GDP 比重达到 5.75%，在全国排名第一。

2. 工业互联网平台产业带动效应不断显现

在制造业数字化转型的进程中，北京市工业互联网平台正逐步展现出显著的产业带动效应，不仅助力本地制造企业加速智能化升级，提升生产效率并降低成本，而且不断推动制造业整体经济向更高层次发展，产业引领与促进作用日益明显。北京市通过培育工业互联网平台，支持重点行业龙头企业培育工业互联网行业型平台，推动制造业企业全面智能化数字化改造达标。北京市组织开展了 2024 年北京市工业互联网平台分级分类遴选工作，形成了 19 家工业互联网平台，包括综合型 5 家、行业特色型和专业技术型各 7 家。工业互联网平台促进了产业链上下游企业之间的协同合作，通过平台共享数据、技术和资源，实现了供应链的优化和协同创新。中关村工业互联网产业园的建设正在加速推进中，其核心区域一期工程已顺利迈入正式运营的新阶段。预计至 2026 年，二期项目将全面建成并交付使用，届时该园区有望成为北京市规模最大、全国领先的工业互联网产业园区。未来，该园区预计将吸引并集聚近 150 家工业互联网相关企业，年产值将达到 500 亿元人民币，并为社会创造约 1.5 万个就业岗位，展现出强大的产业集聚效应与就业带动能力。

表 2　2024 年北京市主要工业互联网平台企业

序号	平台名称	申报单位	平台类型
1	航天云网 INDICS 工业互联网平台	航天云网科技发展有限责任公司	综合型
2	东方国信 Cloudiip 工业互联网平台	北京东方国信科技股份有限公司	综合型
3	百度开物工业互联网平台	北京百度网讯科技有限公司	综合型
4	用友精智工业互联网平台	用友网络科技股份有限公司	综合型
5	京东工业互联网平台	京东科技控股股份有限公司	综合型
6	首钢工业互联网平台	北京首钢自动化信息技术有限公司	行业特色型
7	食品加工工业互联网应用平台	北京顺鑫福通大数据集团有限公司	行业特色型
8	BOE 工业互联网平台	北京中祥英科技有限公司	行业特色型
9	K2Assets 工业数据智能平台	北京工业大数据创新中心有限公司	专业技术型
10	面向新型工业化的工业智能生产力平台	北京远舡智能科技有限公司	专业技术型
11	ALVA SPATIAL AI	阿依瓦(北京)技术有限公司	专业技术型
12	兰光智能化生产管控平台	北京兰光创新科技有限公司	行业特色型
13	RZON® OneHit 数字工作台	北京互时科技股份有限公司	专业技术型
14	工业智能制造决策优化平台	杉数科技(北京)有限公司	专业技术型
15	基于人工智能的工业互联网视觉平台	北京思谋智能科技有限公司	专业技术型
16	家居工业互联网平台	曲美家居集团股份有限公司	行业特色型
17	复杂装备健康管理云平台	北京航天测控技术有限公司	专业技术型
18	半导体计算机集成制造平台	北京珂阳科技有限公司	行业特色型
19	基于多模态+多 Agent 协同的工业车辆智能化运维平台	爱动超越人工智能科技(北京)有限责任公司	行业特色型

（三）卫星互联网

1. 卫星互联网促成全产业链体系构建

北京市卫星互联网全产业链体系显著强化，技术突破与商业化进程加速。北京卫星互联网代表性企业进一步集聚，"虹云"工程、"银河系"AI 星座计划、"鸿雁"星座、"行云"工程等项目均聚集在北京，覆盖完整产业链环节。产业链上游企业主导研发的相控阵天线、星载计算机等核心器件的国产化率显著提升；中游卫星制造与发射能力显著增强；下游应用场景加速落地，在智慧城市、应急通信、生态监测等领域实现规模化应用。北斗信息产业链条布局完整，形成贯通基础产品、终端设备和运营服务等各环节的2000多种技术产品，发展指数位列全国第一。

2. **商业航天创新发展**

北京商业航天产业创新能力和整体效能显著提升。发布《北京市加快商业航天创新发展行动方案（2024—2028年）》，强化北京商业航天创新能力，聚焦产业能级提升，提出在全国率先实现可重复使用火箭入轨回收复飞。2024年，全国首个商业航天共性科研生产基地北京火箭大街项目开工，卫星互联网产业园开园，预计到2028年入驻卫星互联网企业超过100家。2024年北京商业航天企业为全国一半以上商业卫星提供在轨运营管理服务。商业运载火箭发射13次，其中民营企业占比超八成。商业星座建设稳步推进，截至2024年在轨卫星数量达100颗。

四　完善数智融合基础设施底座

（一）新型智慧城市建设

1. 人工智能驱动新型智慧城市建设

北京市政府持续推进智慧城市场景创新开放，加速人工智能、大模型、大数据、卫星导航、雷达遥感等技术的深化应用和迭代创新，推出新一代"数字原生"住房公积金核心系统、接诉即办一体化数智平台等。北京市智慧城市"一图、一码"共性基础平台通过提供通用地图服务和城市码时空标识服务，支持多个部门的业务应用，"一图、一码"共性基础平台服务于全市50多个部门、208个业务系统。2024年，"京通"移动端上线服务233项，累计接入服务超过1000项，上线个人和企业电子证照226种。全市统一预约挂号平台涵盖全部二级及以上医疗机构近300家，全年累计服务2.5

亿人次。"数字中轴"数字化项目助力北京中轴线成功申遗。北京亦庄推出基于城市级云控平台的"双智城市"融合应用,交通信号灯能够根据交通流量动态调整,绿波道路的停车次数减少40.6%,行驶速度提升15.1%。同时,推出"亦智"政务大模型服务平台,提高政务服务的效率,并计划升级为"亦智中心",助力全面建设"人工智能之城"。

2. 大模型推动政务服务体系实现再升级

大模型技术为提高城市运行效率与服务居民能力提供强有力的技术支持。海淀区积极探索人工智能技术与应用的融合创新,基于大模型能力的政务服务体系实现再升级。海淀区通过与百度智能云、中科大脑深度合作,在"海淀城市大脑"的"数字底座"基础上,将百度文心大模型能力与海淀区"接诉即办"应用场景相结合,充分发挥大模型在深度语义理解、内容生成、智能交互等方面的优势,实现了智能派单、处置、分析、主动治理等"接诉即办"工作流程的智能化升级。在北京经济技术开发区,百度智能云的"基于国产可信算力的城市治理视频大模型全域智能训练场景",实现了视觉大模型区级全域覆盖的城市治理场景。通过大模型语言交互的全图视频点调、自定义目标检索和任务生成,重新定义人与城市"对话"交互模式。百度政务大模型支持经开区4000多种城市要素的万物检测、智能标注、模型训练,覆盖110种检测算法,目前已完成42个算法应用的部署上线,累计发现超过3500起问题。在百度大模型能力与经开区政务场景需求相结合的基础上,经开区构建了亦智政务大模型服务平台,为政务工作注入了新动能。

(二)智能网联城市道路

1. 高级别自动驾驶示范区3.0建设深入推进

示范区3.0阶段建设完成。北京市高级别自动驾驶示范区已实现对经开区、通州、顺义等地600多平方公里的基础设施覆盖和政策覆盖,全市自动驾驶测试总里程数累计超过3200万公里,出台地方性法规《北京市自动驾驶汽车条例》,发布首批车路云一体化4项地方标准。大兴机场总测试里程达 70 万公里，有序推动无人化测试；北京南站空载测试里程约 2.9 万公里；首都机场至经开区联络线企业已开展地图采集工作。北汽新能源、中国一汽两家企业成功申请国家智能网联汽车准入和上路通行试点。大兴国际机场无人驾驶商业化运行平稳，示范区到北京南站安全测试里程超 4 万公里。城市副中心三大文化建筑无人驾驶小巴接驳服务超 4 万人次。

2. 自动驾驶汽车产业生态构建

北京已形成从芯片、电池等零部件到操作系统、大模型等技术，以及不同等级自动驾驶汽车的完整产业生态。2024 年北京市政府积极推动智能网联汽车的发展，出台了多项政策支持产业创新和商业化应用。截至 2024 年 10 月，北京已累计部署自动驾驶车辆超过 800 台，测试总里程超过 5000 万公里。往返于大兴机场和北京亦庄之间的自动驾驶接驳车，展示了智能网联汽车在公共交通领域的应用场景。在亦庄等区域，无人驾驶配送车已实现快递的自动化配送，提升了物流效率。

五　发展挑战及未来方向

（一）存在的挑战

1. 算力布局分散与供给匹配不足

数智基础设施建设的综合集成度不足。各类基础设施间尚未构建出统一的规划框架、明确的职能分工及互补性功能协同，结构体系有待合理化调整。在具体资源配置上，存在重硬件配置而轻软件开发的倾向，空间布局上的不均衡现象突出。尤其是智算领域的建设存在"碎片化"与"分散化"问题，战略规划与空间布局不足，造成算力资源分布的非均衡性，难以有效汇聚形成规模经济效应。算力资源的供需匹配度存在偏差，面临算力资源供给紧张的局面，而同时另一些区域则出现算力资源闲置与利用效率低的问题，迫切要求深化算力布局的优化策略，并强化资源调度机制的效能。

2. 建设能耗与绿色低碳压力大

存量数据中心改造压力大，北京现存的一些数据中心能耗依然较高，这

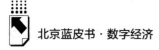

些存量数据中心的升级改造面临技术、资金等多方面的压力，需要投入大量资源进行液冷、模块化电源等高效系统设计的改造。新建智算中心能效标准要求高。为了实现绿色低碳发展，新建及改扩建的智算中心需要达到较高的能效标准，如PUE值一般不超过1.25，大规模先进智算中心PUE值一般不超过1.15。这要求在建设过程中采用更多的绿色节能技术和设备，增加了建设成本和难度。

3. 区域协同机制仍需完善

京津冀蒙协同机制需完善，北京提出构建京津冀蒙算力一体化协同发展格局，但在实际操作中，区域间的协同机制还不够完善，需要进一步加强政策协调、资源共享、项目合作等方面的工作，以实现算力资源的优化配置和高效利用。跨区域网络互联互通面临挑战。推动大带宽、低时延的全光接入网络广泛覆盖，统筹建设重点算力中心直连网络等面临着技术、成本和协调等方面的挑战。

4. 建运机制和创新人才不足

新技术具有迭代周期急剧缩短的特点，其商业化进程相对滞后，数智基础设施在初期阶段需承担高额投入，且伴随较高的投资不确定性风险。当前，尚缺乏经过验证的有效运营模式，这在一定程度上影响了对大规模社会资本的吸引，进而导致供需失衡现象。部分城市的新技术融合基础设施展现出显著的社会公益性质及正向外部效应，而部分传统基础设施在数字化转型过程中承受着较大的资金压力。社会资本的参与受限于资金、技术瓶颈及人才短缺，降低了其在基础设施应用中的活跃度和积极性，从而制约了数字基础设施的市场规模有效扩张。此外，数智基础设施的建设与运营对专业人才、创新人才的需求颇为迫切，尤其是在新兴技术研发、应用融合等关键领域，这一问题尤为突出。

（二）未来发展建议

未来北京基础设施从数字原生走向AI原生，架构从以数据中心为主走向云边端立体协同，从保障物理设备和数据的安全走向保障模型算法的安全，持续赋能传统行业，催生出更多的创新应用和商业模式。急需围绕网络、存储、算力、云、能源等技术，持续进行系统级创新，推动数智基础设施朝着更高速、更智能、更融合、更绿色的方向发展。

1.增强核心技术自主可控，推动国产化替代

一是加大对人工智能领域核心技术，如智能芯片、操作系统及数据库等软硬件研发的资本投入，同时促进硅基光子芯片、量子计算芯片以及存算融合等前沿技术路径的创新与突破。二是在算力基础设施构建中采纳经认证的安全国产软硬件解决方案，逐步提升新建及既有智能计算中心在核心软硬件层面的自主设计与控制能力。推动华为鲲鹏、摩尔线程等国产芯片和硅光芯片应用，打造基于国产软件框架+芯片的 AI 产业生态。加快研发自主可控的底层软硬件架构。三是依托北京市科技创新资源密集的优势，集中针对核心技术推动跨学科、跨机构的联合研发活动，加强量子科技、生物信息技术与融合技术等领域的技术突破，积极规划未来前沿技术的发展路径，加快实现核心技术、未来技术的自主可控。

2.完善数智基础设施体系，优化算力资源供给

一是加速部署集成化智能计算集群，形成以智能算力为主导，融合超级计算、云服务和区块链等新一代技术的多元化城市算力供应体系架构。二是深化国产芯片的应用推广，鼓励云服务企业采用国产人工智能芯片服务器，提供智能计算服务，逐步提升国产软硬件的应用比例，促进自主可控软硬件算力生态环境的健康发展。三是加速构建国家级领先的算力互联互通与综合服务平台，集成统一认证、算力调度、服务提供及交易结算等核心功能，不断扩大并优化京津冀及西部地区智能计算资源的集成与共享效能。四是探索多样化的算力供给模式，涵盖云计算、边缘计算等多种模式，适应多样化应用场景下的算力需求。同时，倡导社会多方力量参与智能算力中心的建设，构建集异构计算资源融合、算力与网络深度协同、绿色低碳运营于一体的综合算力支撑体系。整合并优化分散的算力资源，通过资源的有效聚合，发挥算力资源的集群化优势。

3. 推动能耗与绿色低碳化，加快区域协同布局

一是系统性推进既有数据中心转型升级，在维持能耗总量稳定的基础上，加快向智能计算中心转型，或采用液冷散热、模块化电源系统及机房设计等先进技术，有效降低电源使用效率（PUE）和冷却使用效率（CUE）。二是提升新建智能计算中心的能效标准，新建及改扩建项目大幅提高绿色节能技术与设备的采用率，并强化光伏发电、余热回收利用等绿色节能手段的应用，树立全绿电供应的零碳排放智能计算中心典范。三是加快构建京津冀蒙区域算力协同发展的战略布局，遵循国家一体化算力网络枢纽节点的规划部署，形成京津冀蒙算力资源一体化协同发展格局，促进区域算力资源的优化配置与高效利用。

4. 依托重大场景牵引，筑牢城市数智化转型根基

一是以重大工程为引领，聚焦重点区域、行业和场景，率先实现突破性进展。推进"全光万兆"示范城市建设，打造高效万兆光网基础设施体系，加快城市基础设施向集约化、一体化、数智化和绿色化方向转型；优化一体化算力网络布局，促进算力资源的高效互联与协同。二是加速实施"人工智能+"行动计划，强化新型智慧城市建设，推动人工智能技术与首都社会治理、公共服务及产业发展的深度融合，实现超大城市管理的智能化、精细化与高效化，全面提升城市综合承载能力和居民生活品质，构建宜居、宜业、可持续发展的智慧城市新生态。

5. 推动资金和人才集聚，完善要素良性循环机制

一是健全多渠道资金投入机制，引导多元化投融资，鼓励政府整体财政筹划，吸引规模性长期资金、耐心资本持续投入，通过专项资金、政府投资基金的引导、撬动，充分发挥社会资本在人工智能、区块链、隐私计算等新技术基础设施建设、运营等方面的比较优势。二是强化人才吸引和培养，出台数字化领军人才管理配套政策，破除人才流动梗阻，重点关注国际顶尖大学资源，完善核心技术类人才以及人工智能、区块链等各领域的通用技术人才的体系化培养机制。三是强化多元化主体间的协同联动效应，激发行业领军企业的引领作用，激活"政府—产业—学术—研究—金融—应用—服务"

协同框架，培育政府构建平台、企业引领创新、社会资本积极参与、多方力量深度融合的数字智慧基础设施发展生态。

参考文献

《北京市加快建设具有全球影响力的人工智能创新策源地实施方案（2023—2025年）》，https：//www. beijing. gov. cn/zhengce/zhengcefagui/202305/t20230530_ 3116889.html，2023 年5月。

北京市科学技术委员会、中关村科技园区管理委员会：《北京市人工智能大模型行业应用分析报告》，2024 年 4 月。

《北京市算力基础设施建设实施方案（2024—2027 年）》，https：//www. beijing. gov. cn/zhengce/zhengcefagui/202404/t20240426_ 3639351. html，2024 年 4 月。

北京市统计局、国家统计局北京调查总队编《北京统计年鉴 2024》，中国统计出版社，2024。

《关于北京市 2024 年国民经济和社会发展计划执行情况与 2025 年国民经济和社会发展计划的报告》，https：//fgw. beijing. gov. cn/gzdt/fgzs/mtbdx/bzwlxw/202501/t20250124_ 3998281. htm，2025 年 1 月。

中国工业互联网研究院：《中国工业互联网产业经济发展报告（2024 年）》，2024 年 12 月。

中国信息通信研究院：《综合算力评价研究报告（2024 年）》，2024 年 12 月。

B.8
北京数据基础制度先行区建设现状及问题、对策研究

课题组*

摘　要： 为落实国家政策，推动数字经济重点领域改革创新突破，北京数据基础制度先行区启动建设。北京良好的基础环境有力支撑先行区建设，先行区是加快构建数据基础制度的重要先行先试，是推动完善全球数据治理体系的迫切需要。北京数据基础制度先行区建设一年多，锚定蓝图、夯实先行区建设根基，政策赋能、为先行区建设保驾护航，企业汇聚、激活先行区发展活力，活动领航、拓展先行区合作版图，并在"2+5+N"的基础架构中的基础设施层、业务中台层、数据应用层取得阶段性进展。当前，先行区建设面临数据开放共享障碍大、制度创新难度高，数据安全与风险防控面临巨大挑战，数据流通交易机制不完善、市场不成熟等问题与挑战。未来，应打破数据壁垒，释放数据价值，构建开放共享新格局，建立健全数据流通和交易机制，强化数据安全保障和隐私保护，加大监管执法力度，加快数据专区推广，建设连片成面数城，提升北京大数据交易所能级，打造数据要素改革"北京样板"，做实北京数据先行区服务有限公司，提升运筹运营能力，推动数据要素汇聚，赋能人工智能大模型训练。

关键词： 北京数据基础制度先行区　"2+5+N"基础架构　数字基础设施　数据交易　数据安全

---

* 主要执笔人：王婧，北京市社会科学院管理研究所副研究员，主要研究方向为区域发展与管理；王鹏，北京市社会科学院管理研究所副研究员，主要研究方向为数字经济、数字政府、数据要素等；杨倩倩，西南交通大学，主要研究方向为产业经济；由曦，中国计算机用户协会数字金融分会专家，主要研究方向为金融科技、数字经济、融媒体。

加强数据治理，激活数据要素潜能，已成为新发展格局背景下，抢占发展制高点、提升国家综合实力、增强国际竞争优势的关键要素。为落实国家政策，推动数字经济重点领域改革创新突破，2023 年 11 月 10 日，北京数据基础制度先行区正式启动运行，同时发布《北京数据基础制度先行区创建方案》。这也是全国首个数据基础制度先行区。北京数据基础制度先行区的定位是，在北京市特定区域，按照适应数据要素和数字经济特征的新型监管方式建立先行先试机制，加快建设数据基础制度综合改革试验田和数据要素集聚区。① 一年来，先行区在数据基础制度、基础设施建设、数据价值释放、人工智能场景应用、产业生态聚集等方面开展先行先试，取得阶段性成果，形成积极示范效应。

一 北京数据基础制度先行区建设背景

（一）数据基础制度建设有待加快

数据已经成为与土地、劳动力等并列的关键生产要素。2022 年底，《中共中央 国务院关于构建数据基础制度更好发挥数据要素作用的意见》（以下简称"数据二十条"）发布，强调要加快构建数据基础制度，充分发挥数据要素作用。国务院批复的《支持北京深化建设国家服务业扩大开放综合示范区工作方案》（"示范区 2.0 方案"）明确支持北京积极创建数据基础制度先行区。② 先行区创建是深入贯彻国家"数据二十条"、加快构建数据基础制度、推动数字经济重点领域改革创新突破的重要的先行先试。

（二）数据基础环境的有力支撑

1. 优秀的数字化基础设施

北京市在数字化基础设施建设和数据要素应用探索方面一直走在前列。截

---

① 《北京数据基础制度先行区启动》，https://data.beijing.gov.cn/publish/bjdata/xydt/ljhd/da72415dfd024a179328b53e626bc307.htm，2023 年 11 月 10 日。
② 《北京数据先行区启动建设，到 2025 年基本形成框架体系》，《新京报》2024 年 1 月 21 日。

至 2024 年 8 月，北京市千兆宽带接入能力实现全域覆盖，并持续构建万兆光网基础设施体系，建设"光网之都，万兆之城"；① 同时，北京市获批建设数据要素"一区三中心"，建设了多个具备先进硬件设施的国家级和地方级数据中心。

2. 良好的数字经济发展环境

北京是各类企业的总部所在地，吸引了国内大量优质的人才、技术、企业等资源。在"数字经济创新企业百强""软件百强""综合竞争力百强"等重要榜单中，北京市入选企业数量均位列全国第一。拥有超过 200 万家企事业单位等数据主体，在数据资源类型、层级、规模方面具有得天独厚的优势。

3. 逐步完善的数据要素政策体系

北京市出台了《关于加快建设全球数字经济标杆城市的实施方案》等政策，并在全国率先出台《关于更好发挥数据要素作用进一步加快发展数字经济的实施意见》（即"京版数据二十条"）等一系列政策。此外，还上线了全国首个工业初级教育专区，建立了全球数字经济标杆城市的监测体系等。②

（三）全球数据治理体系的迫切需要

全球数字经济快速发展，数据要素的流通、交易和应用成为推动经济增长和创新的关键。北京作为全国科技创新中心和数字经济发展的前沿阵地，创建数据基础制度先行区，探索实施数据基础制度的有效路径，有助于增强我国在国际数据领域的竞争力，可为全球数据治理提供中国方案和北京经验，是推动完善全球数据治理体系的迫切需要。

二 北京数据基础制度先行区建设概况

（一）规划落地：锚定蓝图，夯实先行区建设根基

北京数据基础制度先行区总体规划面积 68 平方公里，以北京通州台湖

---

① 《北京布局 2025 年成为"全光万兆"样板城市》，https：//www.cnii.com.cn/rmydb/202310/t20231012_511417.html，2023 年 10 月 12 日。

② 《先行先试，赋能发展——关于北京数据基础制度先行区设立的综述与展望》，https：//finance.sina.cn/2023-11-15/detail-imzusxhq7749299.d.html，2023 年 11 月 15 日。

区域为核心，建有 18 个数据要素相关产业园区。北投台湖产业园承载着"北京数据基础制度先行区管理服务中心"职能，为满足产业入驻需求，新建二期项目地处北京市着重打造的轨道微中心，具有交通便利、产业集中、配套完善等优势。[①]

北京数据基础制度先行区建设工作办公室、北京公共数据开放创新基地、北京公共数据资产登记中心、北京社会数据资产登记中心、北京数据资产评估服务站、北京数据跨境服务中心、数据资产质押融资服务中心等一系列数据服务窗口正式入驻数据先行区。2024 年 9 月，北京人工智能安全与治理实验室、北京国际数字经济治理研究院数据合规与治理服务中心成立。同年 11 月，北京互联网法院设立数据权益巡回法官工作站。

（二）政策赋能：创新制度，为先行区建设保驾护航

出台市区两级多项政策措施。如 2023 年 11 月发布《北京数据基础制度先行区政策清单》，包括探索建立市属国有企业数据资产纳入国有资产保值增值机制、出台数据匿名化等技术处理规程、对数据资产"首登记、首交易"等活动给予资金支持等政策。北京经济技术开发区管委会、通州区政府围绕数据先行区分别制定属地化的招商引资政策，在资金支持、房租减免、人才引进等方面给予政策优惠，吸引企业入驻。2024 年 6 月，北京市通州区经济和信息化局印发《关于北京城市副中心加快推进北京数据基础制度先行区高质量发展的实施细则》，从支持数据应用服务先行先试、推动高价值数据合规使用、支持技术创新等多方面推动先行区高质量发展。2024 年，北京市经济和信息化局深化建设数据基础制度先行区，制定发布《关于加强本市数据资产管理的通知》《北京数据基础制度先行区政策清单》等 16 项市、区政策措施，初步构建基础制度框架体系。

[①] 《北投台湖产业园二期启动招商 北京数据基础制度先行区发展加速》，https://kfqgw.beijing.gov.cn/zwgkkfq/yzxwkfq/202409/t20240923_3903377.html，2024 年 9 月 23 日。

（三）企业汇聚：众企入驻，激活先行区发展活力

2024年9月，北京国际大数据交易所、北京数据先行法律咨询服务有限公司、中关村现代信息消费应用产业技术联盟数工委等8家企业单位入驻北投台湖产业园二期。截至2024年底，吸引中国电信集团文宣公司、北京医疗健康大模型公司、中电（北京）信息技术研究院有限公司、首信云、数智先行等107家数据要素企业，落地数据资产登记窗口等9个市级数据要素服务平台；建成全国首个人工智能数据训练基地，创新监管沙盒机制，支持网智天元、中科闻歌等大模型企业数据训练出盒，揭牌国家脑健康公共数据平台，汇聚30家企业、170多个高质量数据集。将海淀区、西城区、门头沟区纳入北京数据基础制度先行区，石景山区、朝阳区积极开展先行区筹备建设工作。石景山区以首钢园北区为核心，向外拓展到人工智能大模型产业集聚区和中关村工业互联网产业园，利用京西E级智算中心，汇聚各类高质量数据资源，开展数据产品、场景金融、人工智能创新应用。朝阳数据要素产业园作为朝阳区承接北京市数据要素基础制度先行区的主承载区，已集聚29家数据要素企业。[①]

（四）活动领航：多元活动，拓展先行区合作版图

2023年12月28日，"企业走进先行区"暨北京市数据要素政策解读活动成功举办，全市165家数据要素企业、217名首席数据官或数据业务人参与；2024年1月29日，举办2024年北京数据基础制度先行区（通州区）推进会；2024年4月29日，第一期数据编织（数据虚拟化）训练营成功举办，拓尔思、太极计算机、神舟航天软件、广联达等20余家数字经济头部企业及30余名数据业务板块管理人员、技术人员参与培训。此外，2024年9月14日，举办北投台湖产业园二期暨北京数据基础制度先行区管理服务中心招商推介会。

---

① 《北京朝阳数据要素产业园开园 一批高成长企业入驻》，https://baijiahao.baidu.com/s?id=1821547523694861482&wfr=spider&for=pc，2025年1月18日。

三 北京数据基础制度先行区"2+5+N"的 基础架构建设现状

（一）基础设施层建设现状

1. 算力基础设施：规模扩大，布局优化，能力提升

2024年，北京新增智能算力8620P，累计算力规模超2.2万P。[①] 北京人工智能公共算力平台永丰节点、武清节点已形成1000P智能算力，构建京内"1毫秒"、环京"2毫秒"、京津冀"3毫秒"的低时延、大带宽、高可靠算力网络；[②] 京能上庄节点实现3500P算力供给；北京亦庄人工智能算力升级到5000P，将为企业提供更多普惠算力。[③] 北京市算力互联互通和运行服务平台正式上线，可在供给端实现算力汇集整合，稳步提升算力综合供给能力。[④] 目前，先行区形成积极示范效应，汇聚100余家企业，建成全国首个人工智能数据训练基地。

2. 数据流通基础设施：建设光网之都，打造可信数据空间

北京市建设"光网之都，万兆之城"，2024年新建5G基站2.6万座，每万人拥有5G基站数量居全国第一。推动5G-A、F5G-A试点示范，建成5G-A基站超1.2万座。北京联通建成全球超大规模5G-A 3CC商用网络，实现重点区域、重点场景覆盖，为数据流通提供高速网络支持。[⑤] 全国首个IPv6城市数据光网建成投用，北京亦庄构建了一张数据流通专用网络，支撑空天、消费、公共等领域的数据市场建设。[⑥] 北京经开区正在打造以区块

---

① 《北京2024年数字经济增加值达2万亿 2025年目标增速8%》，http：//bj.people.com.cn/BIG5/n2/2025/0116/c14540-41110039.html，2025年1月16日。
② 胡光远：《北京电信搭建京津冀"3毫秒"算力网络 助力属地探索释放数据要素价值》，《人民邮电报》2024年4月11日。
③ 《北京最大智算中心算力再升级》，《北京日报》2025年1月17日。
④ 张骁：《北京市算力互联互通和运行服务平台正式上线》，新华社，2024年9月19日。
⑤ 《联通首都新动脉，地铁3号线实现5G-A超大带宽网络全覆盖》，新华网，2025年1月2日。
⑥ 《经开区发布智慧城市十大创新成果》，https：//banshi.beijing.gov.cn/fttzgg/202501/t20250107_428336.html，2025年1月7日。

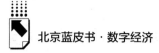

链技术为核心的可信数据空间。① 全国首个空天可信数据空间及空天数据运营中心已正式启动运营。②

图1 北京数据基础制度先行区"2+5+N"基础架构

（二）业务中台层建设现状

1.数据资产登记平台

北京公共数据资产登记中心、北京社会数据资产登记中心已正式入驻数据先行区，为数据资产登记提供了专门的平台和服务窗口。按照规划，2024~2025年建设完成数据资产登记平台，目前已有开运联合、佳华科技等企业获批成为北京市首批数据资产入表试点。北京数据资产入表服务联合工作组正式成立，首批成员单位包括大成、金杜等12家第三方服务机构，以及来自中国财政科学研究院、中国人民大学等的27名业界专家。③ 截至2024年底，北京国际大数据交易所累计发放超370张数据资产登记凭证，业务版图拓展至全国22个省区市。④

---

① 《北京亦庄支撑数据基础制度先行区"1+3+N"体系初步形成!》，https：//kfqgw. beijing. gov. cn/zwgkkfq/yzxwkfq/202404/t20240402_ 3608689. html，2024年4月3日。

② 《国恒数据：全国首个空天可信数据空间及运营中心在北京正式启动》，https：//www. cet. com. cn/xwsd/10153928. shtml，2024年12月27日。

③ 《北数所成立数据资产入表服务联合工作组》，https：//c. m. 163. com/news/a/ITH6SR3 A0530QRMB. html，2024年3月18日。

④ 李博：《北京国际大数据交易所累计发放超370张数据资产登记凭证》，人民网，2025年1月17日。

2. 数据资产评估平台

北京数据资产评估服务站已正式入驻数据先行区,[①] 融信数联作为关键服务商,依托"北京数据资产评估服务站",提供数据资产全面盘点、数据质量综合评估及发展规划建议等服务。中企华、中联资产等全国首批数据评估机构已在先行区的北投台湖产业园等区域落地,为数据资产评估提供专业力量。[②]

3. 数据交易节点

数据交易相关工作逐步推进,已有部分数据企业围绕数据交易开展业务,为数据交易节点的建设和运营积累经验,促进数据要素的流通和交易。北京国际大数据交易所各项交易数据实现大幅增长,2024年备案交易规模超50亿元,数据产品超1000个;累计发放数据资产登记凭证300余张,上架产品3000余个,数商数量500余家,个人信息授权运营平台实名用户超4万人,推动22家市属医院开展医疗健康数据集建设,全市28家企业完成数据资产入表,合计金额超7.7亿元。

4. 数字资产管理平台

北京市出台了《北京市公共数据专区授权运营管理办法(试行)》等技术规范,正在筹建北京市数据标准化技术委员会,推动公共数据资源有序开发、合规利用,为数据资产管理平台建设提供制度与技术规范支撑。北京市财政局印发了《关于加强本市数据资产管理的通知》,北京市国资委印发了《关于市管企业主动融入数据先行区建设 加快发展数字经济的通知》,推动北京市属国企数据资产化全流程管理。目前已建成北京市公共数据开放平台和北京市公共数据开放创新基地,前者累计开放71.86亿条公共数据,后者打造了轻量级数据创新实验场,为数据资产管理提供了数据资源和创新环境。[③]

[①] 《全国首个!北京数据基础制度先行区启动》,https://data.beijing.gov.cn/publish/bjdata/xydt/ljhd/56747ac91e5b48da9487840522b91bea.htm,2023年11月10日。

[②] 李博:《北京数据基础制度先行区通州片区加快数据产业聚集 今年拟引进50家企业入驻》,人民网,2024年4月12日。

[③] 《北京市政数局局长沈彬华:全面推进数据流通体系一体化建设,持续加强数据资产管理的顶层设计》,https://m.163.com/dy/article/JEMDETN00518KCLG.html,2024年10月17日。

（三）数据应用层建设现状

1. 加快推进各类数据专区建设与应用

（1）"三医"数据专区

2024年7月，北京市首个脑健康医疗数据公共服务平台——国家脑健康公共数据平台正式落地北京亦庄，由亦庄控股智能院旗下京算公司与国家神经系统疾病临床医学中心合作建设运营。

（2）自动驾驶数据专区

北京高级别自动驾驶示范区完成600平方公里设施智能化部署，全年自动驾驶测试里程超过1000万公里，每小时测试里程约1290公里；以北京经济技术开发区（北京亦庄）为核心，北京市自设立全球首个车路云一体化高级别自动驾驶示范区以来，累计接入360余个智能路口，六大类超200种数据项累计接入超5.1PB。[①]

（3）文旅数据专区

2024年1月29日，北京数据基础制度先行区通州文旅数据专区数据产业孵化示范基地正式启动；2024年7月，首批文旅数据专区场景正式发布，文旅数据专区创新联合体成立，截至2024年底，已落地十大应用场景，包括三教庙—实景数字剧本游、AI摄影师、运河游船科技升级、阿派朗数字乐园。

此外，还在加快推进金融数据、政务数据、航运贸易数据等数据专区建设。

2. 各区积极参与北京数据基础制度先行区建设工作

先行区制度创新成果形成积极示范效应，已推广复制至海淀、西城和门头沟区。2024年3月26日，北京数据基础制度先行区扩展至海淀区，海淀区积极探索人工智能数据开放共享监管沙箱试点，以中关村人工智能大模型

---

① 《累计接入超5.1PB数据！北京市高级别自动驾驶示范区首次发布数据安全治理白皮书》，北京亦庄公众号，2024年4月27日。

产业集聚区及科学城北区重点产业园区为载体打造数据基础制度先行区。7月3日，北京数据基础制度先行区扩展至西城区。[①] 9月3日，北京数据基础制度先行区扩展至门头沟区。[②] 2025年1月16日，由中关村朝阳园管委会（区科信局）联合北辰商管共同打造的朝阳数据要素产业园正式揭牌，是朝阳区承接北京市数据要素基础制度先行区的主承载区。

四 面临的问题与挑战

（一）数据开放共享障碍大，制度创新难度高

一是在理论层面，相关理论仍处于发展阶段，存在诸多争议，就数据权属、数据价值评估等理论尚未达成共识，这使得实践缺乏统一的理论指导。二是在算力层面，算力资源分布较为分散，尚未形成高效协同共享的算力网络，导致算力资源的利用效率较低。三是在制度方面，由于涉及多领域、多利益主体和复杂技术体系，协调难度大，制度创新有挑战，相关政策和创新举措在落地时面临诸多阻碍。

（二）数据安全与风险防控面临巨大挑战

一是数据的快速流转和复杂的应用场景使得数据安全的持续保障难度增大。二是API接口成为新型攻击手段，数据在多个业务和应用场景下的流动交互，跨越不同安全域，全局化、体系化联防联控难以实现。三是数据资产梳理不全面，众多质量不佳且关联性不明确的数据被分散存储于不同的数据存储介质中，这为数据资产的梳理工作以及持续的安全保障带来了诸多挑战。

[①] 《"马连道中国数据街"高质量发展论坛暨2024全球数字经济大会西城分论坛开幕》，https://www.beijing.gov.cn/ywdt/gqrd/202407/t20240704_3738181.html，2024年7月4日。

[②] 《北京数据基础制度先行区扩展至门头沟》，https://www.beijing.gov.cn/ywdt/zwzt/jxdqzxfzxd/xwdt/202409/t20240905_3789931.html，2024年9月5日。

（三）数据流通交易机制不完善，市场不成熟

一是专业服务机构在数据资产登记、评估、托管等业务中，缺乏统一的标准和规范，增加了运营成本和风险，数据确权、定价评估、交易规则等流通机制尚不完善，合规审查与安全保障机制不健全，限制市场活力与数据要素配置效率。二是数据人才短缺，尤其是数据技术以及法律法规和市场规则的复合型人才匮乏，导致数据流通交易的规则制定、合规评估以及交易模式创新等工作推进缓慢。三是市场活跃度待提高，市场潜力未被充分挖掘。

（四）数据价值认知尚需提升，效益循环转化动力不足

一是北京市部分企业简单认为产品服务售卖释放价值，忽略数据价值在开发、应用、交互等环节的作用，导致数据价值环节资源分配不协调，上下游协同不充分。二是部分企业将数据资产入表视为单纯的形式化操作，片面追求达到财务上的入表要求，未充分开发数据结合企业业务的赋能效益，阻碍数据价值释放，同时带来会计合规风险。三是部分企业由于缺乏相关数据人才和技术，选择服务外包，但是当前服务机构存在不当引导，企业数据管理缺乏风险意识，损害企业数据的真实性和可靠性。

五 对策与建议

（一）打破数据壁垒，释放数据价值，构建开放共享新格局

一是制定合理的开放共享数据政策，鼓励各类主体将数据资源进行公开或有限度的共享，提高数据的可及性，促进政府、企业和社会各界数据的互联互通。二是完善数据共享机制，构建跨部门、跨行业的数据共享协调小组，协商解决数据共享过程中的问题，探索建立数据共享激励机制。三是建立数据开放标准体系，打破数据壁垒，确保数据在不同系统和平台间的无缝对接，推动公共数据资源开放。

（二）建立健全数据流通和交易机制，助力数据要素市场畅通

一是完善数据产权界定规则，明确数据资源持有权、数据加工使用权和数据产品经营权的权利边界及责任。二是优化数据定价机制，构建多元定价模型，建立专业评估体系，建立数据价格动态调整机制。三是建立多方合作与协同发展机制，通过多种形式的活动、组建合作联盟，为数据资源持有者、加工使用者和经营者提供交易与合作机会。四是完善相关金融政策，优化数据产业投融资环境，降低企业融资门槛，促进数据要素的高效流通和价值释放。

（三）强化数据安全保障和隐私保护，建立健全数据安全管理制度与技术防护措施

一是出台严格的数据安全和隐私保护法规，明确数据收集、存储、传输、使用等各环节的安全责任和保护要求。二是加强技术手段的应用，如加密技术、访问控制技术、数据脱敏技术等，确保数据在全生命周期的安全。三是建立数据安全风险防控应急响应机制，及时处理数据安全事件，降低数据泄露风险。

（四）加大监管执法力度，为数据要素市场保驾护航

一是建立专门的数据监管机构或委托现有监管机构履行相关职责，并明确监管主体和责任分工。二是依据国家数据安全法、个人信息保护法等相关法律法规，结合实际制定详细的监管实施细则。三是建立多元协同监管机制，鼓励行业协会、第三方机构参与监管，形成政府主导、行业自律、社会监督的多元共治格局。

（五）加快数据专区推广，建设连片成面数城

一是推进公共数据专区授权运营，规范公共数据专区授权条件、授权程序、授权范围、运营主体、运营模式等，升级改造北京公共数据开放平台，扩大公共数据开放规模。二是深化数据资源的开发利用，加快公共数据的开

放和共享，以实现授权运营的模式在更多区域及行业领域的复制，鼓励跨行业沟通联合、创新研究，打造跨领域、跨区域、跨层级的数据生态，建设京津冀数据专区网络，推进数据资源充分涌流。

（六）提升北京大数据交易所能级，打造数据要素改革"北京样板"

一是借鉴上海、深圳的经验，丰富数据产品并明确交易流程。这些地区与龙头企业合作推出行业标准，并注重制度建设，规范数据交易。二是北京应突出资源优势，坚持公共数据与资产化并举，组建专业队伍，拓宽业务范围，加大支持力度，培养数据行业人才，整合行业资源，提升北数所能级，打造数据要素改革的"北京样板"。

（七）推动北京数据先行区服务有限公司做实，提升运筹运营能力

一是作为先行区建设和运营的主体，整合区域内数据资源、基础设施和产业项目，实现资源的集中管理和高效配置。二是公司负责统筹规划先行区的产业布局和发展战略，协调各方利益，推动数据要素产业生态的协同发展。三是通过公司开展招商引资、项目孵化和产业服务，吸引优质企业和创新项目入驻，提升先行区的产业集聚效应和竞争力。四是公司应加强与政府部门、科研机构和企业的合作，促进政策落地、技术创新和市场拓展，为先行区的可持续发展提供有力支撑。

（八）推动数据要素汇聚，赋能人工智能大模型训练

数据要素汇聚之后，核心应用在于训练人工智能大模型。北京数据基础制度先行区应充分发挥数据要素集聚优势，为人工智能大模型训练提供海量、高质量的数据资源。一是建立数据要素与人工智能产业的协同创新机制，推动数据要素高效流通与共享，满足大模型训练对数据规模和多样性的需求。二是鼓励企业开展数据标注、清洗等预处理工作，提升数据质量，确保大模型训练的准确性和可靠性。三是支持人工智能企业与数据要素企业深度合作，探索数据要素在大模型训练中的创新应用场景，加速人工智能技术

的产业化落地，以数据要素驱动人工智能产业创新发展，为数字经济注入新动力。

参考文献

《百家数据要素企业走进北京数据基础制度先行区》，北京经信局公众号，2023年12月29日。

《北京数据基础制度先行区已正式启动，将探索数据政策先行先试》，北京经信局公众号，2023年12月5日。

《北京数据先行区运行满月，数据如何"活"起来?》，北京经信局公众号，2023年12月20日。

《数据先行区启动活动在京举办〈北京数据基础制度先行区创建方案〉正式发布》，北京经信局公众号，2023年11月10日。

《第一期数据编织训练营在北京数据基础制度先行区成功举办》，北京经信局公众号，2024年4月30日。

《北京数据先行区通州专区已启动建设　台湖演艺小镇全部涵盖其中》，北京经信局公众号，2024年1月30日。

《北京数据基础制度先行区扩至海淀》，北京经信局公众号，2024年3月28日。

《北投台湖产业园二期暨北京数据基础制度先行区管理服务中心招商推介会成功举办》，北京经信局公众号，2024年9月15日。

《北京数据基础制度先行区扩展至门头沟》，北京经信局公众号，2024年9月4日。

《我市首个数据权益法官工作站在这里揭牌!》，北京经信局公众号，2024年11月29日。

《北京数据基础制度先行区创新发展大会成功举办》，北京经信局公众号，2024年11月5日。

B.9
北京人工智能产业发展现状、特点及展望*

李江涛　唐将伟　王　鹏**

摘　要:　当前人工智能在全球呈加速发展之势。2024 年以来,北京市不断加强政策创新,将人工智能打造成为科技创新和社会进步的主赛道,多措并举推动人工智能产业高质量发展。从政策效果来看,北京人工智能发展取得了丰硕的成果,人工智能企业呈现出量质齐升,成为全国领先的人工智能发展城市,涌现出一批具有国际竞争力的人工智能企业;产业链基础更加巩固,大模型应用发展成效更加显著,算力基础设施持续发力,在国内整体上仍然处于领先地位。从发展不足来看,北京人工智能基础优势潜能有待发掘、突破性成果仍需加强,应用场景有待拓展。本文提出北京在人工智能领域应当做好优势产业政策支持,深化人工智能应用场景、努力打造人工智能发展标准、瞄准人工智能重点领域等,以期为人工智能产业高质量发展提供一定的经验借鉴。

关键词:　人工智能　大模型　算力

2024 年是人工智能的元年,国内外人工智能发展取得了瞩目的成绩。

---

* 基金项目:北京市社会科学院 2025 年一般课题"北京市推进人工智能发展的重大问题及重大对策研究"(项目编号:KY2025C0357)阶段性成果。

** 李江涛,博士,北京市社会科学院副研究员,主要研究方向为数字经济与管理;唐将伟,博士,北京市社会科学院副研究员,主要研究方向为数字经济与治理;王鹏,北京市社会科学院管理研究所副研究员,主要研究方向为数字经济、数字政府、数据要素等。

北京市持续加强人工智能政策创新、产业发展、算力体系支持，取得良好的成效，与国际主要国家和城市的人工智能发展相比，呈现出追赶并逐渐拉近距离的态势。截至 2024 年底，北京市拥有人工智能企业超 2400 家，核心产业规模突破 3000 亿元，同比增长 12%，形成全链条完整布局。[①] 其中，人工智能创新指数排名全国第一、全球第二，集聚了智源研究院、国地共建具身智能机器人创新中心等一批新型研发机构。[②] 北京已经形成了全产业链的完整布局，尤其是人工智能大模型备案数量居全国第一位，如抖音的豆包、百度的文心一言大模型等成为国内首批参数破万亿级的大模型。同时还应当看到，北京在人工智能领域还面临一系列问题和挑战，人工智能发展仍然需要政府和企业、高校、科研院所等多方的共同努力。因此，厘清北京过去一年人工智能发展状况、总结北京在人工智能领域的特色，预判未来北京人工智能发展趋势，并提出相应的政策建议，对于未来北京建成全球人工智能发展高地，更好地服务于全球数字经济标杆城市建设，具有十分重要的理论和现实意义。

一 北京市人工智能发展政策概况

2024 年，北京市在人工智能发展方面陆续推出新的举措，先后联合多部门出台了多项政策，这些政策对于人工智能的发展起到了夯实产业基础、推动企业创新、促进成果快速转化的效果，对于推动北京人工智能创新发展产生了较好的促进作用。以下是北京市在 2024 年出台的相关政策。

一是出台人工智能多领域支持政策。2024 年 4 月，北京市发布了《北京市关于加快通用人工智能产业引领发展的若干措施》，从五个方面推动人工智能发展，具体从提升智能算力供给、强化产业基础研究、推动数据要素集聚、加快大模型创新应用、打造一流发展环境等五个方面提出 10 项具体

---

① 北京市科委、中关村管委会：《北京人工智能产业白皮书（2024）》，2024 年 12 月。
② 《北京人工智能创新指数居全球第二　核心产业规模突破 3000 亿元》，人民网，2025 年 1 月 12 日。

举措。这些措施的出台，对于形成对北京市人工智能全方位支持、构筑人工智能企业发展的政策底座起到了较好的作用。

二是加快人工智能算力基础设施建设。2024年4月，北京市发布了《北京市算力基础设施建设实施方案（2024—2027年）》，主要目标是从2024年开始大力发展算力基础，形成阶段性目标。到2025年北京市智算供给规模要达到45Eflops；到2027年北京市要实现智算基础设施、软硬件产品全栈自主可控，整体性能达到国内领先，具备100%自主可控智算中心能力。该方案对于优化北京市人工智能发展的顶层设计、推动人工智能全面发展起到了整体的推进作用。

三是推出"人工智能+"行动计划。2024年7月，北京市出台了《北京市推动"人工智能+"行动计划（2024—2025年）》（简称"人工智能+行动计划"）。该行动旨在推动产业发展，加快培育新质生产力，打造全国数字经济标杆城市，具体目标是到2025年，形成3~5个先进可用、自主可控的技术大模型产品，100个优秀行业大模型产品和1000个行业行动成功方案。同时对于重大标杆应用工程和示范性应用提供资金支持，最高不超过5000万元。当年全市模型券可兑换总额不超过1亿元，为人工智能的应用场景联合研发平台提供的联合研发投入支持最高不超过5000万元。

四是推动"人工智能+新材料"融合创新发展。2025年1月，北京市发布了《北京市加快推动"人工智能+新材料"创新发展行动计划（2025—2027年）》。该行动计划通过明确人工智能领域目标，进行产业支持，提出到2027年，北京市"人工智能+新材料"创新显著增强，新材料研发服务业态培育取得积极进展，形成国际领先的新材料创新策源地和人工智能高地。同时，北京市提出要在创新能力上居全球前列，产生一大批重大原创性成果，支撑体系基本成型，建成新材料大数据中心主平台服务门户，促进社会服务新模式、新业态加快涌现，培育新材料研发外包业态。同时，聚焦融合创新源头攻关、新材料数据设施建设、构建智能实验室等方面，凝练出18项具体任务。这些政策的推出，对北京市2024年涌现出一大批人工智能成果起到了较好的促进作用。

北京市推出的上述政策对于推动人工智能相关产业发展起到了较好的作用。2024 年，北京市在人工智能大模型方面取得了进步，大模型呈现出数量大、增速快、聚焦场景落地等发展特征。同时，北京市形成了百余款大模型产品，占全国的一半。北京市积极研判人工智能发展趋势，紧跟国际发展潮流，结合国际创新中心的战略定位，统筹教育科技人才一体化发展，充分发挥有为政府和有效市场的双轮驱动效应，推动了人工智能高质量发展，奠定了北京市在人工智能和算力经济方面的领先地位。

二　北京市人工智能领域发展成效

北京市作为我国人工智能研发高地，汇聚了国内顶尖的人工智能创新要素资源，吸引了一大批人工智能领域创新人才，拥有全国最多的国家重点实验室、工程研究中心和人工智能学者。全市高被引科学家数量居全球创新城市首位、顶尖人工智能人才学者和论文数量均列全国首位，人工智能创新要素的集聚带动北京市人工智能应用获得了进一步的发展。

（一）技术创新引领全球，全链条创新体系成型

北京依托国家级科研机构与高校资源，构建"基础研究—技术攻关—产业转化"的全链条创新生态。在核心技术领域，智源研究院推出的全球首个原生多模态大模型 Emu3 支持跨模态推理、清华大学研发的"太极"芯片突破传统架构限制、量子计算云平台 Quafu 综合性能居世界前列。此外，6G 试验网完成通信与智能融合技术验证，脑机接口技术"北脑一号"进入临床试验，推动医疗康养场景智能化升级。截至 2025 年 3 月，北京大模型备案数量达 105 款，占全国的近半数，抖音"豆包"、百度"文心一言"等大模型参数规模突破万亿级，技术性能对标国际顶尖水平。

（二）产业集群规模领先，政策与资本双轮驱动

北京人工智能企业数量超 2400 家，核心产业规模突破 3000 亿元，占全

国的近 40%。海淀区作为全国唯一的国家级人工智能先进制造业集群，备案大模型 76 款（占全市的七成），联动京津冀形成产业协同网络。经开区聚焦具身智能，国地共建的"天工"人形机器人具备每小时 10 公里奔跑能力，并计划参与全球首场人形机器人半程马拉松。政策层面，北京设立百亿级规模人工智能产业基金，实施"伙伴计划"，汇聚 260 家企事业单位。数据基础制度先行区探索数据跨境流通机制，北数所上架数据产品超 3000 个。

（三）场景赋能千行百业，智能化转型纵深推进

"人工智能+"行动已覆盖医疗健康、智能制造、智慧城市等十大领域。医疗健康领域，AI 辅助诊断系统覆盖 90% 的三甲医院，三类 AI 医疗产品获批数量居全国第一位；智能制造领域，国产车规级芯片上车应用率提升至 60%，工业互联网标识解析量超 88 亿次，推动汽车、电子产业数字化升级。智慧城市建设领域，高级别自动驾驶示范区覆盖 600 平方公里，L4 级车辆实现常态化测试，智慧交通系统整合路网数据提升出行效率。金融与政务领域，"长安链"技术支撑税务、电网系统的可信数据流通，金融数据专区累计调用量达 3.7 亿次。

（四）算力与数据双轮驱动，基础设施支撑全球标杆

北京建成公共智能算力 2.2 万 P，形成国内规模最大的环京算力带，并启动 E 级智能算力高地建设。数据要素市场化改革成效显著，人工智能数据运营平台汇聚超 150 个高质量数据集，数据基础制度先行区率先探索跨境流通机制。创新生态方面，基于 25 家标杆孵化器和 40 个特色产业园构建企业培育体系，拥有国家高新技术企业达 2.97 万家、独角兽企业 115 家，创新密度居全国首位。海淀区"京西智谷模型调优工场"为中小企业提供算力、算法、数据一体化服务，降低 AI 研发门槛。

（五）未来产业前瞻布局，新质生产力加速培育

北京将具身智能列为战略发展方向，发布《北京具身智能科技创新与

产业培育行动计划（2025—2027年）》，目标到2027年形成千亿级产业集群。人形机器人"天工"已具备复杂地形适应能力，并计划通过国际赛事来验证其技术成熟度。在6G、量子科技等前沿领域，毫米波与可见光融合组网技术进入试验阶段，量子孵化器助力企业加速集聚；合成生物制造产业规模突破百亿元，AI与新材料融合成果如"泰坦合金"实现成本降低30%。

三　北京市人工智能发展中存在的不足

北京市依托独特的条件和资源禀赋，在人工智能发展方面取得了显著的成效，但是必须认识到北京市的人工智能发展仍存在提升的空间，特别是人工智能基础优势有待进一步发挥。

（一）人工智能基础优势有待发掘

北京市在人工智能领域的独特优势包括人工智能基础研究机构多、高校多，具有丰富的科研资源，即以清华大学、北京大学、中国科学院等为代表的知名大学和科研院所及其大量高水平的研究人员，集聚了人工智能发展所需要的人才、研发中心、实验室、科学装置平台等基础资源。同时，北京市还成立了新的研究机构，如北京智源人工智能研究院，这些都是北京市在发展人工智能方面的有利条件。目前北京市人工智能基础优势仍然未能充分发挥，在人工智能重要基础领域尚未产出重大理论创新以及突破关键"卡脖子"技术的创新成果。

（二）人工智能突破性成果仍需提升

当前全球人工智能发展迅猛，世界主要城市都在加快布局人工智能产业，也产生了具有较大影响力的成果，如国际人工智能代表OpenAI、谷歌、Grok-3等的突破性成果给全球人工智能发展带来了重要的影响。国内人工智能大模型的代表DeepSeek、宇树科技等也同样受到全球科技龙头企业的高度关注，而北京市在人工智能领域尚未推出世界级研究成果。因此，尽管

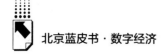

北京在人工智能基础领域具有独特优势，但是仍然缺乏人工智能领域的突破性成果，这是北京市未来人工智能发展中要着力解决的问题。

（三）人工智能应用场景有待加强

人工智能产业发展需要综合发挥基础研究、应用技术研究和应用场景的协同效果。当前北京市在人工智能基础研究以及应用研究领域的发展处于国内领先地位，但是人工智能应用场景发展相对薄弱，这制约了北京人工智能产业在全国乃至全球的影响力提升。人工智能应用场景需要依托于一定的产业基础，而北京受到非首都功能纾解和多方因素的制约，人工智能产业应用场景相对匮乏，这是当前制约北京市人工智能基础研究和成果转化的症结所在。同时，由于缺乏强大的人工智能应用场景，人工智能基础研究和应用研究的可持续性面临一定的挑战，当前北京市人工智能研究面临大而不强、多而不优的瓶颈。2024年以来北京市聚焦政策先行先试和产业规划等，推出了一大批人工智能发展政策和策略，并取得了一系列发展成效，但是未来仍然需要进一步加强。

（四）人工智能初创企业发展环境有待优化

北京作为我国人工智能产业的核心区域，在技术研发和人才储备方面具有显著优势，但其初创企业发展环境仍需进一步优化。北京的头部企业众多，占据了大量资源和市场份额，这使得初创企业面临较大的竞争压力，生存空间受到一定挤压。异军突起的DeepSeek虽在北京设立研发中心，但总部落地杭州，反映出北京在扶持初创企业方面仍有提升空间。同时北京较高的办公和居住成本，以及相对严格的落户政策，增加了初创企业的运营负担和人才吸引难度。相比之下，杭州凭借灵活的支持政策和较低的运营成本，吸引了众多初创企业落地生根。例如，杭州通过建立"防打扰办"等机制优化营商环境，并通过房租补贴、技术实验场地支持等措施降低企业创新成本。同时，北京的人才评价体系仍欠完善，重学历和论文而轻实践能力和创新能力，这在一定程度上影响了初创企业对多元化人才的吸引。而杭州在人才评价上更加注重实践能力和创新成果，为初创企业提供了更广阔的发展空间。

四 北京市人工智能发展建议

目前，北京市在人工智能领域的资源禀赋和产业要素等优势仍然较为明显，加上政府高度重视人工智能发展，政策支持力度较大，因此，北京市未来人工智能发展有十分广阔的前景。具体而言，应当从以下几个方面加强政策落地落实。

（一）加强优势产业政策支持

人工智能的进一步发展离不开产业政策的强有力支持，从而不断夯实人工智能发展的政策基础，推动数字经济标杆城市建设再迈出新步伐。发展人工智能是北京市数字经济标杆城市建设的重要内容。在未来发展过程中，要结合产业优势，按照北京市产业发展规划，坚持技术创新和多模态发展，加快智能体的应用，协同数据算力和算法，力争2~3年培育10家以上全球百强人工智能领军企业，打造具有技术主导力、技术引领力的人工智能产业集群。同时，北京应当重点推进核心技术攻关和科技成果转化，优化基础设施核心要素布局，构建产业发展生态雨林，深入实施"人工智能+"行动，以此，建立赋能机制，使人工智能大模型在制造、教育和医疗行业落地。加强人工智能3.0、互联网3.0高端处理芯片研发和通信传输网络、超高清晰显示区块链攻关，不断提升在人工智能领域的核心技术水平。

（二）打造人工智能文化产品应用场景

北京市要结合自身城市发展定位，不断创新人工智能场景，努力打造10个以上的科技赋能文化标杆应用场景。按照北京市的科技赋能文化领域创新发展行动计划，到2027年，要通过科技赋能文化产业，推动文化产业规模达到2万亿元，同比增长7.5%，上市文化企业83家，占比23%，努力推进虚拟人数字演唱会、沉浸式、电影院的建设。北京市应当进一步聚焦文化产品需求，打造文化智慧应用场景，推进文化基础设施智能化改造升级，重点推进博物馆、剧院和公共设施的数字化智能化改造升级，促进时空隧道和博物馆等应用场景建设，推动智能穿戴等新技术在游戏领域的应用，推进前沿技术和科幻产业深化发展，推出科幻影视垂类大模型，推动一批大制作、高口碑的客影融合项目和客影融合示范基地加速落地，探索 AI 云端制作虚拟拍摄等技术在科幻制作中的应用。

（三）坚持技术创新和多模态发展

北京人工智能应当以技术创新和多模态发展为基本思路，打造技术创新企业和创新集群，力争 2~3 年内培育 10 家以上世界百强人工智能领军企业，打造具有技术主导力、国际引领力的人工智能集群。大力发展算力经济，打造集成电路研发生产基地，以算力经济为底座，支撑人工智能发展，发挥大电力、大数据、大规模等产业优势，推动大模型发展。

（四）打造人工智能发展标准

北京在人工智能发展方面，还要发挥政策标准策源地优势，成为人工智能发展标准化的引领者。2025 年北京市提出了制订人工智能标准化纲要，要求加快出台全球人工智能创新测验及实施方案，吸引在京企业参与人工智能标准化工作，这将有力推进北京市人工智能标准化。基于标准化形成产业发展，通过标准化研究院的成立，使北京市在前沿技术上聚焦数据基础支撑和关键技术的标准研究，同时加强社会风险和伦理管理，研究人工智能技术应用带来的潜在风险伦理和准入问题，加强应用场景建设，针对"人工智能+"遇到的共性问题，制定标准化解决方案，推动人工智能发展。

（五）聚焦人工智能重点领域

未来北京市人工智能发展应当聚焦重点领域，推出一批具有影响力的成果和企业，促使信软、生物医药、智能网联车等与人工智能融合发展。特别是要把握新能源汽车产业发展机遇，将京津冀打造为我国重要的汽车产业基地，实现京津冀三地联合建设，形成较大规模的京津冀汽车生态港，打造立足于京津冀辐射北方七省的智能网联、新能源汽车等供应链保障基地，建成国内领先的汽车零部件测试验证生产基地。充分整合北汽、小米、长城、吉利、蔚来等头部汽车企业的优势，着力打造国内最大的智能网联汽车城市应用场景。同时，在自动驾驶解决方案、基础设施建设、应用场景示范方面，继续巩固在这些领域的优势，打造世界一流的智能网联、新能源汽车集群，构造完善的智能网联车生态，增强新质生产力发展动能。

（六）加大对人工智能初创企业的支持力度

杭州聚焦"应用—技术闭环"优势，以阿里生态赋能 DeepSeek 等初创企业，通过低成本算力支持与商业化场景验证加速技术落地，同时引导杭州科创基金、创新基金关注长期价值投资，为中小企业创造成长空间。北京作为国家战略科技力量集聚地，未来应积极推动央企与民营企业协同创新，如鼓励国家电网 AI 研究院等机构开放技术接口，联合中小企业共建垂直行业解决方案；同步优化"算力券 2.0"政策，设立初创企业专用算力池与人才共享平台，并通过"揭榜挂帅"机制引导 AI 巨头与初创企业联合攻关，形成"大企业搭台、小企业唱戏"的共生生态，全面激活创新效能。此外，杭州的民营资本活跃，投资决策快，更愿意支持早期项目，且政府引导基金与市场化资本结合紧密。而往往资本更偏好成熟项目或硬科技领域，对早期 AI 企业的支持力度相对不足。因此，要加强早期资本支持，北京应当借鉴杭州市场化配置机制，设立国资占比小于 30% 的创投引导基金，设立 AI 天使基金，规模为 50 亿元，重点支持种子期、初创期项目。

（七）增强对人工智能人才的吸引力

北京要促进人工智能产业发展，就必须降低人才生活成本，并改善创业

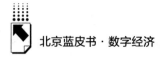

环境。首先是加强住房保障，在昌平、亦庄等区域可建设 AI 人才公寓，租金低于市场价 30%。提供创业支持，设立 AI 青年创业基金，为 35 岁以下创业者提供最高 500 万元的无息贷款，达成 2025 年前吸引 1 万名 AI 领域青年人才来京创业就业的目标。发展人工智能产业，北京应当降低创新"摩擦力"，降低空间成本、优化人才政策。此外，杭州高校教师可保留编制创业，北京可以此为借鉴，允许科研人员带编入驻企业 3 年，以促进人才流动。

参考文献

杨学聪：《北京海淀建设最具价值投资之城》，《经济日报》2025 年 2 月 21 日。

徐鹏航、宋晨：《全国首个！罕见病有了 AI 大模型》，《新华每日电讯》2025 年 2 月 21 日。

韩沛：《一批"人工智能+"领域合作意向达成》，《南宁晚报》2025 年 2 月 21 日。

谭天、刘树林：《我国人工智能治理研究需要范式创新》，《新闻爱好者》2025 年第 2 期。

潘俊强：《北京数字经济发展动能澎湃》，《人民日报》2025 年 2 月 13 日。

曹政：《今年北京工业固定资产投资将达千亿》，《北京日报》2025 年 2 月 5 日。

钱贵明、阳镇、师磊：《AI 大模型产业政策体系重塑：美国经验与中国路径》，《技术经济》2025 年第 1 期。

姜红德：《打造人工智能产业高地，加速国产算力商用》，《中国信息化》2025 年第 1 期。

张宇、李祺瑶：《北京发展人工智能优势突出》，《北京日报》2025 年 1 月 16 日。

郭凯明：《人工智能发展、产业结构转型升级与劳动收入份额变动》，《管理世界》2019 年第 7 期。

B.10
北京高级别自动驾驶示范区建设现状及问题、对策研究

王 鹏 朱邨 王浩旭*

摘　要： 为落实国家战略，推动自动驾驶技术发展，北京市高级别自动驾驶示范区启动建设。北京市良好的基础环境为示范区建设提供了有力支撑，示范区作为加快推动智能交通高质量发展的重要平台，是实现自动驾驶技术应用的试验田。自2020年以来，示范区建设稳步推进，规划落地、明确蓝图、夯实基础；政策赋能、制度创新，为建设保驾护航；企业汇聚、众多企业入驻，激发发展活力；多元驱动、积极引领，拓展合作版图。同时，示范区在基础设施建设、科技创新和产业合作等方面取得了阶段性进展，为推动先进技术的商业化应用奠定了基础。当前，示范区建设面临顶层设计缺乏、法律法规不完善、技术挑战等问题。这些困难可能会影响项目的可持续发展和广泛应用。因此，未来应从多方面着手，加强顶层设计，确保各项政策协调一致；完善相关法律法规，确保行业规范发展；促进产业链的协同发展，提升整体竞争力。通过深化改革与加强创新，北京将进一步释放自动驾驶技术的发展潜力，加快推进智慧城市建设，力争在国际舞台上树立标杆，为全球智能交通与城市治理贡献中国方案、中国智慧。

关键词： 高级别自动驾驶示范区　产业链协同　智慧城市

---

* 王鹏，北京市社会科学院管理研究所副研究员，主要研究方向为数字经济、数字政府、数据要素等；朱邨，上海立信会计金融学院，主要研究方向为公共政策；王浩旭，中央财经大学，主要研究方向为经济统计。

169

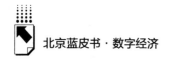
一 北京高级别自动驾驶现状

在全球科技革命和产业变革的浪潮中，北京市积极抢抓机会，成为高级别自动驾驶领域的先行者。自2020年9月北京市规划建设全国首个高级别自动驾驶示范区以来，迅速开展了一系列建设活动，彰显了在智能网联汽车领域的引领地位。

（一）规划落地：锚定蓝图，夯实示范区建设根基

北京市高级别自动驾驶示范区建设在持续推进中，从最初的设计规划到现阶段的实施落地，已经取得了显著的进展。示范区建设分为多个阶段，正处于从3.0阶段向4.0阶段过渡的关键时期。在三级阶段，示范区主要聚焦基础设施搭建以及支持自动驾驶测试的政策环境建设，通过规划和建设智能交通基础设施，为后续的高级别自动驾驶提供硬件支持。

北京市政府已承诺在示范区内完成400余个智能交通路口的智能化改造，应用先进的感知设备，以提升交通安全与效率，降低交通事故发生率。这些基础设施的完善为自动驾驶车辆提供了必要的技术环境，大大提升了自动驾驶的可操作性。预计在接下来的几年中，随着更多基础设施的落成，自动驾驶车辆的保有量将大幅提升。

示范区还致力于成为全国范围内的自动驾驶技术创新策源地。为此，政府主动引导行业内的科研机构和企业进行技术攻关和研发合作，加速技术迭代和更新。通过创造有利的创新生态环境，北京市为更多的初创企业提供了发展空间，从而推动技术创新与产业化的同步进行，以更好地适应未来市场的变化。

（二）企业汇集：众企入驻，唤醒示范区发展活力

随着技术不断演进，北京市高级别自动驾驶示范区内汇聚了众多国内外顶尖科技企业，包括自动驾驶算法、传感器制造等领域的领军者都在此寻求

技术突破和市场机会。这一现象不仅为北京市带来了大量人才及人力资源，同时还在行业内形成了良好的技术交流氛围，促进了知识的快速传播与应用。

在技术应用层面，示范区内已经形成了"车路云网图"的整体布局。[1]这一布局将车辆、道路、云计算及网络等各个要素紧密结合起来，实现了信息实时交互和自动驾驶车辆的智能控制。通过大数据分析与人工智能算法的深度应用，自动驾驶车辆能够更好地识别和应对复杂的交通场景，提升出行安全和效率。

此外，北京市还加强了与研究机构、高校的合作，共同推动自动驾驶技术的基础研究与应用实践。例如，部分高校已设立专门的研究中心，着眼于自动驾驶关键技术攻关，如高精度地图、传感器融合、深度学习等。这种多元化的创新环境为北京市奠定了扎实的技术基础，提升了在全球自动驾驶领域的竞争力。

（三）政策驱动：创新机制，保障示范区创新发展

北京市十六届人大常委会第十四次会议表决通过《北京市自动驾驶汽车条例》，并于 2025 年 4 月 1 日起开始施行。该条例坚持"发展"和"安全"两手抓，既兼顾当前技术进步、产业发展的需求，也为未来留出空间，重点在自动驾驶技术创新、基础设施规划建设、上路通行管理和安全保障等方面作出了规定，为 L3 级及以上自动驾驶汽车市场主体提供清晰、透明、可预期的制度规范。根据该条例，北京市支持自动驾驶汽车服务于个人乘用车、城市公共汽电车、城市运行保障等出行场景。自动驾驶车辆经过道路测试、示范应用、安全评估等程序后，可申请开展道路应用试点。[2]

政策环境是高级别自动驾驶发展的重要保障。北京市政府在推动示范区

---

[1] 《2022 年北京市高级别自动驾驶示范区建设发展报告正式发布》，北京亦庄微信公众号，2023 年 5 月 17 日。

[2] 《〈北京市自动驾驶汽车条例〉将于 2025 年 4 月 1 日施行 本市支持自动驾驶汽车用于个人乘用车出行》，新华网，2025 年 1 月 1 日。

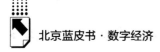

建设的过程中出台了一系列措施,从法律法规到支持政策全方位助力自动驾驶发展。

北京市针对自动驾驶的监管政策和标准相继出台。例如,市人大常委会将自动驾驶相关条例列入立法计划,以确保在法律层面为自动驾驶发展提供充分的支持。这些法规不仅可以帮助规范企业的行为,也为消费者提供了安全保障,有助于增强公众的信任感和接受度。

北京市政府积极推进智能驾驶试点工作,通过设立专项资金、产业引导基金等方式,为自动驾驶企业提供经济支持。这些政策的实施有效降低了企业的研发和测试成本,激励行业内各方进行创新探索。与此同时,通过开放测试道路和场景,北京市为企业创造了实地验证技术的机会,加快了技术的落地与应用。

下一步,北京市将持续推动打造双智城市4.0标杆工程,坚持科学规划、分级建设、数据驱动、全域协同,构筑产业发展新生态。重点推进六环内区域基础设施智能化升级,构建四级智慧路口体系,分级分类对路口实施精准智能化改造,支撑自动驾驶、智慧交通、智能停车等多场景需求。建设"1+N"统一数据底座,汇聚交通、交管、信控等六大类数据,挖掘数据价值助力智慧城市精细化管理。落实《北京市自动驾驶汽车条例》,同步扩展政策先行区,推动知名景点、重点场站等场景持续落地,实现政策与场景双突破。携手津冀持续发挥"智能网联汽车准入"与"车路云一体化"试点示范作用,构建高效协同、互认互信的标准体系,为自动驾驶技术迭代完善、智能网联汽车发展提供京津冀样板。

二 面临的难点与挑战

(一)多部门协同难点

1.上下游产业链的协调问题

自动驾驶产业涵盖从硬件制造到软件开发、从交通管理到用户体验的多个方面,但各环节之间的合作和资源共享仍不够顺畅。上游零部件生产商、软件开发公司、车企和下游的物业服务、维护保养公司之间缺乏有效的沟通，导致信息不对称，削弱了整体效率。例如，汽车制造商在生产新车型时，未能及时与技术开发公司共享需求，导致产品的功能无法完全满足市场需求，从而影响销售。

2. 技术标准与规范的统一性

不同企业的产品和技术标准往往不尽相同，这使得实现技术互通和整体系统集成变得困难。缺乏统一的行业标准，会影响产业的健康发展，也使得消费者面临选择困境。因此，建立行业标准和规范的必要性不言而喻，以提升整体的协同能力。有关部门应尽快出台相关标准，并推动企业在技术标准制定上开展合作，以形成行业合力。

3. 跨界协同创新的难度

自动驾驶的实现需要多方的协同合作，包括汽车制造商、科技公司、政府部门等。然而，各行业由于在文化、理念、利益等方面的差异，往往难以实现高效协同。这种跨界合作的困难限制了技术的整合与应用，因此需要寻找更有效的协作模式，推动各方在自动驾驶领域的合作交流。相互理解与信任将成为打破壁垒的关键，进而形成一个共赢的创新生态。

（二）法律法规矛盾

1. 现行法律法规与新技术的冲突

交通法、道路安全法等传统法律法规并未充分考虑到自动驾驶技术的特殊性。在一些情况下，现行法规对自动驾驶车辆的使用和规范并不适用，这使得企业在合法性方面面临困境。例如，很多自动驾驶测试车辆在合法进入公共道路时面临诸多限制，影响了技术的测试与迭代。

2. 安全责任认定模糊

在传统驾驶模式下，事故责任相对容易界定。而在自动驾驶场景下，责任认定变得复杂，涉及软件开发者、车企、用户等多个主体。[①] 缺乏明确的责任划

---

① 《L3 自动驾驶同步登陆北京、武汉，理想、比亚迪等多家车企已全面备战，新能源车企如何应变？》，https：//www.zhihu.com/question/8797505063/answer/72245531265。

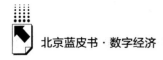

分会导致事故处理过程中的法律纠纷，对消费者的信任也造成负面影响。

3. 标准体系缺失

在自动驾驶快速发展的过程中，具体的技术标准和安全规范的建立滞后于技术进步，导致行业标准化水平低。当前的标准体系和技术规范未能有效指导相关企业的生产和研发，造成市场上产品质量良莠不齐，从而增加了监管的难度。

（三）技术难题与挑战

1. 复杂环境下的决策能力

自动驾驶车辆在复杂城市环境中必须实时处理大量信息，涉及行人、交通信号、其他车辆等众多动态因素。如何在各种突发情况下做出快速且准确的决策，是目前技术发展面临的重大挑战之一。现有的感知技术和算法在某些非标准化场景下仍显不足，影响了自动驾驶系统的可靠性与安全性，例如，高峰时段的交通混杂情况、恶劣天气条件下的路面能见度降低等，都可能使先进的传感器和算法面临巨大的挑战，导致自动驾驶车辆无法做出正确反应。

2. 高精度地图的构建与更新

高精度地图是自动驾驶车辆行驶的重要依据，其构建与更新的成本非常高。面对城市施工、交通变化和天气因素等，高精度地图的动态更新难度大且周期长。这不仅要求技术团队具备高效的数据采集和处理能力，还需要结合实时反馈信息进行不断修正。因此，在实际中，保证地图信息的实时性和准确性，是需要解决的技术难题，同时也是实现高级别自动驾驶的前提条件。

3. 系统的安全性与防护机制

在网络安全形势日益严峻的今天，确保自动驾驶系统的安全性愈加重要。必须考虑到黑客攻击、数据泄露等问题，制定严格的安全标准和防护机制，以确保系统在运行过程中不被恶意侵入。这不仅是技术层面的问题，更涉及信任和法律保障。若自动驾驶系统被黑客攻击，可能导致交通事故或终端用户信息泄露，从而对企业形象和用户安全产生极大影响。因此，提升该领域的网络安全技术水平成为行业内的迫切需求。

三　对策与建议

（一）促进产业链的协同发展

1. 明确各方角色与责任

在自动驾驶产业链中，各参与方（如汽车制造商、技术开发商、基础设施提供者等）需要明确自身的角色与责任。政府应组织相关企业及行业协会，开展产业链研讨与协作活动，探索各环节的最佳合作模式，确保各方在产业链中能够实现协同共赢。

2. 建立标准化合作机制

制定行业内的标准和规范以提升各企业之间的合作效率。[1] 通过行业组织的介入，为行业企业提供标准化的合作框架，推动其在产品设计、技术应用、工程实施等方面的统一。标准化的合作机制有利于提升行业整体的发展质量，并为投资者带来更高的安全性和可靠性。

3. 促进跨界合作与技术交流

鼓励不同领域、不同层次的企业进行跨界合作，如科技公司与传统汽车制造商之间展开深度的合作。此外，举办技术交流会、展览和研讨会，为企业、研发机构和学术界之间搭建沟通的桥梁，加强信息流通与技术共享，鼓励创新的持续迭代与演进。

（二）推进立法工作

1. 不断完善法律法规

应根据具体情况不断完善《北京市自动驾驶管理条例》，从车辆准入、道路通行、运营管理、安全监管等方面进行全面规范。该条例应明确自动驾

---

[1] 《北京将加快推动机场、火车站往返城区的自动驾驶接驳场景对外开放》，《新京报》2025年1月2日。

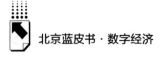

驶车辆的定义、设计标准及相应的管理责任，提供合法性的支撑，为行业发展创造良好的法治环境。

2. 加强与现行法律法规的衔接

在新规的制定过程中，需要充分考虑与现行法律法规之间的衔接，避免产生冲突。例如，可以针对《道路交通安全法》和《道路运输条例》等法规进行适配调整，确保自动驾驶的合法性和执行力，减少企业在应用过程中遇到的障碍。

3. 建立健全责任认定标准

针对自动驾驶汽车的安全责任问题，可以探索制定自动驾驶车辆事故处理的相关标准和流程，明确各方在事故中的责任。这不仅提升了法律的权威性，也减轻了消费者在使用自动驾驶技术时的心理负担，从而促进技术的广泛应用。

（三）不断破解技术难题

1. 增强复杂环境下的决策能力

提升自动驾驶系统在复杂环境中的决策能力，需要开发更高效、更智能的算法，特别是通过深度学习和强化学习等 AI 技术，提升车辆对动态环境的理解和反应能力。同时，建立逼真的虚拟测试环境，在降低测试成本的同时，快速迭代技术，以应对各种复杂情况。促进跨学科合作，结合计算机科学、电子工程、心理学等多领域的研究，完善系统的感知与决策机制，提高整体智能和安全水平。

2. 提升高精度地图的构建与更新能力

为了提升高精度地图的构建和更新能力，需要整合多样化的数据来源，充分利用卫星图像、交通监控和群众反馈等信息，加速地图更新，提高信息的动态性和准确性。使用自动化数据处理技术，如人工智能和机器学习，显著提升地图数据处理的速度和效率。此外，通过建立开放的合作平台，促进企业、政府和研究机构之间的数据和技术共享，统一标准，共同推动技术进步。

3. 强化系统的安全性与防护机制

为了增强自动驾驶系统的安全性，需建立健全网络安全防护体系，采用最新的加密技术和防火墙系统，以确保数据和系统的安全。定期进行全面的安全测试与漏洞修复，通过严格的安全审计和实践检验，确保系统的安全可靠。引入动态安全技术，部署实时威胁监测和自适应响应能力，有效提高系统应对攻击的能力，保障整体系统的完整性和用户数据的安全。

参考文献

《2022 年北京市高级别自动驾驶示范区建设发展报告正式发布》，北京亦庄微信公众号，2023 年 5 月 17 日。

《〈北京市自动驾驶汽车条例〉将于 2025 年 4 月 1 日施行　本市支持自动驾驶汽车用于个人乘用车出行》，新华网，2025 年 1 月 1 日。

《L3 自动驾驶同步登陆北京、武汉，理想、比亚迪等多家车企已全面备战，新能源车企如何应变?》，https：//www.zhihu.com/question/8797505063/answer/72245531265。

《北京将加快推动机场、火车站往返城区的自动驾驶接驳场景对外开放》，《新京报》2025 年 1 月 2 日。

B.11
北京数字人才政策量化研究[*]

李志斌　鄢圣文[**]

摘　要:　在数字经济时代下,人工智能 (AI) 等数字技术的发展对专业人才提出了更高要求。数字人才作为推动数字经济发展的关键因素,其队伍建设需要得到有效政策的支持和引导。本研究基于政策文本和 PMC 指数模型,构建了包含 9 个一级变量和 32 个二级变量的评价指标体系,对北京市数字人才政策进行了量化评价。评价结果显示,北京市对数字人才特别是人工智能领域的人才培养和引进给予高度重视,并从多个政策维度推动相关工作开展。然而,现有政策存在层级不高、缺乏长期目标等问题。因此,建议北京市应制订专项性的市级层次数字人才规划,特别是针对人工智能等核心领域,明确"引育留用"全链条策略,提高政策时效性,并建立政策实施的保障机制,以促进数字经济高质量发展。

关键词:　数字经济　人才政策　政策评价

一　引言

在全球化与信息化浪潮的推动下,数字经济正以前所未有的速度重塑全球经济格局。从电子商务到云计算,从大数据分析到人工智能,数字技术不

---

* 北京市社会科学院 2025 年一般课题"数字经济助推北京就业高质量发展的作用机制与关键路径研究"(课题号 01253600001) 的阶段性成果。

** 李志斌,北京市社会科学院管理研究所助理研究员,主要研究方向为公共服务、数字治理;鄢圣文,北京市社会科学院管理研究所副研究员,主要研究方向为人力资源战略规划、绩效和薪酬管理、劳动力市场理论与政策。

仅深刻改变了人们的生活方式，更为各国经济增长注入了新的活力。随着数字经济的纵深发展，数据要素化进程加速重构生产函数，技术创新迭代驱动产业变革，而复合型数字人才的战略价值已成为数字经济可持续发展中的核心变量。

北京市依托首都区位与科技创新优势，在数字经济领域展现出显著的资源禀赋与创新生态双重优势。2021 年 7 月，《北京市加快建设全球数字经济标杆城市实施方案》的出台，系统构建了"数字基建—数据要素—产业转型—治理创新"四位一体的实施路径，明确到 2030 年实现数字经济全要素生产率国际领先的阶段性目标。在制度设计层面，北京市已形成覆盖数字技术研发、数字产业化集群培育、数据要素市场化配置、数字治理体系重构的立体化政策矩阵。在数字经济的诸多要素中，数字人才是推动产业创新和经济转型的核心驱动力。北京市高度重视数字人才的培养与引进，通过政策引导和制度创新，构建了较为完善的数字人才政策体系。这些政策不仅包括对高端数字技术人才的引进与激励，还涵盖了对数字技能人才的培养与认证，以及对数字经济相关学科的建设与支持。例如，《北京市加快数字人才培育支撑数字经济发展实施方案（2024—2026年）》明确提出，通过建设数字战略科学家梯队、支持数字领军人才成长、培育数字技术工程师等措施，打造一支为北京数字经济发展贡献重要力量的数字人才队伍。

然而，尽管北京市在数字人才政策方面已经取得了显著进展，但在人工智能这一关键领域的人才培养和引进上，尤其是在政策的系统性、协同性以及实施效果方面仍面临诸多挑战。一方面，数字经济特别是人工智能技术的快速发展要求政策能够动态调整，以适应不断变化的技术趋势和市场需求；另一方面，数字人才政策的有效实施，包括人工智能人才政策的落地，需要跨部门的协同合作，以及对政策实施效果的科学评估。

因此，系统性地分析北京市数字人才政策的现状、问题与优化路径，特别是人工智能领域的政策，对于推动北京市数字经济高质量发展具有重要的理论与现实意义。这不仅能够促进 AI 技术的创新和应用，还能为其他城市提供参考，共同推动我国在全球数字经济竞争中居于领先地位。

本研究旨在通过 PMC（Policy Modeling Consistency）指数模型对北京市数字人才政策进行量化分析，评估政策的一致性、完整性和协同性，并提出针对性的改进建议。通过这一研究，期望为北京市数字人才政策优化提供参考依据，同时也为其他城市在数字经济领域的政策制定提供借鉴。

二　文献述评

在政策的文本分析中，吕文晶等构建了"政策工具和创新过程"二维政策分析框架，采用内容分析法对政策文本进行系统研究。[①] 彭志文利用"政策工具—政策目标"匹配模型，对 2021 年 7 月至 2022 年 9 月北京市级层面发布的 17 个相关政策文件进行了内容量化分析。[②]

在量化分析方面，PMC 指数模型被广泛应用于政府政策的研究中。该模型通过提取政策文本中的高频词，构建指标体系，并对政策进行量化评价，从而揭示政策文本的特征和存在的问题。[③] 一些学者利用 PMC 模型对我国不同地区的数字经济政策[④]或者创新政策[⑤]进行了量化评价研究。

尽管已有研究在数字经济政策的分析方法和工具有效性方面取得了显著进展，但仍存在一些不足。首先，当前研究大多采用定性或定量单一研究思

---

① 吕文晶、陈劲、刘进：《政策工具视角的中国人工智能产业政策量化分析》，《科学学研究》2019 年第 10 期。

② 彭志文：《全球数字经济标杆城市建设的"政策缺口"——基于北京市政策内容的量化分析》，《北京社会科学》2023 年第 9 期。

③ 方思越、刘清：《政策文献量化研究中的 PMC 指数模型应用述评》，《现代情报》2024 年第 4 期。

④ 任莎莎：《基于 PMC 指数模型的北京市人工智能政策量化评价》，《全球科技经济瞭望》2021 年第 10 期；臧维、张延法、徐磊：《我国人工智能政策文本量化研究——政策现状与前沿趋势》，《科技进步与对策》2021 年第 15 期。

⑤ 张永安、耿喆：《我国区域科技创新政策的量化评价——基于 PMC 指数模型》，《科技管理研究》2015 年第 14 期；张永安、郄海拓：《国务院创新政策量化评价——基于 PMC 指数模型》，《科技进步与对策》2017 年第 17 期。

路，对数字经济政策进行分析，而综合运用多种方法的研究相对较少。其次，现有研究多从宏观角度对政策文本进行分析，对政策文本具体内容的深入分析不足，特别是在政策实施效果和政策协同性方面的研究仍有待加强。此外，现有研究中对数字经济政策中数字人才政策的关注相对较少。尽管数字人才是推动数字经济发展的关键要素，但大多数研究集中在政策工具的量化分析和政策目标的宏观描述上，对数字人才政策的具体内容、实施路径及其对数字经济的支撑作用的研究仍处于起步阶段。因此，未来的研究需要进一步加强对数字人才政策的系统性分析，探索数字人才政策与其他政策之间的协同作用，以及数字人才政策在推动数字经济高质量发展中的具体机制。

综上所述，尽管数字经济政策的研究已经取得了一定的成果，但在研究方法的创新、政策内容的深入分析以及数字人才政策的系统研究方面仍存在较大的发展空间。本研究将聚焦北京市数字人才政策，通过 PMC 指数模型对其政策文本进行量化分析，揭示政策的特征、优势及不足，并提出有针对性的优化建议，以期为数字经济政策完善提供新的视角和方法。

三　北京市科技人才政策文本内容分析

（一）数字人才政策选取与来源

自 2020 年以来，北京市围绕数字经济发展需求，出台了多项聚焦数字人才的政策文件，涵盖了人才培养、引进、激励以及产业支持等多个方面，形成了较为完善的数字人才政策体系。

2020 年，《北京市促进数字经济创新发展行动纲要（2020—2022 年）》明确了北京在数字经济领域的战略目标，强调加强数字人才培养和引进，支持高校与企业合作培养高水平数字人才，并鼓励高校设立数字技术相关专业和课程。

2021 年，《"十四五"时期北京国际科技创新中心建设规划》设立了

"人才梯队建设工程"，构建了"基础研究+技术攻关+成果产业化+科技金融"四位一体的人才培养机制，为数字人才的多层次发展提供了系统性支持。同年，《北京市关于进一步加强新时代高技能人才队伍建设的意见》提出了加强数字技能人才培训、提升职业院校教学质量以及建立多元化人才评价体系等多项措施。此外，《北京市关于支持人工智能创新发展的若干措施》和《北京市关于支持区块链创新发展的若干措施》等文件，分别针对人工智能和区块链领域，提出了设立专项基金、鼓励高校与企业联合培养专业人才、提供人才落户和住房补贴等优惠政策支持。《北京市关于促进数字贸易高质量发展的若干措施》进一步拓宽了数字人才政策的国际化视野，提出支持国际人才交流、鼓励海外高层次数字人才来京工作，并提供签证便利和生活服务保障等措施。这些政策文件和措施共同构成了北京市在数字人才方面的综合政策体系，通过多方面的支持和激励，推动数字人才培养和引进，进而促进数字经济的快速发展。

表1　北京市关于数字人才的政策名录

时间	发文部门	政策名称	有关数字人才的内容
2020年9月	北京市经济和信息化局	《北京市促进数字经济创新发展行动纲要（2020—2022年）》	提出建设数字经济人才高地，推动教育体系与产业需求对接，支持高校设立数字人才、大数据等专业，加强数字技能培训
2020年6月	北京市人民政府	《北京市加快新型基础设施建设行动方案（2020—2022年）》	加快5G网络、数据中心、人工智能等新型基础设施建设，支持相关领域人才的培养和引进
2021年8月	北京市经济和信息化局	《北京市"十四五"时期高精尖产业发展规划》	通过政策支持、资金投入和平台建设等方式，加强数字人才的培养和引进
2021年3月	北京市人力资源和社会保障局	《北京市关于进一步加强新时代高技能人才队伍建设的意见》	加大对数字技能人才的培训力度，提升职业院校和培训机构的教学质量，建立多元化的人才评价体系

时间	发文部门	政策名称	有关数字人才的内容
2021 年 6 月	北京市经济和信息化局	《北京市关于支持创新型中小企业的若干措施》	对数字技术领域的中小企业给予税收优惠、资金支持等，鼓励这些企业吸引和培养数字人才
2021 年 7 月	北京市科学技术委员会	《北京市关于支持人工智能创新发展的若干措施》	设立专项基金支持人工智能项目研发，鼓励高校和企业联合培养人工智能专业人才，提供人才落户、住房补贴等优惠政策支持
2021 年 8 月	北京市经济和信息化局	《北京市关于促进软件和信息服务业高质量发展的若干措施》	加强数字人才培养，支持企业和高校共建实训基地，提供人才引进和留用的政策支持
2021 年 10 月	北京市商务局	《北京市关于促进数字贸易高质量发展的若干措施》	支持国际人才交流，鼓励海外高层次数字人才来京工作，提供签证便利和生活服务保障
2021 年 10 月	北京市经济和信息化局	《北京市关于支持区块链创新发展的若干措施》	设立区块链专项基金，鼓励高校开设区块链相关课程，支持区块链企业吸引和培养高端人才
2021 年 11 月	北京市经济和信息化局	《北京市关于支持大数据产业发展的若干措施》	加强大数据人才培养，支持企业和高校共建大数据实验室，提供人才引进和留用的政策支持

在这些政策文件中，2021 年 8 月市政府发布的《北京市关于加快建设全球数字经济标杆城市的实施方案》比较系统全面地提出北京建设中国数字经济发展"北京样板"、全球数字经济发展"北京标杆"，其中包括部分数字人才的内容。2024 年 7 月，北京市人社局等九部门联合发布的《北京市加快数字人才培育支撑数字经济发展实施方案（2024—2026 年）》作为2020 年以来北京在数字人才政策领域的核心文件，提出了 16 条"硬核"措施，系统性地提出了数字人才队伍建设的目标、路径和保障措施，反映了北京市数字人才政策的重要发展方向。

表 2　关于数字人才的政策文件

时间	发文部门	政策文件	有关数字人才的核心内容
2021 年 8 月	北京市人民政府	《北京市关于加快建设全球数字经济标杆城市的实施方案》	将人才作为核心要素,通过"高精尖产业人才计划"引进海内外数字人才,聚焦数字人才、量子信息等领域的人才培养,推动产学研协同育人
2022 年 11 月	北京市人民代表大会常务委员会	《北京市数字经济促进条例》	明确加强数字人才引进与培养,支持高校与企业联合培养复合型人才,推动国际职业资格互认,鼓励企业开展数字技能人才在职培训
2023 年 6 月	北京市人力资源和社会保障局	《北京市数字技术技能人才培养实施方案》	聚焦数字技术技能人才培育,提出校企合作、产教融合等路径,推动数字技术工程师职称认定与技能等级衔接,支持企业自主开展职业技能等级评价
2024 年 7 月	北京市人社局、发改委等九部门	《北京市加快数字人才培育支撑数字经济发展实施方案(2024—2026 年)》	提出 16 条措施,重点培养四类数字人才(战略科学家、领军人才、技术人才、技能人才),包括设立首席数据官制度、推行"新八级工"制度、举办数字工程师创新创业大赛、对高层次人才实行年薪制等

(二)数字人才政策主题分析

本研究收集到的政策文件多为专项的规划和政策措施,关于数字人才的政策多为其中的一小部分,故数字人才政策主题分析仅对最全面系统的《北京市数字技术技能人才培养实施方案》(2023)和《北京市加快数字人才培育支撑数字经济发展实施方案(2024—2026 年)》两份文件加以分析。

首先,用质性分析软件 Nvivo20 对上述两份文件进行分词处理;其次,对处理后的政策文本提取高频主题词,得到数字人才政策文本词频分布情况,如表 3 和图 1 所示。

表 3　数字人才政策词频分布

主题词	计数	加权百分比	主题词	计数	加权百分比
技术	98	3.09	培育	22	0.69
培训	70	2.20	服务	21	0.66
专业	84	2.08	工程	21	0.66
培养	63	1.98	人力	21	0.66
技能	56	1.76	人员	21	0.66
经济	39	1.23	中心	21	0.65
机构	38	1.20	国家	22	0.63
建设	36	1.13	产业	20	0.63
领域	36	1.09	证书	19	0.60
职业	68	1.07	市级	19	0.60
社会	30	0.94	评价	18	0.57
支持	34	0.94	提升	20	0.57
发展	33	0.93	数据	18	0.57
组织	43	0.91	工作	33	0.56
企业	29	0.91	水平	19	0.55
保障	25	0.79	单位	17	0.54
项目	28	0.76	职称	17	0.54
资源	24	0.76	工程师	16	0.50
实施	25	0.72	管理	28	0.47
创新	23	0.72	协调	20	0.47

　　对政策文本高频主题词进行分析能够快速聚焦政策文本的核心内容。北京数字人才政策文本高频主题词包括技术、专业、培训、培养、技能和机构等。这些高频主题词反映出我国当前数字人才政策的重点在于数字技术技能人才的培训与培养等。通过观察表 3 中其他高频主题词可以发现，政府非常重视基于技术和专业的数字人才平台建设，数字人才平台搭建是数字人才培训和培养的关键，政府推动建设平台可为数字人才高质量发展提供保障。

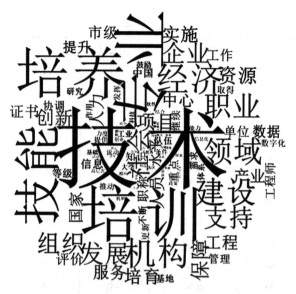

图1　数字人才政策词云图

四　PMC 指数模型分析

（一）模型指标识别与选取

构建 PMC 指数模型时，必须全面考虑政策制定和实施过程中涉及的各种变量。为此，基于多位学者对 PMC 指数模型的修订、数字经济的相关研究以及文本内容挖掘结果，确定 9 个一级变量和 32 个二级变量（见表 4），评估数字人才政策的全面性和一致性。

表 4　PMC 模型指标

一级指标	二级指标	指标解释
X1　政策性质	$X11$　预测	是否提出了具体培养目标
	$X12$　建议	是否提出了多项培养建议
	$X13$　监管	是否涉及对培训机构和项目的监管
	$X14$　描述	是否详细描述了政策目标和实施路径
	$X15$　引导	是否引导数字技术技能人才向重点领域流动

一级指标		二级指标		指标解释
X2	政策时效	X21	长期	
		X22	中期	
		X23	短期	
		X24	当年	
X3	发布机构	X31	市政府	
		X32	政府机构或部门联合发布	
X4	政策工具	X41	供给型	是否提供培训、基地建设
		X42	环境型	是否目标规划、标准规范
		X43	需求型	是否补贴激励、宣传示范
X5	政策目标	X51	优化资源配置	是否优化数字技术技能人才资源配置
		X52	促进产业发展	是否推动数字技术产业发展
		X53	推动科技创新	是否鼓励数字技术创新
		X54	提升服务质量	是否提升数字技术技能人才服务质量
X6	政策内容	X61	数字技术技能人才培养	是否包括数字技术技能人才培养
		X62	高水平数字技术人才培养	是否包括高水平数字技术人才培养
		X63	数字技能人才培养	是否包括数字技术技能人才培养
		X64	产业工人数字技能提升	是否提升了产业工人数字技能
		X65	平台与机制建设	是否包括平台与机制建设
X7	政策类型	X71	方案	
X8	政策对象	X81	行政部门	
		X82	社会第三方	
		X83	数字技术技能人才	
X9	激励约束	X91	法律保障	是否包括法律保障
		X92	经济投入	是否涉及培训补贴等
		X93	人才引进	是否提出人才引进措施
		X94	部门协同	是否涉及多部门协同
		X95	绩效考核	是否涉及对培训机构和项目的考核

（二）计算 PMC 指数

根据数字人才政策的变量设置，构建了多投入产出表。对于每项政策，若其与特定的二级变量相关，则将该变量标记为 1；若无关，则标记为 0，从而完成各项政策二级指标的赋值统计。本研究共涉及9个一级变量，并参考PMC指数评级标准，结合数字人才政策的实际情况，将评价等级划分为四个层次：完美（9.00~7.00）、优秀（6.99~5.00）、可接受（4.99~3.00）和不良（2.99~0.00）。其中，P1指《北京市加快数字人才培育支撑数字经济发展实施方案（2024—2026年）》，P2指《北京市数字技术技能人才培养实施方案》（2023），依据两份政策文本的多投入产出表计算PMC指数，并构建PMC曲面，PMC指数值如表5所示。

表5 相关政策文件的PMC指数

变量	$X1$ 政策性质	$X2$ 政策时效	$X3$ 发布机构	$X4$ 政策工具	$X5$ 政策目标	$X6$ 政策内容	$X7$ 政策类型	$X8$ 政策对象	$X9$ 激励约束	PMC指数
P1	0.80	0.75	1.00	1.00	1.00	0.50	0.80	1.00	0.80	7.65
P2	0.60	0.50	0.00	1.00	0.75	1.00	0.50	0.67	0.40	5.42
均值	0.70	0.625	0.50	1.00	0.875	0.75	0.65	0.835	0.60	6.54

（三）构建PMC曲面

PMC曲面能够从多个维度展示政策评价的结果，其色彩变化反映了不同指标的得分高低，而曲面的凹凸形态则直观地揭示了政策的优势与不足。具体而言，得分较高的区域在曲面中呈现凸起状态，而得分较低的区域则表现为凹陷。若相邻变量的得分均达到满分，则在曲面中形成平坦的区域，表明这些指标的表现均衡且优异。图2和图3清晰展示了各项政策中每个一级变量的情况。P1《北京市加快数字人才培育支撑数字经济发展实施方案（2024—2026年）》的PMC指数值为7.65，等级为完美，说明在数字人才政策方面，在制定政策时较为全面地考察了各维度指标。P2《北京市数字技术技能人才培养实施方案》（2023）的PMC指数值为5.42，指数值低于P1政策，政策等级为优秀，可能原因是这一政策仅为北京市人社局单独发布，其作用范围有限。

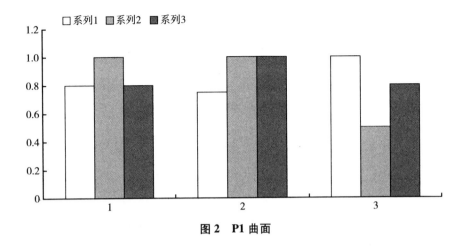

图 2　P1 曲面

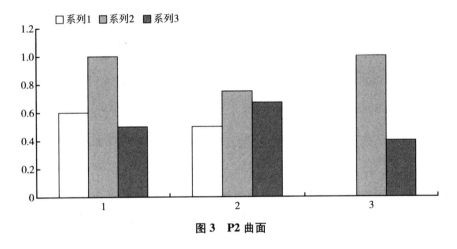

图 3　P2 曲面

五　政策建议

本文基于政策文本分析和 PMC 指数模型，对北京市数字人才政策进行了量化评价。通过文本挖掘和 PMC 指数模型，构建了一个包含 9 个一级变量和 32 个二级变量的北京市数字人才政策评价指标体系。通过实证分析北京市的两项数字人才政策，根据 PMC 指数计算结果，总体均值为 6.54，其中 1 项政策等级为优秀 (P1 为 7.65)，表明北京市高度重视科技人才发展，

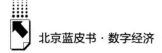

从多个维度推动科技人才的培养和引进。

根据北京市数字人才政策 PMC 指数模型和政策文本数据处理结果，结合北京市数字人才政策现状，提出以下对策建议。

（一）制订全面系统的数字人才专项规划

目前关于数字人才的政策多是产业层级的专项规划和相关政策措施，有关数字人才的政策多为其中的一小部分甚而为保障条款，建议聚焦人工智能、大数据、区块链、元宇宙等核心领域，明确"引育留用"全链条策略。在人工智能领域，应明确提出人才培养的具体目标和实施路径，包括但不限于机器学习、深度学习、自然语言处理等关键技术方向。梳理现有产业政策中的碎片化条款，将数字人才培养、引进、激励等模块独立成章，形成专项政策池，特别是为人工智能领域的人才发展提供更加明确和系统的支持。

（二）提升政策时效性，建立"短期行动+中期规划+长期愿景"梯次体系

在政策时效性方面，增加中长期发展目标。北京市现有两项较全面系统的数字人才政策，以 1~3 年短期目标为主，5 年及以上的中长期规划基本缺失。建议设定 2025~2030 年分阶段目标，如数字人才总量占比、国际化人才比例，特别是在人工智能领域的人才发展目标，包括人工智能专业人才的培养数量、人工智能技术应用的普及率等。

（三）建立数字人才政策实施保障机制，推动立法保障、资金保障，建立监督评估数字人才政策的绩效评估体系，加强人工智能领域的政策支持

推动立法保障，确保数字人才政策的实施有法律依据，特别是在人工智能领域的人才培养和引进方面；资金保障，设立专项基金支持人工智能人才的培养和引进，包括奖学金、研究资助、创业支持等；建立监督评估数字人才政策的绩效评估体系，定期评估政策实施效果，特别是在人工智能领域的

政策效果，确保政策目标的实现；加强人工智能领域的国际合作与交流，鼓励和支持北京市的高校、研究机构与国际知名大学和研究机构在人工智能领域建立合作关系，促进人才交流和共同研究；通过国际合作项目，吸引全球顶尖人工智能人才来京工作和研究，提升北京市在全球人工智能领域的影响力和竞争力。

参考文献

鄢圣文、李志斌：《北京人工智能人才队伍高质量发展研究》，载谢辉主编《北京数字经济发展报告（2023~2024）》，社会科学文献出版社，2024。

B.12
北京数字经济出海发展研究[*]

李嘉美^{**}

B.12
北京数字经济出海发展研究 [*]

李嘉美 [**]

摘 要： 随着数字经济的迅猛发展，数字贸易等在全球经济的增长中正凸显出越来越重要的地位。北京市近年来大力建设全球数字经济标杆城市，数字经济出海取得显著成效，正在成为推动北京扩大对外开放的重要支撑。针对数字经济出海的规则体系仍需建设、基础配套设施还需完备、出海的路径尚需培育与拓展、相关人才还需储备等问题，建立便利化机制、加快完善口岸设施功能、加强数字贸易的监管保障模式、高水平建设进口贸易促进创新示范区、强化北京数字经济出海总体谋划等，打造数字经济出海发展平台，促进北京数字贸易高质量出海。

关键词： 数字经济 数字贸易 出海

一 北京数字经济出海背景

随着数字经济的迅猛发展，数字贸易等在全球经济的增长中正凸显出越来越重要的地位。抓住数字经济出海的机遇，为我国培育新的竞争优势、拓展新的国际合作渠道、促进新经济增长点等提供了新路径。根据全球数字贸易博览会组委会和国际贸易中心联合发布的《全球数字贸易发展报告

---

* 基金项目：北京市社会科学院重点课题"数字经济引擎赋能北京'两区'建设中服务业扩大开放路径研究"（课题号：KY2024B0215）阶段性成果。
** 李嘉美，博士、公共管理博士后，北京市社会科学院研究员，北京市习近平新时代中国特色社会主义思想研究中心特约研究员，主要研究方向为数字经济、数字贸易。

2024》，2020~2023 年全球数字贸易出口规模从 4.99 万亿美元增长至 7.13万亿美元，短短四年间增长了 42.9%，年均增长率为 10.7%。同期，全球商品出口规模增长速度为 5.6%，全球服务出口增速为 5.57%。从我国数字经济发展来看，2020~2023 年我国数字经济规模由 39.2 万亿元增至 53.9 万亿元，2024 年估计达到 63.8 万亿元，数字经济壮大为数字经济出海奠定了规模优势。在现代数字技术的加持下，特别是大数据、人工智能、物联网等技术的快速发展，赋能贸易范畴逐步拓展，数字贸易在世界贸易的舞台上越来越引人瞩目，成为推动世界经济稳定发展的新力量。而北京市积极构建全球数字经济标杆城市，数字贸易快速发展，正在成为促进经济增长的新动能。

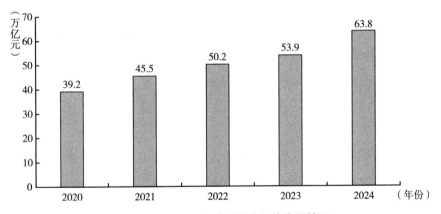

图 1　2020~2024 年我国数字经济发展情况

资料来源：中国信息通信研究院、中商产业研究院。

党的二十届三中全会通过的《中共中央关于进一步全面深化改革　推进中国式现代化的决定》明确提出，健全促进数字经济和实体经济深度融合制度，加快构建促进数字经济发展体制机制，完善促进数字产业化和产业数字化政策体系，打造具有国际竞争力的数字产业集群，为推动我国数字经济高质量发展、高水平开放指明了方向。2018 年，在阿根廷召开的二十国集团领导人峰会上习近平主席指出，世界经济数字化转型是大势所趋。因而，推动贸易发展和数字经济相融合，用数字信息化培育经济新动能，推动

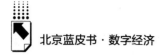

我国对外贸快速发展，是大势所趋。

《中共北京市委贯彻〈中共中央关于进一步全面深化改革　推进中国式现代化的决定〉的实施意见》中指出，要健全打造全球数字经济标杆城市的政策机制，完善促进数字产业化和产业数字化政策体系，促进数字技术带动实体经济转型发展，加快新一代信息技术全方位全链条普及应用。在完善高水平对外开放体制机制方面，要完善数字贸易创新发展机制，完善跨境电商服务体系，健全对外投资管理服务体系，推动产业链供应链国际合作，鼓励引导相关商业平台加快国际化升级。

北京市加快建设全球数字经济标杆城市，形成较强的国际影响力。一批数字经济龙头企业加快落地，众多国内外知名数字经济企业形成集聚效应，成为引领数字经济发展、推动数字经济出海的核心力量。根据北京市统计局发布的数据，截至2024年底，北京市数字经济实现较快增长。特别是新兴产业、高新技术产业发展成效显著，其中高技术制造业增加值同比增长9.6%，战略性新兴产业增加值同比增长14.6%。从总体看，北京市数字经济增加值同比增长7.7%，数字经济核心产业增加值同比增长10.1%，高于其他行业。

在国际贸易方面，海关总署相关的统计数据显示，截至2024年10月31日，全国货物贸易方面，出口贸易额达到20.8万亿元，进口货物贸易额达到15.22万亿元；进出口贸易总值为36.02万亿元，其中，出口贸易总值增长6.7%，进口贸易总值增长3.2%，进出口贸易总值同比增长5.2%，贸易顺差5.58万亿元，扩大17.6%。根据北京海关统计数据，2024年北京地区（含中央在京单位）外贸规模达3.61万亿元，是北京市继2022年和2023年后，第三年突破3.6万亿元。各开放平台对北京外贸规模持续扩大的促进作用明显，北京经济技术开发区2024年进出口额达到1953亿元，同比增长15.1%；天竺综保区2024年进口额达到1199.9亿元，同比增长1.9%。北京市2024年外贸优异成绩的取得，与共建"一带一路"平台机制有密不可分的关系。开放的平台，对北京的外贸发展，特别是数字经济贸易、数字经济出海等发挥了积极的推动作用，推动数字经济快速发展，数字经济出海快速增长，数字服务贸易规模持续扩大。从全国数字经济发展来看，商务部的数据显示，全国可数字化交付的服务进出口额在 2019~2023 年实现五连增，从 2718.1 亿美元增至 3859 亿美元；2024 年持续保持较快增长势头，截至 2024 年 9 月底，可数字化交付的服务进出口额达 2.13 万亿元，同比增长 5.3%，其中跨境电商进出口规模达到 1.88 万亿元，增长 11.5%，创历年之最。而北京市作为全球数字经济发展的核心力量，数字贸易规模占全国的近 1/5，为我国数字经济出海贡献了重要的力量。

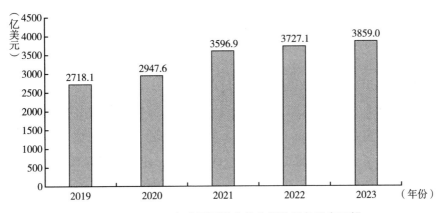

图 2　2019~2023 年全国可数字化交付的服务进出口额

资料来源：中华人民共和国商务部。

二　北京数字经济出海概况与主要领域

在当今世界的经济发展结构中，数字经济作为伴随数字技术突破而产生的新业态，不断融入人们的生产生活，推动了世界经济结构和经济模式的变革。从目前发展来看，数字经济已成为世界各国寻求经济发展的新增长点，推动实现科技变革、产业变革和经济变革的重要抓手。云计算、大数据等的发展，在世界各国间的贸易中开辟出一条新路径，使数字经济出海面临无限的发展可能。

数字经济和数字贸易是两个不同的概念，虽然均以数字技术为支撑，但在内涵、外延上不尽相同。数字经济以互联网为载体，以数据、信息技术运算和使用为推手，驱动相关经济活动，并对传统经济进行有益的补充和提升。数字贸易主要通过数字技术赋能，对数据资料进行分析，是运用信息互联网技术、数字电子平台进行国际商品和服务交易的新形态。[①] 数字贸易依托互联网进行产品交易，在高效提升交易速度的同时，极大地节约了相关成本，受到越来越多的国家关注。

（一）数字贸易成为北京市扩大对外开放的新增长点

北京市数字经济快速发展，数字经济出海规模不断扩大、质量不断提升，取得了显著的成效。

1. 北京市率先开展数据跨境流动试点

2024年8月30日北京发布了首个场景化、字段级数据出境负面清单，通过"北京实践"，形成了集高效、便利、安全于一体的数据跨境流动链。全国率先开展首个数据出境安全评估项目，建立了国际数据出境安全评估和备案等机制。截至2025年3月，已有59家企业通过安全评估，224家企业通过个人信息出境标准合同备案。这极大地促进了数据的合规出境，北京的出境数据通过率位居全国前列，成为全球数据跨境流动的重要枢纽。

2. 数字经济出海金融政策不断优化

北京强化金融开放和支撑，推动数字企业在构建数字人民币金融生态方面的技术创新与应用。同时，优化数字企业跨境资金流动管理，适度放宽数字企业跨境投资限制，积极推动跨境资金流动审批程序优化与外汇收支便利化改革。将推进数字营商环境改善纳入"放管服"改革体系，积极推动建立数字化政务服务平台，重点做好数字经济"出海"跨境服务。这些措施为数字经济出海创造了更加高效的环境。

---

① 王一鸣：《以高水平开放推动数字贸易创新发展》，《经济参考报》2024年10月9日。

3. 数字营商环境改革试点，有力促进以数字技术为基础的服务贸易发展

早在 2021 年北京知识密集型服务贸易占地区生产总值的比重就达 50.4%，高于全国平均水平 6.5 个百分点。特色数字营商网络不断发展，北京国家级服务出口基地达 14 个，居全国首位。目前，北京累计认定跨国公司总部 200 家，落地品牌首店近 3000 家，"两区"建设不断扩容升级。

4. 北京数字服务贸易规模持续扩大

自 2018 年以来，北京数字贸易进出口额以平均每年约 4.8% 的速度增长，服务贸易额占比高出全国数字贸易进出口额占比的近 7.4 个百分点。在国务院发展研究中心等支持下，北京市举办中国国际服务贸易交易会等活动，围绕数字经济时代国际服务贸易的发展机遇等，探讨北京数字经济、服务贸易发展路径，为北京市数字服务企业等出海指明方向。

（二）北京市数字经济出海的成效

数字经济出海主要涉及数字贸易领域，包括数字货物贸易、跨境数据流动贸易、数字服务贸易、数字技术贸易等。北京市近年来数字贸易发展成效明显，在相关领域取得了可喜的成绩。

1. 数字货物贸易

数字货物贸易不只局限于传统的各种有形产品通过线上交易，而且包括动漫游戏、文学影视作品、创意设计、艺术展览和演出等及其延伸出的交易。比如，由杭州游科互动科技有限公司制作推出的首款国产高质量、高体量、高成本的"3A"电子游戏《黑神话：悟空》，一经上市，便迅速火爆全球，仅不到 1 周时间，总销量就超过 450 万份，总销售额超过 15 亿元。同时，该款游戏只用短短几天时间，便实现了虚拟和现实的双向奔赴，带动了相关产业的发展，包括游戏中有关场景的实景地也引起各地游客的兴趣，成为我国数字经济出海的一个现象级典型案例。

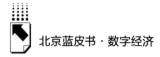

2.跨境数据流动贸易

数字贸易依托于互联网，通过互联网平台、人工智能、智能制造、ICT（信息通信技术）等生成的数据流、信息资源等经过大数据合成、分析等，被分层次、分级别、分渠道地应用于不同需求场景，包含从研发到生产再到销售的全链条，数字经济已经贯穿于产业发展的各个环节。我国数字经济发展态势良好、成效显著。2024年跨境电商领域的市场主体就超过12万家，其中高新技术企业占13.3%，成为推动数字经济不断迭代升级的主要力量。据商务部研究院测算，2024年中国出口、进口、进出口规模均创新高，各季度进出口额均破10万亿元。[①]

3.数字服务贸易

数字服务贸易不仅包括金融服务、保险服务、知识产权使用服务，还有日常生活中人们经常使用的线上医疗服务、教育服务等。另外，一些服务外包交易也属于数字服务贸易新业态，如近年兴起的云外包、数字平台分包等。2024年，北京连续六年在《全国金融科技中心城市报告》中的金融科技中心城市榜单中排名第一。北京印发实施《北京市推动数字金融高质量发展的意见》，持续打造具有国际影响力的数字金融示范高地。北京市推进财政电子票据，截至2024年8月，已推动177家医疗机构完成电子票据改革，86家保险机构实现功能对接。

4.数字技术贸易

计算机和信息服务是数字技术贸易中占比最大的两个领域，从发展速度上看，其他商业服务和电信等领域也实现快速增长。近几年，数字经济在世界各国快速发展，我国不仅在物联网等方面，而且在卫星导航等专业数字技术领域，也开展了大量的对外贸易。我国电信、计算机和信息服务出口成效显著，数字技术贸易规模持续壮大，贸易额超千亿元。

---

① 马慧莲、康成文：《我国数字贸易国际竞争力及其影响因素》，《中国流通经济》2022年第11期。

三　北京数字经济出海面临的问题与挑战

2024 年 8 月，中共中央办公厅、国务院办公厅发布的《关于数字贸易改革创新发展的意见》中明确提出，到 2029 年，我国的可数字化交付服务贸易规模稳中有增，占全国服务贸易总额的比重在 45% 以上。北京市在创新数字经济出海的营商环境、保障机制等方面出台了一些政策，但仍存在一些亟待解决的问题。

（一）数字经济出海的规则体系仍需建设，进一步与国际规则融合

当前国际上一些大型自由贸易区的建立，从起步开始就是用来维护有关成员国自身的利益优势的。这就使得现阶段我国在相关领域的贸易开展要更具兼容性。2020 年 12 月北京自贸试验区成立，在数字贸易规则体系建设方面仍处于探索阶段，在信息安全、电子数据规范认证、数据隐私等方面还有很多规则体系有待完善。[①]

（二）数字经济出海的基础设施还需完备

北京数字经济出海的基础设施还不完善，北京数字贸易的发展，急需基础设施的支持。比如，北京金盏国际合作服务区的地理位置相对较偏远，不便利的交通，可能导致合作企业与人才的流失。另外，北京市的数字基础设施建设还没有形成统一的整体，数字基础设施的互联互通尚未实现高效调动，这使得数字经济出海中的商业合作等缺乏快速与敏捷的反应。

（三）数字经济出海路径尚需培育与拓展，全链路服务体系亟待建立

2024 年 7 月，我国第一个数字经济企业出海创新服务基地在北京大兴

---

① 李晓钟、张文佳：《中国数字贸易发展的现实挑战与实施路径》，《商业全球化》2023 年第 4 期。

建立。作为全国首家数字生态出海创新服务基地,对打造"北京样板",推进数字经济出海有积极的作用。但从京津冀产业经济圈来看,数字贸易、数字经济出海可依托的平台还是偏少。北京数字经济出海如何借助津冀地区,打通三地壁垒,拓展数字贸易范围,使京津冀地区联动起来,培育与拓展数字经济出海的发展路径,是急需解决的问题。

(四)仍须加强数字经济出海相关人才储备

数字贸易、数字经济出海对专业度的要求较高,储备高技术、专业对口的相关人才,是数字贸易这一新兴技术领域需要解决的问题。数字经济出海需要数字技术、数字经济、国际贸易等多领域的专业人才,但由于各行业发展的不可测性及高难度性等,人才与岗位的匹配度、契合度并不高,服务效率低、服务部门间协同不足、与国际合作机构沟通不畅、解决问题迟缓等。特别是一些数字经济出海的重点领域,人才储备不足,可能制约数字贸易的进一步发展。

四 北京数字经济出海保障机制建设

为了更好地与国际数字贸易对接,建立高水平的数字经济出海机制体制,北京市需要在营商环境上发力,聚焦数字经济出海平台和场景建设,形成国际化、法治化、便利化的一流营商环境,激发数字贸易主体在国际市场中的活力,提升数字经济出海的综合竞争力。[1]

针对数字贸易互联性高、对数据的收集整理和分析应用强、商业模式创新多等特点,早在2021年北京就出台了《北京市关于促进数字贸易高质量发展的若干措施》。2024年7月,北京市商务局发布《北京市深化服务业扩大开放提升贸易便利化水平实施方案》,提出要通过深入打造数字贸易示范

---

① 马述忠、房超、梁银锋:《数字贸易及其时代价值与研究展望》,《国际贸易问题》2018年第10期。

区，助力北京全球数字经济标杆城市建设。计划到 2025 年，北京市数字贸易进出口规模达到 1500 亿美元，占全市进出口总额的比重达 25%。为保障这一目标的实现，提出建立健全以下保障机制。

（一）建立便利化机制

为促进数字经济出海，北京市应在贸易监管方面下大力气，通过不同部门间跨事权协作联动、举办工作联席会议等，提高对贸易的监管效率，破解阻碍贸易发展的瓶颈。同时，持续推进国家服务出口基地建设，拓展国际贸易市场，多方面开拓渠道，如搭建基地交流平台、针对项目特色举办专项展会等，大力支持数字贸易出口基地的搭建，并简化流程，建立便利化机制，助力基地做大做强。

（二）建设便利化的口岸环境

针对不同数字贸易的特点，分类别升级贸易口岸的服务功能。例如，针对水果、水产品等冰鲜易坏食品，进一步推动大兴国际机场等的冷链、专业拼装库的改进、建设；针对国际邮品、跨境电商货物等，在采用全面保障地面运输能力的同时，尽可能加快运输速度，缩短物流时长。另外，严格规范口岸作业程序和口岸收费行为；针对数字经济出海的实际需求，进一步拓展"国际贸易单一窗口"功能，形成海关监管、口岸验放、物流服务、贸易结算等一体化支持体系，强化北京"双枢纽"航空货运中转等业务，不断加强北京口岸的竞争力。

（三）数字贸易监管保障模式

实施海关预裁定展期制度；进一步探索开展远程数字贸易监管；积极向相关企业推广"ERP 联网申报+快速审核"的减免税审核应用程序，通过此项业务的开展，降低企业负担；积极开展数据跨境流动试点，优化数据出境安全评估机制，保障数据安全有序的跨境流动。充分利用跨境服务贸易负面清单改革红利，推动跨境数字服务贸易发展，提升北京市数字经济出海的质量。

（四）高水平建设跨境贸易试验平台

加快建设更高水平的进口贸易促进创新示范区，深化贸易便利化试点，在大兴国际机场综合保税区开展一次性直通车式通关，实现"一个系统、一次理货、一次查验、一次提离"，实现贸易货物高效便利进出口；在朝阳区、丰台区、平谷区申设保税物流中心，优化保税功能布局；进一步丰富"保税+消费升级"试点经营品类；支持加工贸易企业的信息对接共享；推动数字贸易技术标准制定等。

（五）加强北京数字经济出海顶层设计

为了更好地推动数字经济出海，北京需加强顶层设计，加快数字贸易基础设施建设；进一步强化数字经济的辐射作用，搭建数字经济出海共享平台，培育新业态、新模式，带动首都都市圈和京津冀经济圈数字经济出海；[①] 要推动数字技术创新，特别是核心技术的突破，完善市场化、多元化数字人才培养体系，培养适应产业发展需求的数字经济复合型人才，为数字经济出海提供人才支撑。要通过推动数字产业化和产业数字化，提升研发型、创新型、生产型数字企业的核心竞争力，夯实数字经济出海的产业根基。要结合数字经济发展的特点，推动企业联动创新、成果共享和区域间联动协同，发挥全国统一大市场要素便捷流动的优势，推动科技创新、产业升级。要建设国际一流营商环境，打造数字经济出海平台，促进数字贸易的高质量出海。

参考文献

李晓钟、张文佳：《中国数字贸易发展的现实挑战与实施路径》，《商业全球化》2023 年第 4 期。

---

① 张春飞、岳云嵩：《我国数字贸易创新发展的现状、问题与对策研究》，《电子政务》2023年第 2 期。

马慧莲、康成文：《我国数字贸易国际竞争力及其影响因素》，《中国流通经济》2022 年第 11 期。

马述忠、房超、梁银锋：《数字贸易及其时代价值与研究展望》，《国际贸易问题》2018 年第 10 期。

王一鸣：《以高水平开放推动数字贸易创新发展》，《经济参考报》2024 年 10 月 9 日。

张春飞、岳云嵩：《我国数字贸易创新发展的现状、问题与对策研究》，《电子政务》2023 年第 2 期。

B.13
北京数字技术创新与应用经验及展望[*]

董丽丽　杨　浩[**]

摘　要： 在全球数字化转型加速的背景下，北京市数字技术发展成效显著。在人工智能、具身智能、6G等核心领域，关键技术多点突破，产业规模扩大，应用场景不断拓展，有力推动了数字技术与实体经济的融合。数字经济前沿技术呈现AI驱动垂直行业重构、未来产业技术集群式突破、数字治理体系智能化跃迁等趋势。北京市通过政策支持、构建创新生态、产学研协同创新等举措，促进数字技术研发与应用。面对全球技术竞争和数字化转型挑战，北京应强化制度创新、完善产业生态、优化要素配置、升级治理体系、深化区域协同、加强人才引育等，进一步提升数字技术发展水平，巩固在全国数字经济发展中的引领地位。

关键词： 数字技术　数字经济　北京市

在全球数字化转型加速的时代背景下，北京市作为科技创新的前沿阵地，深度聚焦数字技术核心领域，持续加大研发投入与创新力度，在关键核心技术突破、产业生态构建及应用场景拓展等多个维度取得了突破性进展，充分彰显了在全国数字经济发展中的引领地位。

---

[*] 基金项目：北京市社会科学院一般课题"北京国际科技创新中心建设中深化科技创新与产业发展深度融合的路径研究"（课题号：KY2025C0355）的阶段性成果。

[**] 董丽丽，博士，北京市社会科学院管理研究所助理研究员，主要研究方向为数字经济、科技创新；杨浩，北京市社会科学院管理研究所副研究员，主要研究方向为公共管理、公共服务。

一 北京市数字技术核心领域成果与应用进展

2024 年，北京市锚定人工智能、量子信息、具身智能、基因编辑等战略性重点领域，全面统筹资源，以创新驱动为核心引擎，全力推动关键核心技术的攻坚突破。

（一）人工智能领域取得重大进展

2024 年，北京市人工智能核心产业规模突破 3000 亿元，人工智能企业超过 2400 家，彰显出在人工智能产业布局上的卓越成效。在人工智能软件方面，统信软件发布的国产操作系统，深度融合大模型底层能力，为国产软件生态的自主可控发展提供了有力支撑。在人工智能大模型技术赛道上，北京市始终保持与国际先进水平并驾齐驱的发展态势，截至 2024 年底，北京市已成功备案上线 105 款大模型，占全国的近 40%，广泛覆盖医疗、金融、制造、教育等多个关键行业领域。[1] 豆包大模型在多项国际权威评测中，展现出与 GPT4.0 相当的能力水平，在自然语言处理、知识问答等核心任务中表现卓越。Kimi 大模型在上下文理解能力上实现重大突破，率先将支持的上下文窗口长度拓展至 200 万字，极大提升了模型在复杂文本处理任务中的表现。智谱首发支持生成汉字的开源文生图模型，生数科技发布的国内首个文生视频模型 Vidu，填补了国内在该领域的技术空白，为多媒体内容创作提供了全新的技术路径；快手平台在视频生成技术上持续创新，支持生成长达 2 分钟的高质量视频，提升了用户的内容创作体验。在人工智能应用方面，通过实施"人工智能+"行动计划，北京积极推动大模型与实体经济的深度融合，在医药研发、汽车制造等 10 个重点行业落地应用，构建了高质量、专业化的行业数据集。

---

[1] 中关村科技园区管理委员会、北京市科学技术委员会：《2025 年北京市科技与经济和信息化工作会议召开》，https://kw.beijing.gov.cn/xwdt/kcyw/202501/t20250126_3999558.html，2025 年 1 月 26 日。

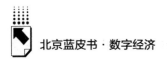

（二）多项关键核心技术实现跨越式发展，多项核心技术取得突破性进展

在关键核心技术领域，北京市取得了多方面的显著突破。在具身智能方面，部市共建的具身智能机器人创新中心，成功研发出最新一代通用机器人母平台"天工"。该平台具备卓越的全地形泛化移动能力，在复杂环境下展现出极高的适应性与灵活性。在 6G 技术研发与创新产业集聚区建设方面，北京积极布局 6G 技术研发，加快 6G 实验室建设步伐，推动 6G 关键技术的研究与验证。同时，大力推进 5G-A 轻量化基站的连续覆盖，已试点建成 5G-A 基站 1.2 万个，为 5G 技术的深度应用与向 6G 的平滑过渡奠定了基础。此外，正式启动 6G 创新产业集聚区建设，旨在汇聚产业链上下游资源，打造具有国际竞争力的 6G 产业生态。在空天地一体化网络技术研发与量子、区块链技术应用方面，北京市通过科技专项、产业基金等方式，支持中国航天科技集团、银河航天、九天微星等企业在卫星通信、低轨卫星等空天地一体化网络领域进行关键技术攻关，推动技术突破与产业升级；量子计算与区块链技术的工程化应用取得显著成效，长安链在国家供应链金融、司法存证等领域实现规模化应用，日均处理交易量超百万笔，有效提升了业务处理效率与数据安全性；京津冀核心区域的量子通信网络与"墨子号"等卫星实现星地对接，并广泛应用于量子加密视频会议、端到端通信保护、数据库加密备份等领域，为国家重大战略需求及区域经济社会发展提供了安全可靠的信息交流环境。

（三）多平台协同与产业化应用不断推进

北京市在多平台协同与产业化应用方面取得了显著成效，有力推动了数字技术与实体经济的深度融合。在智能制造标杆工程方面，2024 年新增 9 家国家级智能制造示范工厂，GE 医疗北京基地成为医疗设备领域首座"灯塔工厂"。"新智造 100"项目奖励政策落地，累计支持企业智能化改造投资超 50 亿元，① 激发了企业在智能制造领域的创新活力与投入热情。在自动驾驶示范区 4.0 阶段扩展方面，高级别自动驾驶示范区覆盖 600 平方公里，累计测试里程超 3200 万公里，并向中心城区延伸；百度 Apollo、小马智行等企业实现无人驾驶出租车商业化试运营，为自动驾驶技术的大规模应用奠定了基础。在数据要素市场化配置改革综合试验区建设方面，北京国际大数据交易所累计交易规模达 59 亿元，28 家企业完成数据资产入表，金额超 7.7 亿元。全国首个人工智能数据训练基地的建成，为行业大模型的训练提供了高质量的数据资源与技术支持。

（四）成果转化与场景应用广泛拓展

北京市高度重视数字技术的成果转化与场景应用，在多个领域取得了丰硕成果。在医疗健康领域，积极构建智能辅助诊疗与医疗大模型平台。截至 2024 年底，北京市互联网医院总数达 89 家，289 家医疗机构（含 58 家社区医疗卫生机构）开展互联网诊疗服务。互联网诊疗量达 148.3 万人次，同比增长 52.19%。② 医疗大模型在影像诊断、病理分析中的准确率超 90%，降低误诊率 30%。在教育领域，大力开展个性化学习与智慧校园建设。海淀区试点教育大模型支持智能备课，覆盖 80% 的中小学；北京数字人基地开发虚拟教师，应用于在线课堂与课后辅导等场景。在城市治理领域，交通大模型与超大城市精细化治理取得突破性成果，交通大模型通过优化全市信号灯控制系统，使高峰时段拥堵指数下降 15%，有效缓解了城市交通拥堵问题。"数字中轴"项目助力中轴线申遗，通过数字化技术助力文化遗产的全方位保护与传承。

---

① 《北京市经济和信息化局　北京市财政局关于印发 2025 年北京市高精尖产业发展　项目资金和支持中小企业发展资金　实施指南（第一批）的通知》，https：//jxj. beijing. gov. cn/zwgk/2024zcwj/202501/t20250120_ 3994201. html，2025 年 1 月 20 日。

② 《北京医疗服务信息化改造成效显著》，https：//baijiahao. baidu. com/s？ id = 1819100660 281599876&wfr=spider&for=pc，2024 年 12 月 22 日。

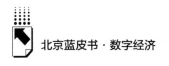

二　北京市数字经济前沿技术发展及应用趋势

北京市在数字经济领域的前沿技术发展迅速,不仅在技术创新上取得了显著成就,还在多个垂直行业中实现了深度应用。这些技术的发展和应用不仅推动了传统产业的智能化升级,还为城市的现代化治理提供了有力支持。北京在数字经济前沿技术的发展与应用方面,具有以下特点。

(一)AI技术深度赋能垂直行业

2024年7月,北京发布《北京市推动"人工智能+"行动计划(2024—2025年)》,聚焦五类场景,面向十大行业,在多个关键领域,包括医疗健康、智慧城市、金融以及具身智能等,通过场景驱动的方式推动传统行业的智能化升级。例如,在医疗健康领域,推出了多个基于人工智能的应用场景,旨在通过技术创新提升医疗服务的质量和效率。用友公司与中交信科技合作推动大模型技术在医疗领域的应用,提供高度适配的解决方案。工业智能方面,北汽集团利用工业大模型缩短新能源汽车的设计周期,显著提高研发效率;三一重工则采用AI技术预测设备故障,有效降低运维成本。金融管理领域,工商银行北京分行部署了名为"融安e核"的AI风控系统,实现了对公风险账户的精准识别与及时管控,并支持信贷审批自动化,处理时间缩短至分钟级。文化传播领域,抖音上的数字人主播取得了数百万粉丝关注,月销售额达数百万元。

(二)未来产业与前沿技术加速融合

北京市围绕未来信息、未来健康、未来制造、未来能源、未来材料和未来空间六大领域培育未来产业,推进这些产业与前沿技术的深度融合。例如,在人形机器人商业化与产业链完善方面,北京成功实现了全球首例纯电驱全尺寸人形机器人的拟人奔跑,并设立了机器人创新产品首试首用奖励机制,单个企业最高可获得200万元奖励。商业航天技术方面,商业星座网络在轨卫星数量已达 100 颗，星箭发射保险补贴政策助力企业降低 50% 的成本；火箭大街的建设促进了商业航天全产业链的集聚。生物制造与基因技术交叉创新方面，医药健康产业规模突破万亿元，创新药械销售额奖励政策推动了 10 个品种的年销售额超过 5000 万元；基因编辑技术在罕见病治疗中的应用大幅提升了临床试验的成功率。

（三）数字技术驱动城市治理现代化

北京市利用数字技术推动城市治理现代化取得了显著成效。在空间计算与超大城市精细化治理方面，海淀区城市管理委（交通委）联合上地街道和海淀市政集团启动了一体化的"公共空间城市管理"服务试点，通过 AI 赋能城市运营服务，整合环卫、园林、路政等多个部门资源，形成了"管理+服务+运营+智慧"的高效管理模式，初步建立了可复制推广的"海淀样板"。此外，政务服务智能化和市民体验升级也是重点内容之一。"京通"移动端上线 233 项服务，电子证照覆盖 226 种类型；"接诉即办"平台接入大模型技术，将市民诉求响应时效缩短至 2 小时以内。这些应用展示了数字技术在政务服务中的巨大潜力，提升了市民的体验感和满意度。

三　北京市促进数字技术研发与应用的做法及经验

北京市先后颁布了《北京市数字经济全产业链开放发展行动方案》《北京市加快数字人才培育支撑数字经济发展实施方案（2024—2026 年）》等政策，不仅强化了对核心技术的支持，还致力于优化营商环境，吸引更多的企业和科研机构参与到数字经济的发展中来。

（一）政策支持与创新生态构建

北京市通过一系列政策支持和创新生态构建，推动数字技术的研发与应用。专项资金与税收优惠方面，设立"人工智能+"行动计划专项资金，对 AI 大模型研发企业给予最高 3000 万元的补贴；集成电路企业首轮流片奖励规模达 3000 万元。数据要素市场化制度创新方面，数据资产登记、交易、入表奖励政策推动 28 家企业入表规模达 7.7 亿元；数据基础制度先行区形成"一区三中心"顶层架构。算力基础设施统筹保障方面，全市智算供给规模达 4.5 万 P，国产算力芯片占比提升至 60%；推动"算力券"发放，降低中小企业算力使用成本 30%。创新生态建设方面，鼓励企业、高校和科研机构协同创新，打造开放的创新平台，促进科技成果转化；支持科技服务业企业拓展海外市场，吸引全球科技服务机构聚集发展，提升国际竞争力。

（二）产学研协同创新模式

北京市积极构建多主体协同创新网络，借助制度创新与载体建设，推动产学研深度融合。在新型研发机构布局上，北京聚焦量子信息科学、脑科学与类脑智能、人工智能等战略前沿领域，率先成立一批由国家战略科技力量主导的新型研发机构。这些机构专注基础研究和前沿技术攻关，通过学科交叉融合与科研范式创新，满足国家重大战略需求，提升北京在全球科技创新体系中的地位。校企协同创新平台建设成果丰硕，比如清华大学与字节跳动共建具身智能机器人创新中心，其研发的"天工"通用机器人母平台具备全地形自适应移动能力；北京航空航天大学与商汤科技联合实验室针对 6G 通信协议展开联合攻关，突破关键技术瓶颈。这些平台通过"需求对接—资源共享—成果转化"的闭环机制，提高了技术与产业需求的适配性。区域协同发展方面，北京市深化京津冀数字经济协同发展，建立跨区域产业链协同机制，推动数字技术标准互认、算力资源共享和数据要素流通，增强产业链供应链的韧性。此外，北京搭建国际技术转移中心、举办全球数字经济论坛，构建多层次开放创新体系，深度融入全球数字技术创新网络，在更广阔的舞台上推动产学研协同创新。

四 进一步推动北京数字技术发展的政策建议

北京市在数字技术研发与应用领域已经形成了显著的优势，然而，面对全球技术竞争加剧及数字化转型深化带来的双重挑战，有必要进一步增强政策设计的系统性、前瞻性和协同性。基于当前实践基础与未来需求，提出以下政策优化路径。

（一）强化制度创新，构建包容审慎的数字治理框架

完善敏捷监管机制，针对生成式人工智能（AIGC）、具身智能机器人等新兴领域，探索"沙盒监管+动态评估"模式，设立技术伦理审查委员会，制定分级分类的风险防控指南。深化数据要素市场化改革，推进《北京市数据经济促进条例》细则的实施，试点数据资产证券化、数据信托等新型交易模式；扩大公共数据授权运营范围，建立医疗、交通等领域数据融合应用的"负面清单"制度。优化标准体系，牵头制定人工智能大模型训练数据质量、区块链跨链互操作等技术标准，争取国际标准的话语权；支持企业参与全球数字治理规则的制定，建立跨境数据流动的"白名单"机制。

（二）完善产业生态，打造全球数字技术创新策源地

强化前沿技术布局，设立未来产业专项基金，重点支持量子计算、脑机接口、光子芯片等颠覆性技术的研发；建设国家级开源软件供应链安全检测平台，提升国产技术生态的韧性。构建梯度化企业培育体系，实施"数字独角兽"培育计划，为具有国际竞争力的企业提供"一企一策"的资源包；完善中小企业数字化转型补贴机制，推广"平台+生态"的赋能模式。提升产业链协同效率，依托京津冀工业互联网协同发展示范区，建立重点行业的数字孪生共性技术平台；推动龙头企业开放供应链的数据接口，形成"链主—配套—服务"的协同网络。

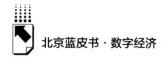

（三）优化要素配置，激发数字经济发展内生动力

升级算力基础设施，建设"存算一体"智能算力网络，推动国产算力芯片在政务云、超算中心的规模化应用；扩大"算力券"覆盖范围，探索算力资源跨区域调度补偿机制。创新金融支持工具，试点数字技术知识产权证券化产品，设立数字资产质押融资风险补偿基金；鼓励保险机构开发数据安全险、算法责任险等新型险种。激活场景牵引效能，建立"场景需求—技术供给—资本对接"市场化撮合平台，定期发布《数字技术场景应用成熟度图谱》；在智慧城市、商业航天等领域设立"场景创新特区"，允许技术迭代容错。

（四）升级治理体系，推动数字技术与城市发展深度融合

构建超大城市智慧治理范式，整合城市运行"一网统管"平台，推动大模型技术在应急管理、交通调度等领域的深度嵌入；建立数字孪生城市动态仿真系统，实现规划决策"模拟推演—效果预判—动态优化"闭环。强化数字公共服务普惠性，推进"京通"政务服务平台向社区下沉，开发适老化、无障碍数字交互界面；建立教育、医疗等领域数字服务"质量白名单"，完善服务效果追溯机制。筑牢数字安全屏障，建设城市级网络安全态势感知平台，推广隐私计算技术在公共数据开放中的全覆盖应用；建立人工智能算法备案与动态审计制度，防范系统性技术风险。

（五）深化区域协同，构建开放共赢的数字合作网络

强化京津冀协同创新，共建跨区域数字技术中试基地，推动三地联合申报国家科技重大专项；建立京津冀数据要素流通联合定价机制，探索"数据飞地"合作模式。拓展国际技术合作，依托"两区"建设，吸引国际顶尖科研机构设立数字技术联合实验室；支持企业参与欧盟《人工智能法案》、东盟数字框架协议等国际规则对接。培育数字贸易新优势，建设数字

服务出口基地，试点跨境数据流动"绿色通道"；支持数字内容、云服务等新型服务贸易发展，打造"北京数字服务"国际品牌。

（六）加强人才引育，夯实数字技术发展智力基础

完善高端人才集聚机制，实施"数字顶尖科学家工作室"计划，赋予战略科学家技术路线决策权；优化外籍人才永久居留积分制度，试点数字技术人才跨境执业资格互认。创新产教融合培养模式，支持高校设立"未来技术学院"，推行"双导师制"联合培养；建设数字技能公共实训基地，开发元宇宙仿真培训系统。健全人才评价激励机制，在数字技术领域试点"代表作评审"制度，将技术标准制定、开源社区贡献纳入职称评审指标；扩大股权激励适用范围，探索"技术入股+收益分成"、混合激励模式。

参考文献

北京市经济和信息化局：《2024 年全市数字经济增加值达 2 万亿元》，https：//jxj. beijing. gov. cn/jxdt/gzdt/202501/t20250117_ 3991817. html，2025 年 1 月 17 日。

《北京医疗服务信息化改造成效显著》，https：//baijiahao. baidu. com/s？id = 1819100660281599876&wfr = spider&for = pc，2024 年 12 月 22 日。

中关村科技园区管理委员会、北京市科学技术委员会：《2025 年北京市科技与经济和信息化工作会议召开》，https：//kw. beijing. gov. cn/xwdt/kcyw/202501/t20250126_ 3999558. html，2025 年 1 月 26 日。

B.14
基于社会调查的《北京市数字经济促进条例》实施情况研究[*]

课题组[**]

摘　要： 课题组采取利益相关者调研方式，从企业、公众、政府部门、专家智库四大维度出发，设立调查问卷，对《北京市数字经济促进条例》（以下简称《条例》）实施情况进行社会调查。结果显示，总体上四类群体对《条例》较为认可，认为《条例》在基础设施、数字产业化、产业数字化、数据要素市场、智慧城市、数据安全、保障措施等方面取得了较好的效果，但也发现《条例》实施中还存在不同群体对《条例》了解程度和感受存在差异，需要加强《条例》宣传培训、动态评估《条例》实施情况、加快配套政策制定与落实完善组织机制等。此外，针对此次社会调查的局限性，提出进一步优化调查的方向。

关键词： 社会调查　《数字经济促进条例》　北京市

---

* 基金项目：北京市社科基金重点项目"《北京市数字经济促进条例》实施研究"（项目编号：23JCB023）的阶段性成果。

** 主要执笔人：毕娟，博士，北京市社会科学院管理研究所副所长、副研究员，主要研究方向为公共服务、数字经济与治理、科技政策与管理、政府绩效管理；王鹏，北京市社会科学院管理研究所副研究员，主要研究方向为数字经济、数字政府、数据要素等；李伟，北京伟世通经济咨询公司总经理，主要研究方向为产业经济、区域经济、城市治理、绿色低碳等；李志斌，北京市社会科学院管理所助理研究员，主要研究方向为公共服务、数字治理；王海燕，北京市产业研究中心，主要研究方向为数字经济；于雯雯，北京市社会科学院法治研究院，主要研究方向为网络与信息法。

一 《北京市数字经济促进条例》的立法背景和意义

（一）立法背景

近年来，数字经济发展迅猛，在全球范围内成为经济转型、变革和发展的关键力量，也是国家发展战略的重要内容。数字经济已成为新一轮国际竞争的重点领域，并且越来越表现为相关制度、规则及法律之争。

中国作为数字经济的深度参与者、创新引领者，正通过系统性法治建设为世界贡献数字经济治理的"中国方案"。我国数字经济发展迅猛，取得了举世瞩目的成就，如数字基础设施达到世界一流水平、数字产业创新能力增强等。在此背景下，我国数字经济立法步伐加快、立法体系不断完善。目前，我国数字经济立法的框架体系初步建立，由多部基础性法律和众多领域法规规章构成。在法治化轨道上，我国构建了层次分明、覆盖全面的数字经济法律体系，自党的十八届四中全会提出加强互联网领域立法，完善网络信息服务、网络安全保护、网络社会管理等方面的法律法规，依法规范网络行为以来，我国出台《个人信息保护法》《网络安全法》《数据安全法》《电子商务法》等，制定《区块链信息服务管理规定》《网络信息内容生态治理规定》等政策法规，形成了从中央到地方、从产业促进到安全规范的全周期制度供给网络。

为了促进数字经济高质量发展，发挥立法的保障和促进作用，我国部分省份以"数字经济促进条例"的形式在数字经济立法上积极探索。[①] 研究表明，自 2020 年国内第一部数字经济促进条例《浙江省数字经济促进条例》颁布以来，截至 2024 年 7 月，全国各地共制定实施省级地方性法规 9 项、地方政府规章 1 项、市级地方性法规 4 项、经济特区法规 2 项，呈现出架构要素全面、地方特色突出、政策措施完备、强调整体安全和注

---

① 毛骏：《各地"数字经济促进条例"立法进展、特点及展望》，《通信世界》2023 年第 8 期。

重容错等特点。① 但各地在立法目的、发展原则、产业化发展及保障措施等方面也存在差异。② 未来应注重用法律手段规制和促进数字经济高质量发展，建立多元主体对话机制并进行定期评估，注重弹性调整，从而保障立法效率、质量及实施效果。③

（二）立法意义

2022 年 11 月 25 日，北京市十五届人大常委会第四十五次会议表决通过《北京市数字经济促进条例》（以下简称《条例》），并于 2023 年 1 月 1 日起正式施行。《条例》以习近平总书记关于建设科技强国、网络强国、数字中国、做强做优做大我国数字经济等讲话精神为指导，为"五子"联动推动北京高质量发展、加快建设全球数字经济标杆城市提供法治保障，对于把握数字化发展新机遇、拓展经济发展新空间而言具有重要意义。

《条例》是北京市促进数字经济发展的标杆制度，其出台对于北京市数字经济发展而言具有里程碑意义，顺应了数字经济发展规律，突出了首都特色，坚持了问题导向，回应了各界需求，为北京市数字经济发展提供了规范性、前瞻性的制度环境和全新机遇。《条例》实施以来，坚持促进发展和监管规范并重，不断细化完善工作方案，健全政策支撑体系，为数字经济发展创造良好的法治环境。目前，北京数字经济发展水平稳居全国前列，在数字要素市场培育、全产业链生态体系构建、智慧城市建设、数字营商环境优化等方面取得了显著的成绩。北京数字经济增加值从 2015 年的 8719 亿元提高至 2024 年的 2.2 万亿元，成为推动经济增长的主要引擎之一。

---

① 毛骏：《各地"数字经济促进条例"立法进展、特点及展望》，《通信世界》2023 年第 8 期；宗珊珊：《我国地方数据立法的特征、挑战与展望》，《信息通信技术与政策》2022 年第 8 期。
② 唐勇、孟朝玺、徐丹彤：《我国地方数字经济立法比较分析及启示——以粤浙豫数字经济立法为例》，《哈尔滨师范大学社会科学学报》2022 年第 5 期。
③ 黄武、曹婷：《加快构建数字经济系统法治保障的对策研究》，《信息化建设》2022 年第 3 期；刘伟：《政府与平台共治：数字经济统一立法的逻辑展开》，《现代经济探讨》2022 年第 2 期；席月民：《我国需要制定统一的〈数字经济促进法〉》，《法学杂志》2022 年第 5 期。

二 调查方法和调查概况

（一）问卷设计与调查方法

本次调查聚焦《条例》本身，采用混合研究方法构建多维评估体系，以《条例》九章五十八条的立法框架为基准，设计"三位一体"调研框架。在内容维度上，聚焦数字基础设施标准化建设、数据要素市场化配置、数实融合创新机制、智慧城市治理范式、数字安全防护体系等七大核心模块；在过程维度上，系统评估政策传导机制、跨部门协同效能、资源配置效率等实施关键环节；在主体维度上，覆盖政策制定者（政府部门）、市场实践主体（企业）、智力支持主体（专家）、社会感知群体（公众）四类利益相关方。本次调查针对上述四类群体设计不同的调查问卷，调查与评估《条例》具体内容的配套政策制定与落实情况，《条例》实施的客观效果，以及相关利益群体对《条例》的认知、主观感受等情况。

本次调查主要开展了部门访谈、集中座谈、实地调研、问卷调查等工作，通过向特定群体推送问卷、通过互联网平台随机发放问卷等方式，获取问卷信息，既保证各类群体的准确性，也力求抽样的合理性和调查的覆盖面。

（二）调查群体分布特点

截至 2024 年 12 月 5 日，本研究通过立体化调研网络获取有效样本 127 份，覆盖 4 类利益相关群体，其中，公众版问卷 58 份，占比 45.67%；企业版问卷 29 份，占比 22.83%；政府部门版问卷 16 份，占比 12.60%；专家版问卷 24 份，占比 18.90%。从调研群体分布来看有如下特点。

1. 公众维度

公众共有 58 人参与答卷，包括学生、在职人员、离退休人员和自由职业者等各类人群。其中，本科学历占比 55.17%，硕士学历占比 17.24%，博士学历占比 25.86%，高学历人员占比较高。

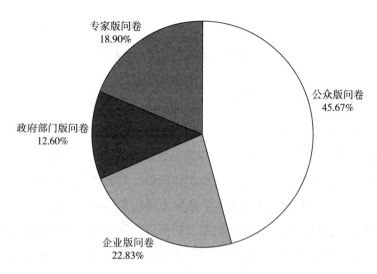

图1　调查群体分布情况

2. 企业维度

企业共有29人参与答卷，男性占比51.72%，女性占比48.28%。31~40岁（含40岁）占比41.38%，41~50岁（含50岁）占比44.83%。18~30岁（含30岁）、50岁以上各占比6.9%，群体覆盖较为广泛，有一定代表性。

3. 政府部门维度

政府部门共有16人参与答卷，男女各占50%。40~50岁（含50岁）占比68.75%，30~40岁（含40岁）占比18.75%，18~30岁（含30岁）及50岁以上各占比6.25%。年龄分布较为合理，问卷调查具有有效性。从部门分布来看，主要涉及数字经济相关的发展规划和行业监管等部门，具体包括：政务服务与数据管理部门占比18.75%、经济和信息化部门占比12.5%、城市管理部门占比12.5%、农业农村部门占比12.5%、文化和旅游部门占比12.5%、科技部门占比6.25%、财政部门占比6.25%、统计部门占比6.25%、网信部门占比6.25%、其他部门占比6.25%，参与人员覆盖部门较为广泛。

4. 专家维度

专家共有24人参与答卷，男性占33.33%，女性占比66.67%。年龄

18~30岁（含30岁）占比4.17%，30~40岁（含40岁）占比20.83%，40~50岁（含50岁）占比62.5%，50岁以上占比12.5%，均为领域内较为资深的专家学者，经验较为丰富。

主要研究方向或关注领域包括：大数据与人工智能等数字技术领域占66.67%，数字基础设施领域占比29.17%，数字产业与数字化转型领域占比62.5%，数字经济政策与法律法规领域占比37.5%，智慧城市领域占比20.83%，数字经济安全领域占比20.83%。从专家的专业来看，经济学占比12.5%，管理学占比54.17%，计算机科学占比20.83%，法学占比4.17%，其他占比8.33%，显示被调查者专业性较强，所覆盖学科较为广泛。

三 《条例》实施情况的调查分析

（一）社会总体感知情况

从对《条例》的了解和实施情况的总体感知来看，公众、企业、政府部门和专家等相关群体呈现出不同的特点。

1. 公众总体上对《条例》较为支持

从公众对数字经济的认知来看，超九成受访者（91.38%）认为数字经济已深度渗透至衣食住行等日常生活领域，近八成（79.31%）认可其对教育、科技、文化、医疗等社会服务领域的影响，超八成（82.76%）感知到公共服务领域的数字化变革（见图2）。

多数人自认为对数字经济有一定了解（37.93%表示较为了解，46.55%表示一般了解），但仍有15.52%的受访者表示不了解（见图3）。在信息获取途径上，网络媒体以79.31%的占比成为主要渠道，宣传讲座（占比20.69%）的传播效能相对有限（见图4），这一现象或与数字经济快速发展的阶段性特征密切相关。值得注意的是，公众对《条例》的支持态度及其对数字经济影响力的感知呈现强关联。整体上政策接受度较高，显示出当前公众对数字治理框架的适应性。

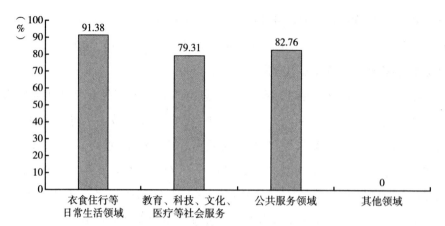

图2 公众对数字经济的认知情况

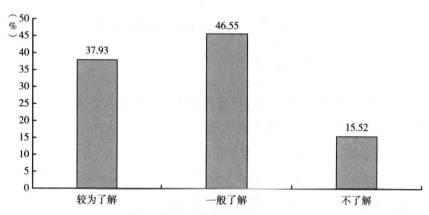

图3 公众对数字经济的了解程度

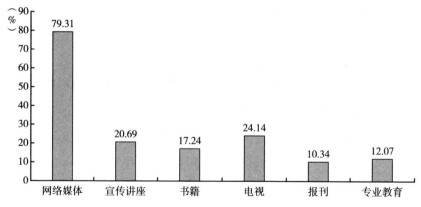

图4 公众了解数字经济的途径

2.企业积极落实《条例》但政策红利传导需加强

调查显示，企业通过多种方式了解《条例》，其中 86.21% 的受访企业通过网络媒体渠道获取信息，显著高于其他途径。宣传讲座和与他人交流为次要传播方式，各占 20.69%，政府官网则以 17.24% 的占比成为第四大渠道，而电视、书籍、报刊等传统媒介的影响力有限，均仅占 3.45%（见图5）。数据表明，《条例》在企业中的传播较为广泛，但信息获取渠道集中化特征突出，线下官方传播与深度解读渠道的渗透效能仍有提升空间。

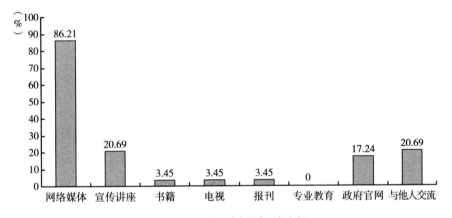

图5 企业了解《条例》的途径

调查显示，79.31% 的受访企业已开始执行《条例》相关规定，但政策实际效果的感知明显滞后，6.9% 的企业认为效果显著，37.93% 的企业表示效果有限，27.59% 的企业尚未感知效果，27.59% 的企业无法明确判断是否有效果。这既凸显政策执行与效果显现存在时间差，也反映企业对政策条款理解不足等问题。多数企业的积极性较高，但政策红利的传导效率与精准度仍有待提升。

3.政府部门对《条例》及相关政策了解程度较高

总体来看，政府部门对《条例》及其具体内容的了解程度相对较高，其中，非常了解的占 6.25%，比较了解的占 31.25%，基本了解的占 37.50%（见图6）。

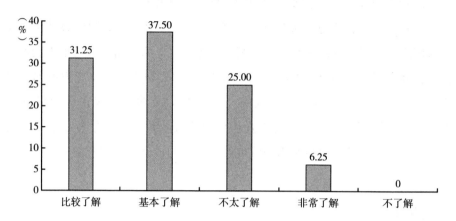

图6　政府部门被调查者对《条例》的了解程度

4. 专家对《条例》比较了解和支持

专家总体对于《条例》较为了解，也较为支持。其中，非常了解、比较了解、基本了解的占比70.83%，不太了解的占比29.17%。70.83%的专家明确支持《条例》，这也反映出部分专家对政策落地效果持审慎态度（见图7）。

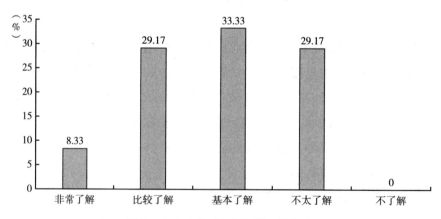

图7　专家对于《条例》的了解程度

（二）社会评价分析

1.不同群体了解《条例》的途径差异

总体上看，专家了解《条例》的途径较多元，与公众和企业的了解途径差异较大。企业更多的是从网络媒体了解《条例》的信息，而通过政府官网、专业教育等途径获取信息不足，说明《条例》相关的专项教育和官方宣传工作需要加强（见图8）。

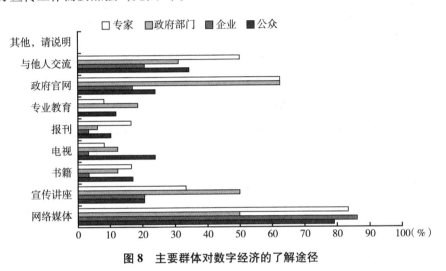

图8　主要群体对数字经济的了解途径

2.不同群体对《条例》的了解程度和内容差异

不同群体对《条例》的了解程度各异。公众、企业和政府部门、专家等群体在"比较了解""基本了解"类别中占比较高，显示出较高的认知度。而"不了解"类别也有一定占比，可见仍有部分人群对《条例》内容缺乏了解（见图9）。因此，政府相关部门需加强宣传，扩大政策的覆盖面。

专家对数字经济有较为深入的了解，政府部门更加关注数字经济安全和智慧城市建设等内容，这些方面直接关系到国家安全和城市发展。企业更加关注产业数字化和数字产业化等，这些方面可能直接关系到企业的转型升级和市场竞争力。而公众对各个类别的了解程度相对较为平均，但对某些特定类别（如数据资源）有较高的关注度。

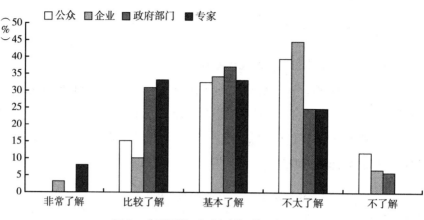

图9　主要群体对《条例》的了解程度

3. 对《条例》落实情况的总体评价

调查发现，16.67%的专家与18.75%的政府部门认可数字经济相关政策的实施成效，62.5%的专家与50%的政府部门认为政策效果有限，两个群体中均有12.5%认为部分配套政策制定不够及时。

被调查者认为，落实《条例》存在的困难与挑战主要包括跨部门统筹协调（占比22.00%）、缺少复合型人才（占比20.00%）、各类资源调配和使用难（占比18.00%）、条例相关配套政策落地难（占比16.00%）、缺少财政资金支持（占比14.00%）、条例相关细化政策制定难（占比10.00%）等（见图10）。

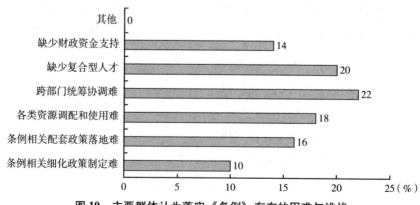

图10　主要群体认为落实《条例》存在的困难与挑战

4. 主要群体对《条例》中基础设施内容的了解程度

主要群体对《条例》中数字基础设施建设内容的了解程度存在差异。专家和政府部门对数字基础设施建设内容的了解比较深入，企业和公众对于《条例》中基础设施建设内容了解程度相对较低。需注意的是，仍有少数企业和公众不了解相关情况（见图11）。

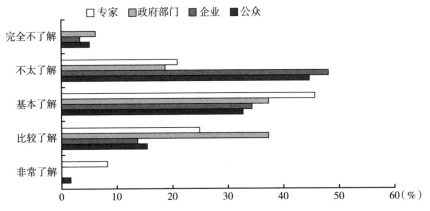

图11　主要群体对《条例》中数字基础设施建设内容的了解程度

5. 不同群体对《条例》对数字产业化发展的作用效果的评价

总体上，四类群体均认为《条例》对于促进北京市数字产业化发展有促进作用，有少数企业和公众认为作用效果不太明显（见图12）。

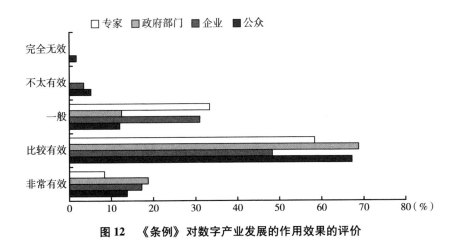

图12　《条例》对数字产业发展的作用效果的评价

6. 不同群体对《条例》在产业数字化发展中作用效果的评价

总体上，四类群体均认为《条例》对于促进产业和企业数字化转型有积极的作用，其中，87.5%的政府部门、77.6%的公众、62.5%的专家和55.2%的企业认为非常有效和比较有效，同时，也有6.9%的公众和3.5%的企业认为不太有效和完全无效（见图13）。《条例》对于促进产业和企业数字化转型的作用有待加强。

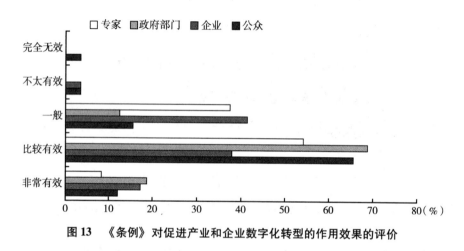

图13 《条例》对促进产业和企业数字化转型的作用效果的评价

7. 不同群体对《条例》在促进数据要素市场化方面作用效果的评价

总体上，四类群体均认为《条例》对北京市数据要素市场化有促进作用，也认为在数据共享与协同创新等方面取得积极成效。但是，少数专家在《条例》对数据要素市场化方面的作用效果评价中表现感知不明显，约4%的专家表示不清楚（见图14），说明专家更关注数据要素市场化发展的制度规则等深层次问题，而这也是数据要素市场化发展中面临的难题。

8. 不同群体对《条例》在智慧城市建设的作用效果的评价

总体上，四类群体均认为《条例》对智慧城市建设的作用效果较为显著。但是，调研也发现，公众对于智慧城市建设的感知度最低，15.50%的公众表示不清楚和从未体验（见图15），说明智慧城市建设成效与公众的实际感知还存在一定的差距。

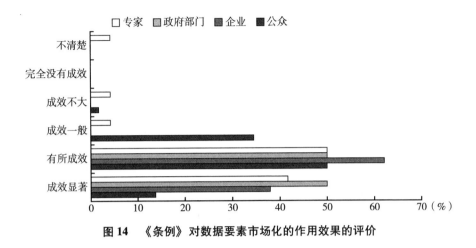

图 14　《条例》对数据要素市场化的作用效果的评价

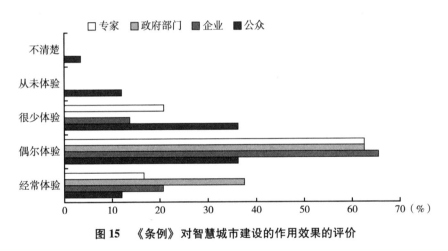

图 15　《条例》对智慧城市建设的作用效果的评价

9. 不同群体对《条例》在数字经济安全发展方面作用的评价

总体上，专家、政府部门和企业等群体均认为《条例》对数字经济安全的作用效果较为显著。但是，专家明显对于数字经济安全问题比较重视、要求较高，约 4.5% 的专家认为《条例》对数字经济安全的作用效果为不太有效（见图 16）。

10. 不同群体对《条例》中保障措施作用效果的评价

调研中，大部分专家和企业均认为《条例》的相关保障措施有效，其

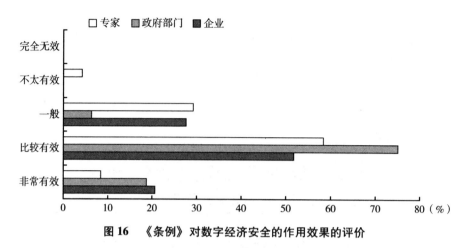

图 16 《条例》对数字经济安全的作用效果的评价

中，认为非常有效和比较有效的占比较高。另外，6.9%的企业认为《条例》的相关保障措施的作用效果为不太有效（见图 17）。

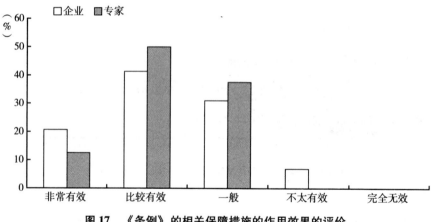

图 17 《条例》的相关保障措施的作用效果的评价

四 进一步促进《条例》实施的对策建议

（一）加强《条例》宣传和相关内容培训

调查发现，主要群体对《条例》的了解途径和认知均存在一定差异。

建议通过多种渠道和方式,加强《条例》的社会宣传和内容培训。广泛宣传《条例》的重要意义、主要内容和具体要求,提高社会各界对《条例》的认知度和认同感。针对政府部门工作人员、企业管理人员和技术人员等不同群体,开展有针对性的培训活动,使其深入理解《条例》内容,准确把握相关内涵和操作流程,为《条例》的落地落实奠定基础。

(二)建立指标体系动态评估《条例》落实效果

在复杂多变的环境下,相关利益主体对《条例》的认知度、落实程度的偏差可能带来《条例》实施成效的偏差。因此,建议制定科学合理的数字经济发展考核评估指标体系,包括数字经济规模、数字产业发展、数字化转型成效、数据资源管理、数字经济创新能力等二级指标,同时细化三级指标。横向对比其他数字经济发达城市,结合北京实际情况,不断探索创新,提高数字经济发展的质量和效益。纵向对比北京市数字经济在《条例》落实前后及发展过程的特点,深入挖掘数字经济领域的典型案例,总结其成功经验和做法,查找存在的问题。通过对不同行业、不同领域的多方位、多角度的评估研究,全面了解《条例》在推动数字经济发展方面的实际作用,进一步推进《条例》落实。

(三)动态修订《条例》并加快配套政策制定与实施

紧密结合国内外技术及产业发展最新趋势,以及中央最新政策要求,根据北京市发展实际,建立《条件》动态修订机制。同时,不断加快配套政策的制定与实施。不断完善数据基础制度、推动人工智能重点细分领域发展、加快数字经济生态体系建设等。不断探索新型数据产权制度,推动产权保护机制创新发展。健全数据要素市场制度,建立数据要素流通准入标准,完善数据要素市场主体准入机制,全面落实公平竞争制度,完善数据市场有序竞争机制,增强数据监管能力。加强人工智能伦理规范建设,确保人工智能数据训练的安全性与合规性。推动人工智能监管政策先行先试,完善人工

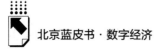

智能产业发展体系等。在技术研发、人才培养、高水平开放等方面，不断完善相应政策措施。同时，围绕数字基础设施、数据基础制度先行区建设、产业数字化发展、人工智能创新应用示范高地、智慧城市建设等重点内容，推动《条例》落地落实。

（四）完善《条例》落实的组织保障机制

进一步完善与《条例》落实相关的顶层设计，建立市级高位协调和统筹调度机制，推进各项工作开展，确保《条例》高效落实。加强对全球数字经济标杆城市建设动态调度平台的管理，有效发挥平台的调度作用。完善市区联动工作机制，市、区两级政府共同谋划和推进数字经济重大项目，建立项目合作机制。在数据、人工智能、自动驾驶、机器人等重点细分领域完善领导机制，明确责任部门，建立细分领域领导小组，整合各部门合力共同推动数字经济重点行业发展。激发政府部门的工作主动性，鼓励各单位结合自身实际，主动谋划数字经济发展任务，形成各区数字经济发展亮点。

五 研究不足与改进

本次调查还存在一定局限性。一是各类调查群体的样本量还偏少，样本代表性有待提升；二是调查时点截至 2024 年 12 月 5 日，《条例》实施不久，成效尚未很好显现。因此，本报告反映的是《条例》实施情况的阶段性特征。

未来，课题组将持续追踪了解《条例》实施的新动态、新特点等，以及相关群体的主观感受，以期结合数字经济发展的时代特征，提出进一步推进《条例》落实的对策建议。

参考文献

陈晓红、李杨扬、宋丽洁、汪阳洁：《数字经济理论体系与研究展望》，《管理世界》2022 年第 2 期。

杨春友：《我国数字经济促进立法研究》，云南大学硕士学位论文，2021。

比 较 篇 ⟩⟩

B.15
北京市数字经济"一区一品"建设进展

吴向阳　鄢天安*

摘　要： 本文深入分析了北京市数字经济"一区一品"建设的进展与特点，探讨了其面临的挑战与问题，提出了未来数字经济发展建议。北京市通过顶层设计与统筹推进，充分发挥各区资源禀赋和产业优势，形成了各具特色的数字经济发展格局。然而，区域发展不平衡、产业定位同质化、数据要素市场化改革的制度瓶颈等问题仍制约着数字经济高质量发展。本文建议进一步强化顶层设计，突出区域特色，加大创新投入，加快数据要素市场建设，提升数字治理能力，以推动北京市数字经济可持续发展。

关键词： 数字经济　"一区一品"　区域发展　数据要素　北京市

---

* 吴向阳，北京市社会科学院副研究员，主要研究方向为数字经济、环境经济学；鄢天安，中国民用航空中南地区管理局，主要研究方向为信息技术与管理。

　　近年来，北京市把数字经济建设置于高质量发展的优先方向，瞄准
"标杆城市"目标，以《北京市关于加快建设全球数字经济标杆城市的实施
方案》为宏伟蓝图，以《北京市数字经济促进条例》为法律保障，初步建
成比较完备的制度框架体系，为北京数字经济的蓬勃发展注入了强大动力。
"一区一品"战略是北京落实全球数字经济标杆城市建设的重要举措，旨在
充分发挥各区资源禀赋和产业优势，探索差异化、特色化的数字经济发展路
径，构建多点支撑、协同联动的数字经济发展新格局。各区基于自身定位，
聚焦数字科技发展前沿，多点齐发，2024 年北京市数字经济增加值增长
7.7%，达到 2.2 万亿元，成绩斐然。本文将深入分析北京市数字经济"一
区一品"建设的进展与特点，探讨其面临的挑战与问题，对北京市数字经
济"一区一品"发展提出建议。

一　北京市数字经济"一区一品"建设的进展与特点

　　在北京市政府高瞻远瞩的战略部署和积极有力的推动下，各区紧密结合
自身区域禀赋与产业特色，在数字经济领域初步构建了各具优势、竞相发展
的特色化格局。北京市数字经济"一区一品"建设在以下方面呈现出令人
瞩目的亮点。

（一）顶层设计与统筹推进

　　北京市政府始终坚持高位统筹、顶层设计的战略引领，为"一区一
品"建设奠定了坚实的基础。《北京市数字经济促进条例》等一系列纲领
性政策的出台，为数字经济健康发展提供了完善的制度保障和行动指南。
北京市经济和信息化局作为核心牵头部门，充分发挥统筹协调职能，组织
召开高规格的数字经济工作座谈会，汇聚全市十六区及北京经济技术开发
区数字经济工作主管负责人，聚焦"一区一品"建设的关键核心，精准
施策，靶向发力，前瞻性研讨面向未来的发展战略与实施路径。这种常态
化、制度化的高层级统筹协调机制，不仅确保了"一区一品"建设与北

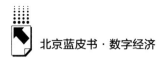

京市数字经济发展战略的同频共振与协同发力，更为各区数字经济的特色化、差异化发展提供了坚实的组织保障和精准的政策支持，有效避免了低水平重复建设和同质化竞争，为构建各美其美、美美与共的数字经济发展新生态奠定了坚实的基础。

（二）龙头引领与示范带动

部分区域依托得天独厚的资源优势，在数字经济发展中发挥了"排头兵"和"领头羊"的作用，成为全市数字经济高质量发展的核心区和引擎。

1.海淀区

海淀区作为北京建设全球数字经济标杆城市的创新引领区，2024年上半年数字经济增加值占全区生产总值的比重超60%，软件信息产业收入达7575.9亿元，占全市的64%，并培育出58家市级数字经济标杆企业，其中3家跻身全球标杆。

（1）人工智能高地全面发力

通过部署3500P算力集群、上线人工智能数据运营平台及模型语料中心，构建"数算一体"生态；发布《中关村科学城人工智能全景赋能行动计划（2024—2026年）》，启动全国首个创新应用加速器，打造"AI全景赋能第一城"。目前，海淀集聚1300家AI企业，备案大模型57款、占全国的近1/3，独角兽企业26家、占全市的70%。

（2）软件信息业和集成电路设计产业创新发展

中关村软件创新中心聚焦基础软件、工业软件等领域的自主创新，强化数据库关键核心前沿技术攻关。集成电路领域布局RISC-V行业芯片设计与应用平台，加速算力芯片与大模型企业协同，发布《中关村科学城集成电路创芯引领行动计划（2024—2026年）》，共建联合实验室，强化产业链协同。

（3）智能制造与空天产业加速布局

打造全栈式智能制造集聚区，发布《关于打造全国具身智能创新高地的三年行动方案（2024—2026年）》，聚焦源头创新突破、本体产品领跑、

234

创新平台赋能、应用场景示范、产业集群建设、生态雨林打造。发布《海淀区建设商业航天创新高地行动计划（2024—2028年）》，覆盖卫星制造至时空信息应用全链，目标是培育千亿级产业集群。

（4）未来产业前瞻卡位

量子科技以计算为核心延伸通信与精密测量，6G领域建设通感算智融合平台，未来健康聚焦AI医药与高端器械，推动合成生物学、脑机接口等跨界创新。

2. 朝阳区

朝阳区以建设全球数字经济标杆城市核心区为目标，2024年全区信息服务业增加值超过1200亿元，是第二大支柱产业。已吸引超160家数字经济龙头企业落地。

（1）强化统筹机制

整合朝阳园管委会与区科信局职能，成立区数据局；出台《朝阳区推进全球数字经济标杆城市建设三年行动计划（2024—2026年）》和《2024年朝阳区国际科技创新中心与数字经济核心区建设工作要点》，构建"1+1+N"科技创新政策体系，构建全产业链政策支持与生态推进体系。布局细分产业基金，通过直投模式打造数字产业高地。

（2）领跑互联网3.0产业

中关村互联网3.0产业园快速发展，吸引超130家高成长企业入驻，产值突破20亿元。网易数字产业中心、京港（香港）互联网3.0产业中心、中新（新加坡）互联网3.0创新孵化中心等先后落地。北京市数字人基地启用，并建成多个共性技术平台，互联网3.0产业生态初具规模。

（3）推动主导产业集聚

朝阳区聚焦产业互联网、人工智能、数字安全三大主导产业，深化与中国工业互联网研究院的合作，建设工业互联网产业集聚区和工业软件创新中心。加强与互联网平台企业的合作，打造"互联网+"产业集聚区。依托360等龙头企业，拓展数字安全产业，打造特色园区。在人工智能领域，积

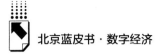

极布局行业大模型应用，联合华为等打造 AIGC 视听产业创新中心，启动人工智能赋能教育行动，筹建人工智能+环保产业创新中心，建设北京数字经济算力中心，加速人工智能产业集群形成。

（4）面向未来产业

朝阳区积极布局数字医疗和数据要素。成立数字医疗联盟，推进望京创新港等特色园区建设；打造国际数据枢纽，落地首笔数据资产增信业务，北京国际大数据交易所交易规模超 80 亿元。

3. 西城区

西城区以建设全球数字经济标杆城市示范区为目标，聚焦"马连道中国数据街"建设，对标"再造金融街"高规格推进，2024 年上半年数字经济核心产业收入达 1017.3 亿元，增速 23.9%，集聚核心产业企业超 2300 家，形成以数据要素、人工智能、数字金融为核心的产业生态。

（1）政策引领

发布《北京市西城区加快推进数字经济发展若干措施（试行）》及实施细则，发布《北京市西城区建设全球数字经济标杆城市示范区实施方案》，推动央企数字科技子公司与数字金融双线发展。推动制定数据基础制度先行区规划，研究制定人工智能与数据产业发展专项规划。

（2）优化数字产业生态

联合中国电子、中金金融认证等 33 家重点单位成立"马连道·数据街"合作发展联盟，搭建"政府+园区+企业"三级服务体系，认定 6 家特色数字经济产业园，如数字文化 IP 集聚区的"黄城 21 号"、孵化数字文化新业态的"北京天桥文科融创中心"、数字金融的"新动力金融科技中心"和"天恒金融科技创新中心"等。

（3）布局人工智能与数据产业

吸引中电信人工智能、人民数据等 10 余家重点企业落地，集聚核心数据企业 208 家、人工智能企业 402 家。推动电力数据、数据要素等 3 个国家级实验室落地，支持新壹视频、联通元景等 9 个大模型获国家备案，奇安信网络安全大模型、数字农业 AI 平台等成果引领垂直领域创新。

（4）数字金融与文化双轮驱动

落地网联清算、金融网关等国家级金融科技机构，培育专精特新企业 25 家、独角兽企业 3 家，通过金融科技赛事推动大模型场景应用。建设"西城文化云"平台，用户数超 32 万，打造非遗数字人、电竞研究院等 IP，创新"云逛街""数剧京韵"等数字消费业态。

4. 东城区

东城区注重产业集聚、人工智能和数字文娱，2024 年上半年数字经济产值约 1400 亿元。

（1）构建产业集聚新格局

通过"标识+领域+清单"创新模式，重点打造航星园、金隅环贸等八大数字经济产业组团，形成"金融+总部+科创"协同发展格局。出台《东城区加快硅巷高质量建设行动计划（2024—2026 年）》。

（2）加速布局人工智能产业

成功举办人工智能产业发展大会，推动"天工""中文逍遥"等大模型通过备案。建设中关村先进智算实验室，构建"算力—数据—模型—应用"全产业链生态。启动"紫金云 2.0"平台建设，加速传统数据中心向智算中心转型。

（3）打造数字文旅新范式

精雕"故宫以东"数字消费地图，重点将五大文化消费业态与生态方式链接，以数字赋能文旅发展。如融合 6D 特效、8K 实景技术打造 Funfly 环游天地体验中心、数字中轴项目实现北京中轴线文化遗产数字化再现、燕墩数字化保护工程等，构建起"科技+文化"深度融合的消费新场景。

（三）区域特色与差异化发展

在数字经济核心区的示范引领下，其他区积极努力，充分发挥各自资源禀赋，展翅齐飞，差异化发展，共同谱写北京全球数字经济标杆城市建设的华丽篇章。

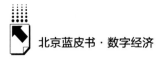

1. 数实融合驱动区

丰台区、石景山区、房山区、大兴区、通州区、顺义区、昌平区、经开区等区域以数字技术赋能实体经济为核心,推动制造业、金融、文创等产业数字化转型,打造数实深度融合的数字经济生态。

（1）丰台区——产业数智化引领区

丰台区形成以"一核"数智引领、"两区"创新示范、"全城"赋能提升的数字经济发展格局。成立倍增发展数字经济专班,制定《丰台区数字经济提质发展三年行动计划（2024—2026年）》。深入实施"1511"产业发展提质工程,空天信息、智慧轨交、数字金融等产业技术研发和规模化发展取得新突破。2024年上半年丰台区数字经济收入达594.1亿元,同比增长9.9%。轨道交通产业加快智慧化转型方面,丰台已汇聚以中国中铁、中国通号、交控科技等为代表的轨道交通重点企业165家和创新平台26家,涵盖轨道交通规划设计、工程建设、装备研制和运维管理等全产业链环节,构建了京投亿雅捷轨道交通云综合管理平台。空天信息产业形成发展新高地方面,丰台区已集聚航天航空科研院所和企业140余家,空天人才众多,在商业发射、卫星导航、遥感数据应用等领域取得显著成果。发布《丰台区卫星互联网产业园建设工作方案》,卫星互联网产业园正式开园,商业航天驶入快车道。其他新兴产业创新发展方面,低空经济、商用密码、数据要素等新兴产业、未来产业实现创新发展,培育形成一批新业态新模式。

（2）石景山区——首都数字西大门

2024年上半年石景山区数字经济核心产业收入达837.1亿元,同比增长9.7%。建成全市首个数字人民币"综合性试验区",以科幻创新场景为引领,以消费、民生、政务三大基础场景为特色,拓展数字人民币全门类应用,在石景山形成"1+3+N"全域试点模式。信用数据社会化服务体系建设有新进展,加强公共信用和社会信用数据融合共享应用,依托京津冀晋信用科技实验室,推动跨区域数据共享与信用技术创新。推进信用数据技术创新研发,打造全国首个跨区域的信用评价及监测预警数据集,推进信用数据技术研发创新基地建设。开展"信易+"应用探索。人工智能发展迅速,积极建设人工智能大模型产业聚集区，出台支持人工智能发展系列政策，两款大模型通过国家备案，百度智能云千帆大模型产业（北京）创新基地、人工智能关键技术和应用评测工信部重点实验室落地建设。

（3）房山区——数字化储能新生态

房山区数字经济以储能产业为核心。海博思创 AI 云智慧储能平台通过数字化建模与大数据分析，实现全生命周期管理，安全性与效率得以提升。新源智储利用 AI 和数字孪生技术延长电池寿命 10%，年产能达 8GWh，领跑数字化储能赛道，助力能源产业智能化转型。

（4）大兴区——数据出海与产业集群数智化

大兴区立足"三区一门户"定位，以"企业出海+数据合规"为关键抓手，带动生命健康、临空经济、先进制造三大千亿级产业集群数智化升级，突出打造产业发展新高地，探索构建面向国际、面向未来的数字经济产业体系。建成全国首个"北京数字经济企业出海基地"，覆盖中东、东南亚市场，助力 20 余家企业开拓海外市场，落地首单跨境服务案例。构建"北港南岸"数据枢纽，北部建设数据合规港，打造首个消费数据流通平台；南部国际数据口岸完成全国首个外资药企数据出境，建立跨境电商等场景数据跨境通道。促进三大产业集群升级，生命健康集群诞生全球首款 3D 神经外科手术机器人及国内首个单孔手术机器人；临空经济集群建成京津冀首个新型离岸贸易平台，服务金额超 32 亿美元；先进制造集群建成全球最大加氢站，天科合达碳化硅衬底产能跃居全球第二位。

（5）通州区——数据基础制度先行区

通州区围绕副中心"6+3"产业体系整体布局，强化对数字经济的系统谋划，在全市率先发布副中心产业空间地图，明确"一城一轴一带、四区三镇多点"的产业空间布局，为产业项目提供全面空间保障，推出《关于北京城市副中心数字经济产业高质量发展的实施细则》《关于北京城市副中心加快推进北京数据基础制度先行区高质量发展的实施细则》等，聚焦网络安全、元宇宙、数据要素和未来产业等数字经济主攻方向，形成"10 亿元产业扶持资金+50 亿元产业引导基金+50 万平方米新型产业空间"一揽子政策，多维度、全方位助力新质生产力发展。建成国家网络安全产业园集聚249家企业，培育40家国家级专精特新"小巨人"。元宇宙集群引入114家企业，应用创新中心落地54家。布局6G与卫星互联网创新平台，建成数据先行区吸引42家市场主体，完成全国首个文旅数字剧本游及AI摄影场景。数字基建实现5G全域覆盖，规划万P级智算中心，自动驾驶范围扩展至175平方公里。

（6）顺义区——智能制造与数字空港

顺义区聚焦"数字空港+智能制造"，打造首都数字经济增长极，1～8月核心产业收入514亿元。建成5G基站超3100个，落地全国首个区级数据要素服务中心，完成数据资产质押首贷（440万元）及交易额超2000万元。培育304家数字经济企业，聚集理想汽车、中航信等龙头企业，理想汽车的Mind GPT大模型引领车载场景应用AI创新。临空经济区形成千亿级医药贸易规模，跨境电商医药试点销售额达1.83亿元。通过11项专项政策构建"智造+数据+空港"三维产业生态。深入推动智能制造产业和中小企业数字化转型发展，在全市率先开展规模以上制造业企业数字化达标核验工作，首批22家区内重点制造业企业实现数字化达标；在2024年北京市智能工厂和数字化车间认定中居全市第一位，入选工信部第二批中小企业数字化转型试点城市名单。

（7）昌平区——数实融合驱动新质生产力

昌平区以"数字产业化"和"产业数字化"为核心，2024年上半年数字经济收入1133.1亿元，增长9.9%。聚焦信息技术、制造业数字化转型，生命谷国际精准医学产业园、机器人产业园、紫光数字经济科技园智能工厂等项目进展顺利，新增专精特新企业165家，新增"小巨人"企业19家。编制《昌平区中小企业数字化转型城市试点专项资金实施细则》等，推进中小企业数字化转型，深入梳理各类场景下数字化转型的问题、需求和场景清单，为企业量身定制专业化、低成本的"小快轻准"解决方案。数字消费新地标如超极合生汇等助推北部数字经济标杆城市建设。

（8）经开区（亦庄）——高级别自动驾驶示范区和数据基础制度先行区

亦庄聚焦自主创新、场景牵引、数据要素优化配置、政务数字化转型四大方面，加速形成数字经济新生态，2024 年上半年数字经济收入超 2000 亿元，增长 12%。推动核心数字技术攻关，充分发挥北京市人形机器人创新中心的带头作用，搭建人形机器人整机系统架构。建成国内自主可控度最高的"CPU+操作系统+数据库"安全底座。深化高级别自动驾驶示范区建设，高级别自动驾驶 3.0 覆盖 600 平方公里，测试里程近 3000 万公里，无人驾驶服务八类应用场景率先在全国落地，Robotaxi 服务超 206 万人次，营收超千万元。加快北京数据基础制度先行区建设，从构建体系、打造空间、强化政策等多维度发力，支撑北京打造全国数据要素市场流通枢纽和全球标杆。推动全市首个大规模存储数据中心转型为算力中心，智算总规模达 5000P，发布《北京经济技术开发区关于加快打造 AI 原生产业创新高地的若干政策》，助力北京亦庄打造人工智能产业创新高地。北京·亦庄全域人工智能之城建设方案正式发布，宣告北京亦庄将打造"人工智能之城"。打造智慧城市，支持北京亦庄优化营商环境，助力政府数字化转型，亦智政务大模型服务平台正式上线，这是全市首个区级政务大模型服务平台，目前已在 8 个重点应用场景率先落地。北京亦庄城市运行大脑系统正式投入使用，已实现城市运行"一网统管"。打造"亦城慧眼"城市治理场景，基于多模态大模型支持 4000 多种要素和 107 种事件检测，率先实现 29 种事件全域自动巡查。

2. 数字赋能生态涵养区

门头沟区、延庆区、怀柔区、平谷区、密云区等这些区域以生态保护为优先，结合绿色发展和数字技术，探索数字经济与生态、文旅、农业等的融合发展路径，形成生态优先、数绿融合的特色模式。

（1）门头沟区——京西智谷

门头沟区以"京西智谷"为品牌，聚焦人工智能与超高清视听产业。建成全市最大 500P 国产自主可控人工智能算力集群，落地华为计算视听创新中心和"潭柘智空"文生视频大模型，推动 AI 在内容审核、文旅等领域

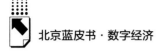

的应用。数据基础制度先行区建设提质，汇聚视听、教育、气象等多领域数据，打造专精特新产业集群，培育166家专精特新企业、10家专精特新"小巨人"企业，外资企业新增88.2%。

（2）延庆区——低空技术数字引擎

延庆区依托中关村（延庆）低空技术产业园，打造低空技术创新标杆。园区集聚超百家无人机企业，航天时代飞鸿跻身独角兽企业行列，清航装备打破国外技术垄断。低空技术赋能文旅（空中旅游经济同比增长2倍）、智慧农业、城市物流、生态监测等领域，建成500P国产智算集群，部署全国最大5G-A通感一体组网。建成森林防火无人机监测基地，完成长城2厘米精度的三维建模。

（3）怀柔区——大科学装置与科学数据

怀柔区以"科学数据+高端制造"双核驱动，打造数字经济新标杆。已布局37个国家级科技设施平台项目，向全球开放的科研机时超180万小时。培育仪器装备产业集群，突破激光甲烷传感器等"卡脖子"技术，国产替代率显著提升。建设中国影都数字产业园，承载全国60%的影视后期制作需求，引入5A级长城文旅融合区。2024年上半年数字经济核心产业收入达189亿元，构建"大科学装置+产业创新"生态体系。

（4）平谷区——数字农业与直播电商先锋

平谷区以"农业中关村"为抓手，推动数字农业创新，峪口禽业智慧养殖方案入选全国典型案例。北京（平谷）直播电商产业功能区启动，国农港智慧云供销村播产业园入驻172家企业，直播电商赋能预制菜等产业转型升级。2024年1~10月软件信息服务业营收达863.4亿元，同比增长13%。

（5）密云区——"智造+生态"双轮驱动

密云区聚焦智能制造与生命健康，北汽新能源享界超级工厂投产，年产能达12万辆。生命健康智造产业园集聚66家企业，年产值15亿元。中关村测控装备产业集群获国家级认定。建成1513个5G基站，部署15P超算及8000P智算中心，城市大脑实现全域数据联动。"数智密云"城市大脑一期试运行，生态涵养区数字化治理领先。

二 北京市数字经济"一区一品"建设面临的挑战与问题

北京市自提出建设全球数字经济标杆城市目标以来，各区通过"一区一品"差异化定位，推动数字经济特色化发展，取得显著成效。然而，随着数字经济发展向纵深推进，区域间资源分配不均、制度瓶颈、技术融合不足等问题逐渐显现，成为制约高质量发展的关键因素。

（一）区域发展不平衡

各区都在积极发展数字经济，但由于资源禀赋、产业基础、政策力度、人才密度等方面的差异，区域间数字经济发展存在不均衡现象。部分中心城区数字经济发展相对成熟，而一些远郊区数字经济发展相对滞后，可能导致数字鸿沟进一步扩大。海淀区数字经济产值遥遥领先于其他区（见图1）。

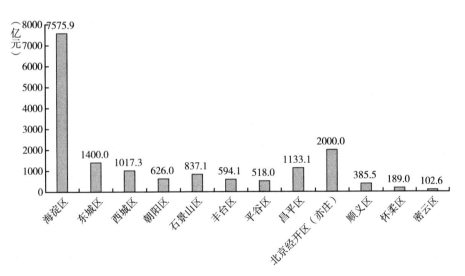

图1　2024年上半年北京市部分区数字经济增加值

注：海淀区数据为软件信息产业收入，统计范围较其他区狭窄但数值显著高于其他区。朝阳区数据为信息服务业增加值，与其他区的收入统计口径略有不同。

资料来源：根据北京经信局公众号数据整理计算得到（不同的区数据发布的时间不同，按平均法近似计算出半年值，未列出的区则为数据缺失）。

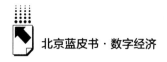

（二）区域定位同质化与资源分散风险

"一区一品"政策强调各区结合资源禀赋实现差异化发展，但在实际中仍存在产业定位重叠、资源竞争加剧的现象。例如，海淀区以人工智能和软件信息产业为核心，西城区聚焦数据要素与数字金融，丰台区发力商业航天与数字金融，而朝阳区、通州区等也在人工智能、工业互联网等领域布局，部分产业赛道呈现"多点开花"态势。这种同质化发展可能导致资源分散，削弱区域协同效应。

此外，部分区域在产业规划中对"未来产业"的界定模糊，如量子科技、6G、元宇宙等领域尚处于早期探索阶段，技术路径和市场前景不确定性大，早期投入可能面临回报周期长、技术迭代风险高等问题。

（三）数据要素市场化改革的制度瓶颈

数据要素作为数字经济的核心资源，其市场化配置仍面临制度性障碍。北京市率先设立数据基础制度先行区，并在数据确权、流通交易等领域开展试点，但数据权属界定不清、交易机制不完善、隐私保护与数据安全矛盾等依然突出。例如，西城区"马连道中国数据街"集聚了数据服务企业，但数据跨区域流通仍受制于行政区划壁垒。此外，数据资产入表、数据资产评估等配套制度尚不成熟，企业数据资源的价值转化效率较低。

（四）数字技术与实体经济融合深度不足

北京市在智慧交通、数字医疗、智能制造等领域取得突破，但传统产业数字化转型仍存在"表层应用多、底层革新少"的问题。中小企业在工业互联网、人工智能技术应用方面仍显滞后。此外，数字技术对消费升级的赋能作用尚未充分释放。"数字商圈"的消费场景创新多集中于线上平台，线下实体商业的数字化改造仍停留在支付、营销等环节，未能形成全链条协同效应。

（五）区域协同发展机制有待完善

"一区一品"战略要求各区在差异化发展中形成协同效应，但实际在推进中仍存在"单兵作战"问题。京津冀在协同发展框架下，尽管提出"五群六链五廊"布局构想，但产业链上下游衔接仍不紧密，如丰台区轨道交通企业与海外市场合作广泛，但与河北、天津的配套产业联动有限。此外，政策协调性不足，各区存在内卷式竞争，削弱了整体资源配置效率。

三　对北京市数字经济"一区一品"建设的建议

（一）强化顶层设计，完善协同机制

进一步强化市级层面的统筹规划和顶层设计，明确各区数字经济发展的定位和重点，避免同质化竞争和资源浪费。建立更加完善的市区联动、部门协同机制，加强政策协同、资源共享、信息互通，形成全市"一盘棋"的数字经济发展格局。以强帮弱，强化算力、场景、数据等的共建共享。

（二）突出区域特色，深化差异化发展

鼓励各区进一步挖掘自身优势，例如海淀区的科技创新优势、朝阳区的信息安全优势、西城区的数据金融优势、东城区的文化资源优势等，找准数字经济发展的特色赛道，避免"千区一面"。支持各区在细分领域深耕细作，打造具有区域辨识度和竞争力的数字经济品牌。

（三）加大创新投入，突破关键技术瓶颈

加大对数字经济领域基础研究和应用基础研究的投入，支持企业、高校、科研院所联合开展关键核心技术攻关，突破"卡脖子"技术难题。鼓励企业加大研发投入，提升自主创新能力。加强知识产权保护，营造良好的创新生态。

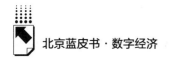
（四）加快数据要素市场建设，释放数据价值

加快制定数据要素市场化配置政策，探索数据确权、定价、交易、流通、安全等方面的制度规范。建设数据交易平台，促进数据要素高效流通和价值实现。加强数据安全和隐私保护，构建安全可信的数据流通环境。

（五）提升数字治理能力，营造良好发展环境

加强数字经济领域的监管，规范市场秩序，打击不正当竞争行为。完善数字经济治理体系，在平台监管、数据安全、算法监管等方面加强制度建设。提升政府数字化治理能力，优化数字营商环境，为数字经济健康发展保驾护航。

参考文献

《数字领航、协同创新，展各区数字经济发展新风貌（昌平篇）——北京数字经济"一区一品"系列宣传活动之六》，https：//mp. weixin. qq. com/s/grXXIDYZuOk5gtCGVzxs5g，2024 年 10 月 12 日。

《数字领航、协同创新，展各区数字经济发展新风貌（大兴篇）——北京数字经济"一区一品"系列宣传活动之十二》，https：//mp. weixin. qq. com/s/vfcMnefI6DCdOjU_5HiuRw，2024 年 11 月 22 日。

《数字领航、协同创新，展各区数字经济发展新风貌（东城篇）——北京数字经济"一区一品"系列宣传活动之五》，https：//mp. weixin. qq. com/s/Igq7PoIZ3L_n_0TmfR8xcfA，2024 年 10 月 4 日。

《数字领航、协同创新，展各区数字经济发展新风貌（房山篇）——北京数字经济"一区一品"系列宣传活动之十五》，https：//mp. weixin. qq. com/s/qhkLhrWFsOpHRxFIzbC2eQ，2024 年 12 月 14 日。

《数字领航、协同创新，展各区数字经济发展新风貌（丰台篇）——北京数字经济"一区一品"系列宣传活动之九》，https：//mp. weixin. qq. com/s/w7jlr4gDVftARqwiZ1tA4A，2024 年 11 月 1 日。

《数字领航、协同创新，展各区数字经济发展新风貌（怀柔篇）——北京数字经济"一区一品"系列宣传活动之十三》，https：//mp. weixin. qq. com/s/TObWiFqorn5Vl_

TOiJwjfQ，2024 年 11 月 29 日。

《数字领航、协同创新，展各区数字经济发展新风貌（门头沟篇）——北京数字经济"一区一品"系列宣传活动之十》，https：//mp. weixin. qq. com/s/j0PU2Yjp0F_ld28h58aNew，2024 年 11 月 9 日。

《数字领航、协同创新，展各区数字经济发展新风貌（平谷篇）——北京数字经济"一区一品"系列宣传活动之十六》，https：//mp. weixin. qq. com/s/t6J4TkF6BLg4qtp_aiFzqw，2024 年 12 月 20 日。

《数字领航、协同创新，展各区数字经济发展新风貌（石景山篇）——北京数字经济"一区一品"系列宣传活动之八》，https：//mp. weixin. qq. com/s/lQVOQ38kFHcc3vE4lH0ZEg，2024 年 10 月 25 日。

《数字领航、协同创新，展各区数字经济发展新风貌（顺义篇）——北京数字经济"一区一品"系列宣传活动之十一》，https：//mp. weixin. qq. com/s/VY4QRhFS6fxkkUtuDwLMXg，2024 年 11 月 16 日。

《数字领航、协同创新，展各区数字经济发展新风貌（通州篇）——北京数字经济"一区一品"系列宣传活动之四》，https：//mp. weixin. qq. com/s/QGLz_ ZKSkGVxxOWxeaf2Tw，2024 年 9 月 27 日。

《数字领航、协同创新，展各区数字经济发展新风貌（西城篇）——北京数字经济"一区一品"系列宣传活动之七》，https：//mp. weixin. qq. com/s/XrqDWmkQZcweQDR4CN6EDA，2024 年 10 月 18 日。

《数字领航、协同创新，展各区数字经济发展新风貌（亦庄篇）——北京数字经济"一区一品"系列宣传活动之三》，https：//mp. weixin. qq. com/s/I2fNt7yV3iO7QG2jE2hi0w，2024 年 9 月 20 日。

《数字领航、协同创新，展各区数字经济发展新风貌——北京数字经济"一区一品"系列宣传活动之朝阳篇》，https：//mp. weixin. qq. com/s/g6IiishJQZaTGs5tgrqIJA，2024 年 9 月 14 日。

《数字领航、协同创新，展各区数字经济发展新风貌——北京数字经济"一区一品"系列宣传活动之海淀篇》，https：//mp. weixin. qq. com/s/8shIx JJZPQynUuOYaAHgGg，2024 年 9 月 8 日。

《找准定位，协同推动——精准服务北京数字经济"一区一品"新发展》，https：//mp. weixin. qq. com/s/03Bc-Zu1dnd_ VP6nRiQPHg，2024 年 8 月 30 日。

《2023 年北京数字经济"一区一品"建设持续推进》，https：//jxj. beijing. gov. cn/hyjj/szjj/202401/t20240130_ 3548750. html，2024 年 1 月 30 日。

《2024 数字经济政策干货大礼包——〈北京市数字经济政策精华汇编（2024）〉》，https：//mp. weixin. qq. com/s/1-JRwpvSp53U3ppSoSSiyw，2024 年 1 月 2 日。

B.16
京津冀数字经济协同发展情况研究

李茂 罗植 王语心*

摘　要： 数字经济是京津冀协同发展的重要组成部分和重要抓手。本文系统梳理京津冀数字经济协同发展现状，从数字通信基础设施、数字技术创新发展、数字产业化规模和产业数字化规模四个方面，设计评价京津冀地区数字经济的指标体系，综合评价京津冀地区2013~2023年数字经济发展水平。研究发现，京津冀数字经济发展呈现良好态势，区域差距逐步缩小，但区域协同程度仍有较大的提升空间。京津冀数字经济协同发展仍面临着区域发展不平衡、河北创新能力不足、人才结构性矛盾突出、基础设施存在"数字鸿沟"、数据要素流通不畅、治理协同机制不完善等挑战。为促进京津冀数字经济协同发展，仍需加强数字基础设施统筹规划和建设、强化创新资源整合与协同攻关、完善人才培养引进机制、促进数据要素高效流通与共享、健全数字经济协同治理机制等。

关键词： 数字经济　京津冀协同发展　区域差异　协同治理

一　引言

京津冀协同发展是习近平总书记亲自谋划、亲自部署、亲自推动的重大国家战略，是面向未来打造新型首都经济圈、建设中国式现代化先行示范区

---

* 李茂，博士，北京市社会科学院传媒与舆情研究所副研究员，主要研究方向为互联网经济与互联网治理；罗植，博士，北京市社会科学院管理研究所副研究员，主要研究方向为公共管理、公共政策分析；王语心，中国社会科学院大学，主要研究方向为互联网经济。

的重要战略举措。① 该战略以有序疏解北京非首都功能为核心，以优化区域功能布局为重点，致力于构建高质量发展的区域经济体系。这一战略的实施对于破解"大城市病"、推动区域协调发展、实现共同富裕具有重要的示范引领作用，是新时期推进中国特色社会主义现代化建设的重大创新实践。

近年来，京津冀协同发展取得显著成效。在经济发展方面，区域经济总量突破 10 万亿元，产业结构不断优化升级，科技创新能力显著提高。在协同发展方面，交通一体化加快推进，实现京津雄半小时通达；生态环境联防联控成效显著，区域环境质量明显改善；公共服务共建共享水平不断提升，教育、医疗、养老等区域共享取得突破性进展。这些成就为打造世界级城市群奠定了坚实的基础，对推动形成新的经济增长极、探索解决"大城市病"、构建跨行政区协同发展的体制机制创新具有重要示范意义。

京津冀数字经济协同发展是京津冀协同发展的重要组成部分和重要抓手。数字经济具有高创新性、强渗透性、广覆盖性等特点，能够重塑区域经济结构。这要求京津冀三地打破壁垒加强协同，充分发挥数字经济的潜力。通过协同发展，京津冀可以实现数字要素的优化配置，避免重复建设和资源浪费；促进数字技术与实体经济深度融合，推动传统产业转型升级，催生新业态新模式。北京在数字技术研发、人才储备方面具有显著优势，天津在智能制造、港口物流数字化方面基础扎实，河北在数字应用场景拓展、传统产业数字化转型方面潜力巨大，三地优势互补，可以形成完整的数字经济产业链条，打造具有国际竞争力的数字产业集群。京津冀数字经济协同发展不仅有助于自身高质量发展，也将为全国区域协调发展提供可复制、可推广的经验，树立数字经济协同创新的典范。在此背景下，研究京津冀数字经济协同发展现状，分析存在的问题并提出对策建议，对促进区域经济高质量发展具有重要的理论价值和现实意义。

---

① 《京津冀谋划部署协同发展重点任务》，《北京青年报》2024 年 5 月 13 日。

二 京津冀数字经济协同发展主要成就

近年来，京津冀地区抢抓数字经济发展机遇，积极推动数字产业化和产业数字化，数字经济规模不断壮大，协同发展取得显著成效。

（一）数字经济规模持续扩大，区域发展新动能日益强劲

京津冀三地数字经济规模持续扩大，已成为区域经济增长的重要引擎。北京作为全国数字经济发展的领头羊，2024年数字经济增加值高达2.2万亿元，占GDP的比重达到44%，充分展现了其在数字经济领域的领先地位和强大实力。① 天津数字经济发展迅猛，2023年天津市数字经济核心产业增加值占GDP的比重已达7.2%，数字经济发展水平位列全国第一梯队。② 天津积极承接北京非首都功能疏解和产业转移，连续7年吸引京冀投资总额突破万亿元，2023年更是达到2305.6亿元，占天津市引进内资总额的57.4%，数字经济已成为天津高质量发展的重要支撑。③ 河北数字经济同样实现了跨越式发展，2023年河北数字经济核心产业增加值达到1400亿元，数字经济占GDP的比重达到36%。④ 河北在5G网络建设方面走在全国前列，已建成5G基站19.3万个，位居全国第7;⑤ 企业工业设备上云率达到32.55%，连续4年居全国第一位，数字基础设施建设和企业数字化转型取得显著进展。⑥

---

① 《2024年全市数字经济增加值达2万亿元》，https：//jxj. beijing. gov.cn/jxdt/gzdt/202501/t20250117_ 3991817. html，2024年1月17日。
② 《天津市副市长李文海：天津在做强做优数字经济上形成自身新优势》，https：//tjdsj. tjcac. gov. cn/tjsg/sytopten/202403/t20240328_ 6584139. html，2024年3月27日。
③ 《十年协同发展 交出亮眼答卷 京津冀经济总量连跨五个万亿元台阶》，https：//www. gov. cn/lianbo/difang/202402/content_ 6931923. htm，2024年2月19日。
④ 《河北省2023年5G基站数达12万个，数字经济占GDP比重达36%》，https：//finance. sina. com. cn/tech/roll/2023-02-06/doc-imyetqcv3034195. shtml，2023年2月6日。
⑤ 《河北省通信管理局扎实推进我省算力高质量发展》，https：//hbca. miit. gov. cn/xwdt/gzdt/art/2024/art_ 0f5ba390d7bd446c976d7568d3a490f3. html，2024年10月8日。
⑥ 《我省企业工业设备上云率连续四年全国第一》，https：//gxt. hebei. gov. cn/hbgyhxxht/xwzx32/snwx40/976562/index. html，2025年1月27日。

（二）北京积极疏解非首都功能，津冀有力承接产业转移

产业协同是数字经济协同发展的重要基础。在京津冀协同发展战略的指引下，北京积极疏解非首都功能，为津冀两地发展腾挪空间。截至2024年底，北京累计疏解制造业企业超过3000家，科技服务、批发零售等非首都功能产业加速向津冀地区转移。[①] 2023年，北京向津冀输出技术合同成交额748.7亿元，比上年增长109.8%，占北京技术合同输出总额的比重达到15.1%，技术溢出效应显著增强。[②] 天津和河北积极承接北京产业转移，打造了一批高质量的承接平台。天津建成滨海—中关村科技园等一批高水平承接平台，吸引包括60家生物医药企业在内的众多优质企业入驻，形成以天津为中心的1小时汽车零部件配套圈，产业集聚效应日益凸显。河北省承接的京津转入基本单位中，北京占比近80%，其中廊坊、石家庄和保定三市承接北京转入基本单位数量最多，合计占比超过40%。在承接过程中，河北的生物医药、电子信息等产业集群快速崛起，产业结构不断优化升级。

（三）"五群六链五廊"产业协同布局成效显著，区域产业生态日臻完善

"五群六链五廊"产业协同布局是京津冀数字经济协同发展的重要载体，为京津冀数字经济发展提供了坚实的产业基础和广阔的应用场景，如图1所示。近年来，京津冀三地紧密围绕"五群六链五廊"产业协同发展格局，推动产业链、创新链、供应链深度融合，取得了显著成效。在产业集群建设方面，京津冀地区已培育形成集成电路、网络安全、生物医药、电力装备、安全应急装备五大国家级先进制造业集群，产业规模均达到千亿元级以

[①] 《北京创建国家级绿色工厂112家》，https://fgw.beijing.gov.cn/gzdt/fgzs/mtbdx/bzwlxw/202408/t20240816_3776317.htm，2024年8月16日。

[②] 《2023北京技术市场统计年报》，https://kw.beijing.gov.cn/zwgk/sjfb/jsscsj/tjnb/202501/t20250113_3987315.html，2024年12月31日。

上，合计产值超过万亿元，成为引领区域经济高质量发展的重要力量。其中，京津冀新一代信息技术应用创新集群产值突破 2 万亿元，[①] 安全应急装备集群覆盖全产业链企业超过 2000 家，[②] 产业集聚效应和规模效应日益显现。在产业链协同创新方面，京津冀三地在智能网联汽车、机器人等重点领域加强合作，取得了一系列突破性成果。智能网联汽车产业链聚集了超过 2000 家企业，[③] 自动驾驶测试里程超过 6000 万公里，[④] 产业生态日趋完善。机器人产业链已建成 5 个产业园，关键零部件国产化率提升至 75%，自主创

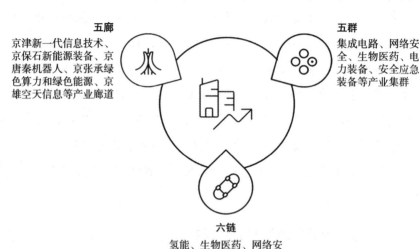

五廊
京津新一代信息技术、京保石新能源装备、京唐秦机器人、京张承绿色算力和绿色能源、京雄空天信息等产业廊道

五群
集成电路、网络安全、生物医药、电力装备、安全应急装备等产业集群

六链
氢能、生物医药、网络安全和工业互联网、高端工业母机、新能源和智能网联汽车、机器人等产业链

图 1　"五群六链五廊"的主要内容

---

① 《京津冀新一代信息技术应用创新集群　总规模超两万亿元　占全国比重超一半》，https://www.teda.gov.cn/contents/26/77099.html，2025 年 1 月 12 日。
② 《京津冀安全应急装备先进制造业集群发展规划（2024—2028 年）》，http://www.lvsefazhan.cn/index.php/guozijianguan/3051.html，2024 年 5 月 15 日。
③ 《京津冀智能网联新能源汽车集群上榜〈2024 年国家先进制造业集群名单〉》，https://kw.beijing.gov.cn/xwdt/kcyx/xwdtscyqld/202412/t20241219_3969515.html，2024 年 12 月 19 日。
④ 《京津冀打造全国最大智能网联汽车城市级应用场景》，https://www.cace.org.cn/NEWS/COUNT?a=6162，2025 年 1 月 15 日。

新能力显著增强。[①] 在产业廊道布局方面，京津新一代信息技术廊道已集聚企业超过万家，数字经济核心产业占比超过 60%，成为全国数字经济发展的高地。京雄空天信息廊道已建成卫星互联网地面站 12 座，空天信息产业规模突破 200 亿元，产业发展势头强劲。

（四）河北专项突破亮点纷呈，数字基础设施和产业数字化水平显著提升

河北省在数字经济发展方面积极作为，在算力基础设施建设、工业互联网发展、雄安新区数字经济创新等方面取得了显著成效。在算力基础设施方面，河北省综合算力指数跃居全国首位，存力指数位居全国第 4，已建成张承廊大数据存储基地，为数字经济发展提供了坚实的算力支撑。[②] 在工业互联网方面，河北省已培育 329 个工业互联网平台，9 家工厂入选国家 5G 工厂名录，关键工序数控化率达到 65.9%，位居全国第 4，工业互联网应用水平显著提升。[③] 在雄安新区数字经济创新方面，雄安新区完成了全国首个 E 波段微波通信试点，数字经济核心产业增加值同比增长 23%，数字经济创新高地建设取得积极进展。[④]

三 京津冀数字经济发展水平测度

京津冀地区的数字经济发展迅猛，数字经济核心产业增加值占比快速攀

---

① 《京津冀机器人产业要"入园"》，https：//www.hebtv.com/0/0rmhlm/qy/zhb/tjdt/11485302.shtml，2024 年 5 月 11 日。

② 《〈中国综合算力指数（2024 年）〉发布 河北综合算力指数排名全国第一》，https：//www.hebei.gov.cn/columns/580d0301-2e0b-4152-9dd1-7d7f4e0f4980/202410/11/da5aa3d9-e4ad-4ab3-a83b-fa0fcf18b939.html，2024 年 10 月 11 日。

③ 《十年来最快增速！河北省交出工业高质量发展成绩单》，https：//www.hebei.gov.cn/columns/580d0301-2e0b-4152-9dd1-7d7f4e0f4980/202501/24/a195b5cd-14f1-460a-a02c-3bd46578d7e5.html，2025 年 1 月 24 日。

④ 《持续打造数实融合良好生态 河北数字经济蓬勃发展》，https：//www.xiongan.gov.cn/2024-01/03/c_1212323777.htm，2024 年 1 月 3 日。

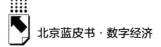

升。为更精准地把握各城市数字经济的发展态势与变迁情况，以及城市之间的协同程度，有必要从城市角度定量评价，考察其动态演化特征，为进一步推动数字经济协同发展提供经验依据。

（一）评价指标体系与权重

数字经济内涵丰富，影响经济社会发展的方方面面。现有研究通常从数字经济发展环境、数字基础设施、产业数字化及数字产业化等方面评估数字经济的发展水平。考虑到京津冀地区的特征及城市级数字经济相关数据的可获取性，本研究通过数字通信基础设施、数字技术创新发展、数字产业化规模和产业数字化规模四个维度，对主要城市的数字经济发展水平进行评估。

数字通信基础设施维度通过移动互联网和固定互联网用户数量指标评价数字经济关键基础设施的普及情况，体现数字经济发展的硬件基础。数字技术创新发展维度通过 R&D 经费与人员投入强度和数字经济相关有效专利数量指标评价数字技术创新投入和产出水平，体现数字经济发展动力。数字产业化规模维度主要基于信息传输、软件和信息技术服务业，以及计算机、通信和其他电子设备制造业等重点行业评价数字经济产业发展规模。产业数字化规模主要评价数字经济赋能传统产业水平，体现数字技术应用能力。该维度涉及内容广泛，借鉴现有研究普遍采用的处理方式，使用中国数字普惠金融指数从覆盖广度、使用深度和数字化程度 3 个方面展开评价。由四个维度共 12 个指标构成的数字经济评价指标体系如表 1 所示。

表 1　京津冀数字经济评价指标体系

维度	指标名称	核算方式	权重(%)
数字通信基础设施（10.0%）	移动电话普及率（户/百人）（+）	移动电话用户数/年末常住总人口	60.0
	互联网宽带普及率（户/百人）（+）	互联网宽带接入用户数/年末常住总人口	40.0

维度	指标名称	核算方式	权重(%)
数字技术创新发展(34.5%)	R&D 投入强度(%)(+)	全社会 R&D 经费内部支出/地区生产总值	21.0
	万人 R&D 人员全时当量(人年)(+)	全社会 R&D 人员全时当量/年末常住总人口	24.0
	每万 R&D 人员全时当量有数字经济专利(件)(+)	数字经济相关有效专利/R&D 人员全时当量	55.0
数字产业化规模(18.5%)	人均计算机、通信和其他电子设备制造业总资产(元)(+)	计算机、通信和其他电子设备制造业总资产/年末常住总人口	12.5
	信息传输、软件和信息技术服务业增加值份额(%)(+)	信息传输、软件和信息技术服务业增加值/地区生产总值	36.5
	信息传输、软件和信息技术服务业从业人员占比(%)(+)	信息传输、软件和信息技术服务业从业人员/全社会从业人员	23.3
	人均电信收入(元)(+)	电信业务收入/年末常住总人口	27.7
产业数字化规模(37.0%)	覆盖广度(+)	—	25.0
	使用深度(+)	—	50.0
	数字化程度(+)	—	25.0

指标体系权重的确定方法很多，基本可划归为主观赋权法和客观赋权法两个大类。两类方法各具优势，使用目的、场景不同。主观赋权法主要根据研究需要和相关领域专家的经验确定指标权重，如德尔菲法、层次分析法等。客观赋权法不关注指标的实际意义，主要依据数值间的结构特征确定权重，且通常将数值差异较大的指标赋予更高权重，如主成分分析法、熵权法等。鉴于本研究以问题和对策为导向，需要关注指标实际意义，因此使用德尔菲法和层次分析法相结合来确定评价指标体系的权重。

首先，请多位相关领域专家依据数字经济和京津冀协同发展等政策导向，比较各指标的相对重要性，并分别打分。然后，以算术平均的方式汇总形成层次分析法需要的判断矩阵。接着，按照层次分析法要求，使用归一化方式计算权重，并进行一致性检验。最后，无法通过一致性检验的，返至专

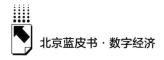

家再次调整打分，并重新计算权重，直到通过一致性检验。按照上述过程，确定的维度内权重及维度间权重如表1所示。

（二）数据来源与无量纲化处理

1. 数据来源

本研究主要评价京津冀地区2013~2023年的数字经济发展情况。各指标数据来自历年公布的《中国城市统计年鉴》、各省市统计年鉴和各地统计公报，以及国家重点产业专利信息服务平台，具体情况如下。

移动电话用户数和互联网宽带接入用户数，2013~2018年的数据来自《中国城市统计年鉴》，2019年及以后的数据主要来自各省市的统计年鉴。其中，2023年的部分数据来自各地统计公报。

全社会R&D经费内部支出和全社会R&D人员全时当量，北京市和天津市的数据均来自2024年统计年鉴。河北省各市的统计口径为规模以上工业企业的数据，按照河北省该口径数据占全社会数据的比重进行估算。缺失的2013年和2023年数据，通过近3年增长率的几何平均数估算得到。

计算机、通信和其他电子设备制造业总资产与信息传输、软件和信息技术服务业增加值主要来自各地统计年鉴和统计公报。河北省的部分缺失数据，通过近几年增长率的几何平均数估算得到。

电信业务收入主要来自《中国城市统计年鉴》，缺失的2020年和2023年数据，以及2021年的异常值，通过近几年增长率的几何平均数估算得到。

数字经济相关有效专利数据整理自国家重点产业专利信息服务平台。①根据国家知识产权局印发的《关键数字技术专利分类体系（2023）》，将数字技术分为人工智能、高端芯片、量子信息、物联网、区块链、工业互

---

① 国家重点产业专利信息服务平台，https://chinaip.cnipa.gov.cn/。可按多种关键字检索专利情况。

联网和元宇宙七个大类。首先，按照分类体系中列举的技术分支和关键词构建关键词表。比如，人工智能关键词包括人工智能、智能芯片、机器学习、知识图谱、类脑智能计算、自然语言处理和计算机视觉等；高端芯片关键词包括高端芯片、光刻机、EUV、离子注入机、刻蚀设备、原子层沉积设备和光刻材料等。其次，按这些关键词分地址和时间进行检索，并记录对应地区和时间的有效专利数量。最后，将各类有效专利加总即为数字经济相关有效专利数量。个别无有效专利的地区，为避免无法取对数，将其设定为 10^{-10}。

年末常住总人口、地区生产总值等数据来自各地统计年鉴。以上所有名义数据均按照以 2013 年为基年的 GDP 平减指数核算为实际值。

2. 无量纲化处理

由于单位不统一，各指标的数据不能直接比较，还需要对数据进行无量纲化处理。常见的处理方法有线性的、指数的、对数的和幂函数的。[1]考虑到数字经济快速增长的实际特征，为避免极端值的影响，使用对数形式进行无量纲化处理（中国数字普惠金融指数除外），具体公式如下：

$$d = \frac{\log x - \log x^l}{\log x^h - \log x^l} \times 100$$

中国数字普惠金融指数已经过对数处理，使用线性形式进行无量纲处理，具体公式如下：

$$d = \frac{x - x^l}{x^h - x^l} \times 100$$

式中，x 为待处理数值，d 为无量纲化数值，x^h 和 x^l 分别为无量纲化处理的上下阈值。无量纲化处理中，阈值的选择影响着无量纲化结果，影响着综合评分的应用范围。为实现跨年评价结果的对比，本研究以 2013 年为基准选择所有年份的阈值。同时，为避免极端异常值的影响，使用 5% 分位数作为下

---

① 彭非、袁卫、惠争勤：《对综合评价方法中指数功效函数的一种改进探讨》，《统计研究》2007 年第 12 期。

限 x^l，95%分位数作为上限 x^h，并对 2013 年和 2014 年的下限极端异常值进行缩尾处理，即将 2013 年和 2014 年小于下限的指标值设定为下限。①

（三）计算评价得分

基于指标权重和无量纲化处理后的数值，本研究通过算术平均方式计算各维度得分和综合评价得分，具体公式如下：

$$Score = \sum_{i=1}^{n} w_i \, d_i$$

式中，$Score$ 为综合得分，n 为指标数量，w_i 为第 i 个指标的权重，d_i 为第 i 个指标的无量纲化得分。按上述公式计算可得到各地历年的维度评分及综合评分。其中，2023 年样本城市的维度评分与综合评分如表 2 所示。

从 2023 年的综合评分看，北京的优势依然突出，综合评分远高于天津、河北等。从河北省看，石家庄、廊坊、秦皇岛和保定的综合评分都超过200，处于第一梯队。沧州、衡水、唐山、邯郸和张家口的综合评分位于190~200，处于第二梯队。邢台和承德的综合评分低于190，处于第三梯队。从 2023 年的维度评分看，河北的差距主要体现在数字技术创新发展和数字产业化规模两个方面。若考虑到数字产业化规模的特点及权重，那么增强数字技术创新发展能力是促进河北数字经济发展的关键。

表 2　2023 年数字经济评价指标维度评分和综合评分

地区	数字通信基础设施	数字技术创新发展	数字产业化规模	产业数字化规模	综合得分
北京	174.24	113.86	153.44	457.33	254.31
天津	158.08	99.66	75.36	444.08	228.44
河北	134.86	84.28	54.49	391.21	197.39

---

① 中国数字普惠金融指数 2015 年或有调整，导致 2014 年数据异常偏低，故对部分数值进行缩尾处理。

续表

地区	数字通信基础设施	数字技术创新发展	数字产业化规模	产业数字化规模	综合得分
石家庄	150.68	81.86	95.03	416.93	215.15
唐山	141.88	89.58	28.69	389.91	194.67
秦皇岛	158.54	93.21	57.38	399.76	206.54
邯郸	117.92	80.72	37.04	395.59	192.86
邢台	119.49	81.27	15.80	391.55	187.78
保定	145.78	95.62	55.95	389.20	201.92
张家口	133.21	66.59	62.27	384.70	190.15
承德	140.73	78.75	25.95	381.80	187.31
沧州	134.15	83.79	44.55	401.21	199.01
廊坊	146.16	81.24	84.38	418.09	212.95
衡水	136.39	78.78	39.44	404.10	197.63

四 京津冀数字经济发展的特征与挑战

根据京津冀地区2013~2023年数字经济发展水平的评价结果，深入分析其动态演化特征，可以看出京津冀数字经济规模快速增长，区域差距逐步缩小，协同发展取得积极进展但仍面临一些问题和挑战。

（一）数字经济发展态势良好，但协同发展仍任重道远

如图2所示，2013~2023年，京津冀数字经济规模快速增长。北京的综合评价从108.9提升到254.3，天津的综合评价从69.8提升到228.4，河北的综合评价从43.7提升到197.4。河北的增速快于北京和天津，差距明显缩小。从图2的变异系数看，样本城市综合评分和各维度评分的变异系数2013~2023年总体下降，即京津冀数字经济发展水平的地区差异不断缩小。其中，综合评分的变异系数从0.662下降到0.093。

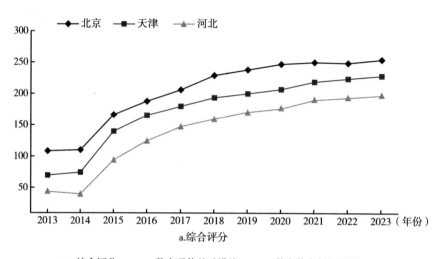

a.综合评分

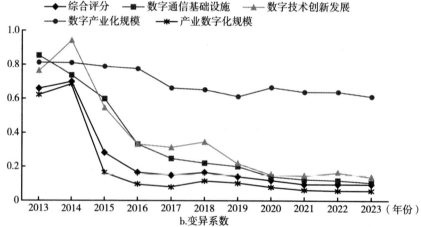

b.变异系数

图2 京津冀数字经济发展水平及地区差异

尽管如此，北京、天津、河北的差异仍然突出。从综合评分看，2023年，北京达到254.3，比天津高11.3%，比河北高28.8%。分维度看，数字产业化规模的变异系数最高，京津冀三地在该维度上的差距相对较大。2023年，北京的数字产业化规模评分为153.4，约是天津的2.0倍、河北的2.8倍。这一差距也同北京以数字服务业为主、天津以智能制造为主、河北以传统产业数字化改造为主的战略布局有关。核心产业上，河北数字经济核心产业占比仅为 8.2%，① 远低于北京的 25.3%② 和天津的 15.6%，③ 产业链协同配套程度有待提高。

（二）河北创新能力不足，对数字经济的拉动作用有限

2023 年，河北在数字技术创新发展维度的评分仅为 84.28，与北京和天津相比存在一定差距，创新能力相对不足。从创新投入看，河北 R&D 经费投入从 2013 年的 282.53 亿元增长到 2023 年的 971.31 亿元，总量上不及北京的 1/3，投入强度从 2013 年的 1.16% 增加到 2023 年的 2.21%，与北京的 6.73% 和天津的 3.58% 也有较大差距。从创新产出看，河北每年数字经济相关有效专利从 2013 年的约 19 件增加到 2023 年的约 445 件，不及北京的 1/10。在战略定位上，河北数字经济的发展重点是传统产业数字化改造，在人工智能、区块链、工业互联网、元宇宙等软件领域的有效专利与北京存在较大差距。如图 3 所示，河北的人工智能相关有效专利不到北京的 1/30，区块链相关有效专利不到北京的 1/26，工业互联网相关有效专利不到北京的 1/9，元宇宙相关有效专利不到北京的 1/35。可见，不论是投入还是产出，河北的创新能力都相对不足，在承接北京高端产业和创新成果方面有些力不从心，难以有效带动数字经济发展，限制了自身数字经济的成长空间。

（三）人才结构性矛盾突出，人才协同流动不畅

数字经济需要大量复合型人才，但津冀地区人才结构性矛盾突出，特别是河北地区高端人才、专业技术人才较为缺乏，难以满足数字经济快速发展

---

① 河北省统计局、国家统计局河北调查总队：《河北省 2023 年国民经济和社会发展统计公报》，http://tjj.hebei.gov.cn/hbstjj/sj/tjgb/101703556533408.html，2024 年 3 月 1 日。
② 北京市统计局、国家统计局北京调查总队：《北京市 2023 年国民经济和社会发展统计公报》，https://www.beijing.gov.cn/zhengce/zhengcefagui/202403/t20240321_3596451.html，2024 年 3 月 21 日。
③ 天津市统计局、国家统计局天津调查总队：《2023 年天津市国民经济和社会发展统计公报》，https://stats.tj.gov.cn/tjsj_52032/tjgb/202403/t20240318_6563697.html，2024 年 3 月 18 日。

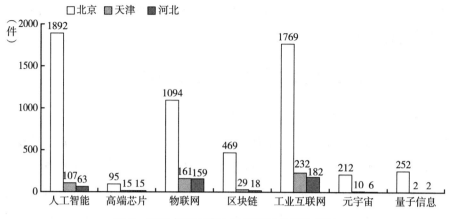

图3　2023年京津冀数字经济相关有效专利

的需求。从具体指标看，天津与河北的信息传输、软件和信息技术服务业从业人员占比分别只有2.15%和2.28%，远低于北京的12.93%，也低于全国平均水平。河北的全社会R&D人员全时当量为17.80万人年，按人均水平测算与北京、天津差距较大，甚至还不及全国平均水平的一半。人才培养上，河北高层次数字人才缺口较大，2023年数字经济相关专业研究生培养规模仅为北京的1/8。同时，人才跨区域流动机制不完善，津冀对北京高端人才的吸引力不足，人才协同发展体系有待健全。

（四）基础设施建设仍有提升空间，城乡区域之间存在"数字鸿沟"

2013~2023年，京津冀地区数字基础设施建设成效显著，移动互联网和宽带普及率快速提升，但与发达国家相比仍有差距。尤其是河北省的部分地区，网络覆盖率、使用率和网速等指标仍有待改善。2023年河北省互联网宽带普及率为75.8%，低于全国平均水平5个百分点。城乡之间、区域之间在5G网络覆盖、工业互联网平台建设等方面差异明显，数字化发展基础薄弱地区仍然存在。此外，城乡之间、区域之间也存在"数字鸿沟"。比如，河北农村宽带接入率和移动互联网普及率均低于城市，这在一定程度上限制了数字经济的普惠发展。

（五）数据要素流通不畅，制约数字经济协同发展

数据是数字经济发展的关键要素，但京津冀地区数据要素流通仍存在壁垒，数据共享机制不完善。这在一定程度上制约了京津冀数字经济的协同发展。一方面，各地政务数据标准不统一，数据质量参差不齐，跨区域数据互通共享困难。另一方面，由于缺乏统一的数据治理框架和安全保护机制，各方对数据开放共享仍持谨慎态度。不仅如此，由于数据共享机制不完善，企业在跨区域经营过程中难以获取相关数据，影响了业务拓展和效率提升。此外，在智慧城市建设、公共服务协同等领域，数据壁垒也导致重复建设、服务体验割裂等问题，制约了区域一体化发展进程。

（六）数字经济治理协同机制不完善，政策协同效应有待提升

在京津冀数字经济协同发展进程中，治理协同机制不完善以及政策协同效应不足，显著影响了区域内数字经济高效发展。京津冀三地在数据要素市场建设、数字经济标准规范等方面缺乏统一的协调机制，导致各地在政策执行和标准制定上存在差异。比如，北方大数据交易中心与北京国际大数据交易所已签署合作协议，但三地的数据交易平台仍未实现全面互联互通，影响了数据要素的流动性和市场活跃度。各地对数据的管理和使用标准不一，使得企业在进行跨区域业务时面临信息孤岛现象。这种状况不仅降低了企业的运营效率，也限制了创新能力的提升。跨区域数字经济治理体系尚未形成，使得三地在数字经济发展的诉求、阶段特征、战略目标等方面存在较大差异，导致资源配置低效，进一步加剧区域发展不平衡问题。

五　对策建议

本文从数字通信基础设施、数字技术创新发展、数字产业化规模和产业数字化规模四个维度对京津冀地区 2013～2023 年的数字经济发展水平进行了综合评价。结果显示，京津冀数字经济发展差距逐步缩小，但区域协同程

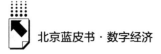

度仍有较大提升空间。为进一步推动京津冀地区数字经济协同发展，针对现存问题，提出以下对策建议。

（一）加强数字基础设施统筹规划和建设，夯实协同发展基础

针对京津冀地区数字基础设施建设水平有待提高，城乡之间、区域之间存在数字鸿沟的问题，需要加强三地新型基础设施的协同规划和建设，推进区域内数字基础设施互联互通。第一，依托京津冀一体化算力网络国家枢纽节点，加快布局数据产业集群，统筹优化算力资源、网络资源和数据资源，构建高效协同的算力网络体系。第二，要加快6G、千兆光网、IPv6等新一代信息基础设施建设，提升网络覆盖率和接入能力，特别是加大对河北农村的支持力度，缩小城乡之间的数字鸿沟。第三，共同打造京津冀区块链先进算力平台和人工智能公共算力平台，为数字经济发展提供强大的算力支撑。第四，加强网络安全保障能力建设，构建安全可靠的网络环境，保障数字经济健康发展。通过以上措施，有效提升京津冀地区数字基础设施建设水平，为数字经济协同发展奠定坚实的基础。

（二）强化创新资源整合与协同攻关，提升河北创新能力

针对河北创新能力不足，对数字经济的拉动作用有限的问题，需要强化京津冀创新资源整合，提升河北创新能力。第一，明确三地在创新链条中的定位，构建"北京研发、津冀转化"的协同创新模式，充分发挥北京的创新资源优势，引导更多创新成果在天津和河北落地转化。第二，加大对河北创新主体的支持力度，鼓励企业加大研发投入，提升自主创新能力，特别是要支持河北企业与北京的高校、科研院所开展合作，联合攻关关键核心技术。第三，加强创新平台建设，建设一批高水平的产业技术研究院、企业技术中心等创新平台，集聚创新资源，提升创新能力。第四，优化创新环境，完善科技成果转化机制，加强知识产权保护，激发创新活力。通过以上措施，可以有效提升河北的创新能力，增强对数字经济发展的支撑作用。

（三）完善人才培养引进机制，加强人才交流与合作

针对人才结构性矛盾突出，人才协同流动不畅的问题，需要完善数字经济人才培养引进机制，加强京津冀人才交流与合作。首先，加强数字经济相关学科专业建设，扩大数字经济人才培养规模，特别是要加大对河北高校的支持力度，提升其数字经济人才培养能力。其次，创新人才引进机制，制定更加优惠的人才政策，吸引更多高端人才、专业技术人才到京津冀地区发展，特别是要引导更多人才流向河北。最后，建立人才交流合作机制，鼓励京津冀三地高校、科研院所、企业之间开展人才交流合作，促进人才双向流动。要优化人才发展环境，完善人才服务体系，为人才提供良好的工作和生活条件。通过以上措施，可以有效缓解京津冀地区数字经济人才短缺问题，为数字经济协同发展提供人才保障。

（四）促进数据要素高效流通与共享，释放数据要素价值

针对数据要素流通不畅，制约数字经济协同发展的问题，需要建立健全数据要素市场机制，促进数据要素在京津冀地区高效流通与共享。首先，依托北京地区的数据交易中心，构建数据确权、定价、交易、收益分配等制度体系，为数据要素流通提供制度保障。其次，建立数据共享机制，推动政府数据、公共数据、企业数据等各类数据资源的开放共享，打破数据壁垒，促进数据要素跨区域、跨部门、跨层级流动。再次，提升数据安全维护水平，充实安全管理的制度储备和技术储备。最后，探索数据要素应用场景，推动数据要素在各个领域的应用，释放数据要素的价值。通过以上措施，可以有效促进数据要素在京津冀地区的高效流通与共享，为数字经济协同发展提供强大的动力。

（五）健全数字经济协同治理机制，提升政策协同效应

针对数字经济治理协同机制不完善，政策协同效应有待提升的问题，需要建立健全京津冀数字经济协同治理机制，加强政策协调和对接。首先，建

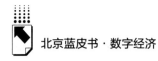

立三地定期协商沟通数字经济工作机制，成立省级层面的数字经济协同发展委员会，统筹协调数字经济发展工作。其次，围绕重点板块设置数字经济协同发展专班，加强在数字基础设施建设、产业发展、数据要素流通、人才培养等方面的政策协调和对接。再次，推动建立统一的数字经济标准规范，促进数字经济规则的跨区域对接。最后，建立数字经济创新应用示范区，充分发挥中关村的引领支撑和辐射带动作用。通过以上措施，可以有效提升京津冀数字经济协同治理水平，为数字经济协同发展营造良好的环境。

参考文献

郭峰等：《测度中国数字普惠金融发展：指数编制与空间特征》，《经济学（季刊）》2020年第4期。

吕鹏、郭杰浩：《数字经济发展水平的时空演化与收敛特征——以三大城市群为例》，《统计与决策》2024年第16期。

万晓榆、罗焱卿：《数字经济发展水平测度及其对全要素生产率的影响效应》，《改革》2022年第1期。

王军、朱杰、罗茜：《中国数字经济发展水平及演变测度》，《数量经济技术经济研究》2021年第7期。

赵涛、张智、梁上坤：《数字经济、创业活跃度与高质量发展——来自中国城市的经验证据》，《管理世界》2020年第10期。

B.17
中国数字经济发展新趋势与新实践

罗力卓　顾照杰　周依宁*

摘　要： 随着人工智能大模型的兴起和数字基础设施建设的不断推进，数字经济成为推动经济复苏的关键力量。数字经济在促消费、扩内需、稳外贸及区域协同等方面的作用日益凸显。各地因地制宜、多措并举发展数字经济，激活创新动能。本文归纳总结近期各地在促进数字消费、推进数字经济区域协同、发展数字贸易方面的标志性行动实践，重点介绍上海、浙江、四川等地的典型做法，以期为北京市建设全球数字经济标杆城市提供经验借鉴。

关键词： 数字经济　信息消费　区域协同　数字贸易

　　进入发展新阶段，我国进入建设现代化产业体系爬坡过坎、动能转换的关键阶段。数字经济在促进科技创新、发展新质生产力、稳固经济发展上的作用更加凸显。各地乘"数"而上，向"实"而行，通过发展数字经济，激发社会消费活力，促进区域协同发展，拓展产品销售市场，推动经济从高速增长转向高质量发展，为我国建设现代化产业体系提供强大动力。

一　数字经济发展新趋势

　　2024年7月，国务院召开常务会议，研究部署推进数字经济高质量发

---

* 罗力卓，中国联通研究院经济师、统计师，主要研究方向为数字经济、人工智能、数智业务；顾照杰，中国联通研究院研究员，主要研究方向为数字经济、数字政府；周依宁，中国联通研究院研究员，主要研究方向为数字经济、人工智能。

展有关工作，强调要从全局高度认识和推动数字经济高质量发展，促进数字技术和实体经济深度融合，推进数字产业化、产业数字化，全面赋能经济社会发展。Gemini 2.0 的亮相、OpenAI 文生视频模型 Sora 的发布让市场意识到人工智能等新型信息消费市场空间巨大。国产大模型 DeepSeek 于 2025 年新春发布，宛如一匹黑马，以"低成本+高性能+开源"模式为数字技术应用提供了全新的思路。本文将结合各地实际，分析数字经济在促消费、扩内需、稳外贸及区域协同方面的作用，总结发展经验，提出政策建议。

新型信息消费是我国消费结构优化升级的重要方向。线上线下融合日益成为新的消费方式。根据国家统计局的数据，2024 年，全国网上零售额 15.52 万亿元，比上年增长 7.2%。其中，实物商品网上零售额 13.08 万亿元，增长 6.5%，占社会消费品零售总额的比重为 26.8%。①新型信息消费领域创新活跃、辐射广泛，新产品、新场景、新模式和新业态持续涌现，智能手机、智能家居等新型信息产品，以及智慧医疗等新型信息服务加速发展，新型信息消费已成为扩大内需的重要动力。商务部监测数据表明，我国数字消费不断壮大，网络服务消费快速增长，2024 年智能家居、在线旅游、在线餐饮消费分别增长 22.9%、48.6%、17.4%。

数字化协同发展是数字经济高质量发展的关键抓手。党的二十届三中全会提出要完善实施区域协调发展战略机制，也对数字化协同发展提出更高要求。长三角地区经济总量位居我国各大城市经济圈之首，数字经济增加值更是在 2023 年突破 12 万亿元，占全国数字经济增加值的 30%，占长三角经济总量的 40% 以上。而根据 2024 年中国国际服务贸易交易会发布的中国新型智慧城市评估百强县结果，在百强县中，东部地区获得了超七成的席位，但中部地区和西部地区分别仅占 17% 和 11%，中西部地区在数字基础设施和

---

① 《2024 年经济运行稳中有进　主要发展目标顺利实现》，https：//www.stats.gov.cn/sj/zxfb/202501/t20250117_ 1958332. html，2025 年 1 月 17 日。

应用场景建设上明显滞后，亟须加强数字化区域协同。①

数字贸易是指以数字服务为核心的贸易，是数字经济和高水平对外开放的重要组成部分。数字贸易已成为国际贸易发展的新趋势和经济的新增长点。据WTO统计，2023年全球数字化交付服务出口额4.25万亿美元，同比增长9%，占全球服务出口的五成以上。党中央、国务院高度重视数字贸易发展，我国数字贸易呈现良好发展态势。2024年1~9月，我国可数字化交付的服务进出口额和跨境电商进出口额分别达到2.13万亿元和1.88万亿元，同比增长5.3%和11.5%，均创历史新高。②

二 数字经济激发数字消费潜能助力扩大内需

（一）发挥信息消费平台作用

信息消费平台连接着消费者和生活服务行业，涉及网络销售、生活服务、社交娱乐、信息资讯、金融服务、乡村振兴等，具有促进消费的作用。各地政府与云闪付、微信、美团、抖音、翼支付、建行生活等平台合作，不断丰富平台功能，持续开展补贴活动，消费保障体系逐步完善，成为促进消费稳定增长的有力工具。从发行规模来看，省级政府单次发行规模在亿元级，地市级单次多为千万元级，区县级单次多为百万元级。从对消费的拉动效果来看，中国银联以旧换新题材券拉动了5倍以上的消费，杭州、郑州政府发放的消费券乘数比例一度突破10倍。③ 信息消费平台利用技术手段可对消费券覆盖领域、拉动效果、消费者习惯、群众消费意愿偏好等数据进行整合、分析和研判，有利于提升消费领域的宏观调控精度。

---

① 《专家解读｜深入推进区域数字化协同发展，构建数字经济发展新格局》，https：//www.nda.gov.cn/sjj/zwgk/zjjd/1009/20241009101922822283737_ pc.html，2024年10月8日。
② 《商务部召开例行新闻发布会》，https：//www.mofcom.gov.cn/xwfbzt/2024/swbzklxxwfbh2024n12y5r/index.html，2024年12月5日。
③ 《夯实五大能力 中国银联助发31省份以旧换新消费券》，https：//www.news.cn/money/20240930/889c2cbec4d5412082b0e7057b0870b3/c.html，2024年9月30日。

信息消费平台通过规范经营主体行为，不断完善消费者和商户的权益保障机制。2024 年，浙江省杭州市推出了"安心付"消费模式，引导支付宝联合杭州银行推出"先享后付"和"先付后享"两类功能，保障缴费资金关店可退，笔笔透明，已有 20 万名消费者和 4000 多家商户加入，覆盖餐饮、生鲜水果、美容美发、托育等行业，有效消除了预付式消费乱象，保障了消费者资金安全。2025 年 1 月，拼多多宣布成立"商家权益保护委员会"，改善商家售后服务体系，支持商家对疑似不正常、故意投诉、负向体验等订单进行申诉，如广西一金橘商家受益于售后新政策，每月可节省数万元的成本。①

（二）打造信息消费体验中心

信息消费体验中心是汇聚展示、体验、销售、培训等功能的沉浸式体验消费场所，是充分展现万物智联、5G+XR、人工智能等技术的应用场景。江苏省自 2020 年开始开展信息消费体验中心遴选培育工作，推动形成更多信息消费新产品、新业态、新模式。位于南京市的中国联通物联网创新体验中心 2023 年被遴选为 5A 级信息消费星级体验中心，是目前国内规模最大的以认知物联网为主题的标杆级创新体验中心，布展总面积 3000 平方米，基于场景化、可迭代的原则，利用 5G 技术、机械臂、传送带、AGV、巡检机器人、壁挂沙盘、投影沙盘、AR 滑轨沙盘、大数据可视化等展示手段和互动装置，打造集场景感知共享、技术展示、形象推广于一体的多功能展厅。常州中华恐龙园度假区同样为 5A 级体验中心，充分利用手势识别、体感控制、虚拟现实、语音识别、增强现实、全息技术、仿生机器人等数字技术，打造系列数字场景互动项目，带给游客虚实场景的沉浸式融合体验。一批特色鲜明、体验丰富的信息消费体验中心，促进了公众参与信息消费升级，推动了传统消费与新型消费融合发展。

---

① 《全力构建多方共赢电商生态　持续推动产业更高质量发展》，http://www.cmrnn.com.cn/content/2025-02/14/content_266183.html，2025 年 2 月 14 日。

四川省拓展多元融合的数字化消费新场景，构建一体化智慧消费生态体系。成都市春熙路商圈和交子公园商圈先后入选第一批、第二批全国示范智慧商圈。基础设施方面，实现全面智能停车和智慧管理，在国际金融中心、太古里等商场停车场提供线上预约停车、反向寻车等服务；智慧应用场景方面，部署 VR 试妆、AI 导购、虚拟货架及机器人服务员和送餐员等设备，打造多家智慧家居、无人酒店体验店；数字消费新体验方面，引入包括 VR 体验、光影演绎、影院剧场在内的新业态，打造裸眼 3D、5G 示范街区等新场景，提升消费者感官体验，举办元宇宙主题活动吸引超 30 万人次参与；数据赋能与精准服务方面，建设规模化算力中心和开放型数据中台，汇聚商圈万物联网数据和消费大数据，开展实时客流、商圈业态、营业分析等数据服务应用。

（三）推广新型信息消费产品和服务

新型信息消费产品和服务包括各类 AI 大模型、XR、5G、超高清等数字技术的新型智能终端产品及解决方案。上海市持续推进新型基础设施建设，为全面推广新型信息消费产品和服务夯实基础。上海发布行动方案并提出将在 2026 年底建成"全球双万兆城市"，实现 5G-A 和万兆光网的广泛覆盖，并在网速、覆盖、时延上实现全球领先。2024 年 3 月，上海杨浦开展全球首发 50G-PON 万兆宽带小区试点，迈出了建设"全球双万兆城市"的重要一步。万兆网络为用户带来丰富的家庭应用场景，用户足不出户即可体验裸眼 3D、自由视角观看直播、超高速家庭云盘等新型数字应用，其在智能制造、AI 质检、智慧交通和城市管理等领域有着广泛的应用前景。

浙江省杭州市锚定国际新型消费中心城市建设目标，大力培育科技独角兽和科技新锐企业，推出新型信息消费产品和服务。持续提供政策、资金和服务支持，构建最优营商环境和创新生态，逐步形成以大学、大装置、大科创平台为核心，由众多科技孵化器、科创园、特色小镇组成的创新生态圈。截至 2023 年底，杭州市国家高新技术企业达到 1.5 万家，占全省的 35.9%。涌现出云深处、宇树科技、深度求索等"杭州六小龙"，推出人形机器人、机器狗、人工智能大模型、便携式高精度脑机接口、《黑神话：悟空》游戏等现象级新型信息消费产品。杭州市还为民众提供新型智能公共服务，推出 AI 导游"杭小忆"，游客只需用手机"碰一碰"蓝色智能贴，就能快速获得订票指路、餐饮推荐、AI 伴游等服务。"杭小忆"已遍布杭州 A 级旅游景区、酒店、旅游咨询点、主要商圈等 4 万余个服务点，服务游客超 250 万人次。

三 区域协同发展构建数字经济发展新格局

（一）长三角地区畅通产业链建设数字干线

长三角地区产业链各方合作紧密，在运输保障、保链稳链、供需对接等方面不断深化合作，推动一体化发展水平不断提高。2023 年，沪苏浙皖启动实施了 28 个联合攻关项目，联合解决关键技术、共性技术，加快建设上海、合肥综合性国家科学中心，启动建设首批 12 家长三角创新联合体。以卫星产业为例，2023 年 8 月"浙产"首颗人工智能卫星成功升空的背后，汇聚了浙江大学的卫星研发团队、苏州馥昶的太阳能电池和能源系统、苏州吉星天舟的空间遥感相机，以及上海航天八院提供的卫星总装、总测及火箭发射等相关配套支持。

通过构建产业联盟，长三角地区集聚数字经济相关战略性新兴产业。长三角集成电路产业规模占全国的 58.3%，生物医药、人工智能两大产业规模各占全国的 1/3，展现出较强的产业控制力和核心竞争力。跨地区设置的产业园区独具特色，形成了"长三角数字干线"。比如，苏锡通科技产业园区是苏州、无锡、南通三市跨江联动开发的示范项目，园区位于南通，但70%的企业来自上海、苏州和无锡，不少企业形成了"研发在上海，工厂在苏州，超90%的供应商来自长三角地区"的运营格局，展现了其强大的区域吸引力。

长三角地区还打造了G60（即沪昆高速公路）科创走廊，自2016年启动建设以来，被纳入国家"十四五"规划纲要，是长三角数字经济协同创新的重要载体。根据G60科创走廊沿线九市共同发布的文件，科创走廊将构建全国一体化算力网络国家枢纽节点，发挥数字经济领军企业的引领和带动作用，在智能算力、卫星互联网、量子信息、商密信创、大模型、人工智能等战略性前瞻性领域形成若干数字产业集群带，实施"G60星链"计划，运行G60量子密码应用创新中心。

（二）粤港澳大湾区共建数字产业与人才高地

粤港澳大湾区逐渐成为新发展格局下中国高水平对外开放和中国式现代化高地。整体来看，粤港澳大湾区内穗、深、佛、莞、港5座城市的数字经济规模均超过千亿元，深圳的数字经济规模已突破万亿元，数字经济核心领域的优质企业近3万家。粤港澳大湾区创新活力显著。2023年整体研发投入强度达到3.4%，超过德国的3.14%与日本的3.26%，已接近美国的3.45%。专利综合能力上，粤港澳大湾区同族专利公开量超过300万件，超过其他世界级大湾区的总和。

粤港澳大湾区的制度优势有利于产业加强协作。香港、澳门以国际化城市形象、良好营商环境，以及接近国际的经贸规则而闻名。对全球高端人才具有吸引力，容易吸引印度、西欧、北欧等创新人才。而广东产业链配套完善，任何创新想法、原型等都可以在广东被迅速组装合成，从而实现产业化。三地政府积极从顶层设计层面推进数字经济协作。2023年6月、2024年9月，国家网信办分别与香港特区政府创新科技及工业局、澳门特区政府经济财政司签署《关于促进粤港澳大湾区数据跨境流动的合作备忘录》，各方将在相关安全制度框架下，建立数据跨境流动安全规则，促进三地数据跨境安全有序流动。2024年香港特区《行政长官2024年施政报告》中新兴产业相关政策多达30条，尤为重视与内地加强合作。[①] 香港特区行政长官李

[①] 《行政长官2024年施政报告》，https：//www.policyaddress.gov.hk/2024/sc/policy.html，2024年10月16日。

家超在粤港深化经贸投资合作交流会上表示，要积极发展创新科技、文化艺术等新兴产业，继续推动香港与大湾区城市的产业协同发展。①

低空经济是粤港澳大湾区内各地合作较为紧密的领域。广州、深圳、珠海等地均出台了低空经济相关政策。跨越珠江口，顺丰旗下的丰翼科技开通了一天30多个架次的"跨城飞送"无人机航班。南航开通广州至香港直升机跨境航线，低空产业联盟粤港澳大湾区分盟正式成立。香港宣布将与内地共同推出低空跨境航线、出入境及清关安排和基础设施配套等政策，以期通过协作扫清应用障碍，为低空经济产业提供更大的发展空间。

（三）数字经济开启区域对口帮扶协作新篇章

1996年，党中央决定开展东西部扶贫协作，9个东部省市、4个计划单列市与西部10个省区市自此正式开展对口扶贫协作。2022年国家提出"东数西算"，建设一批国家级的算力枢纽节点和数据中心集群。"东数西算"可以看作是数字经济时代的一种新形态的对口协作。东西部加强数字经济产业互补、技术协作、人员互动，实现地区间产业资源优化配置。

天津与甘肃在算力协同、产业数字化、数字产业园区建设等方面取得突破。天津大力支持甘肃庆阳算力网络国家枢纽节点发展，天津提尔科技在庆阳建成全国首座浸没式一体化解决方案算力集群，算力规模达到50000PFlops，月产值可达150万元，同时在庆阳成立西北总部，落地全国首个国产化单相浸没液冷智算数据中心。甘肃农业科学院携手天津帮扶单位打造智慧农业作业试点示范区，推动农产品加工业数字化、智能化改造，实现有机产品"一品一码"全过程信息追溯。甘肃省农业农村厅携手天津农村产权交易所搭建了农村产权流转监管平台和农村产权交易中心。天津高村数智创新园与甘肃庆阳"东数西算"产业园达成合作协议，将在算力资源协同、网络互联互通、产业创新、园区共建等方面深化合作。

福建与宁夏的数字经济协作重点包括数字基础设施建设、数据跨地区流

---

① 《行政长官在广州出席粤港深化经贸投资合作交流会致辞》，https：//sc.isd.gov.hk/TuniS/www.info.gov.hk/gia/general/202411/25/P2024112500408.htm，2024年11月15日。

通处理、共建产业数字化应用等。基础设施方面，两省共建宁夏（闽宁）数据交易中心，搭建宁夏数据登记评估节点和数据交易平台，与福建省数据交易所实现联动；成立闽宁大数据产业园区合资公司，共建闽宁"数字小镇"。中国联通打通宁夏至福建 4×100GE 大带宽、低时延链路，建设全光网传输底座，建设"东数西算"超级云——"闽宁云"，成功赋能 210 个项目，为 200 多家企业、10 所学校及 2 所医院提供了创新应用服务。基于"闽宁云"的厦门金龙客车 5G 远程驾驶云平台，被央视新闻联播报道。数字产业方面，福建省大数据集团在宁夏闽宁镇投资建设星汉智能智造生产线，投产国产自主技术服务器，目标为年产值 20 亿元。产业数字化方面，福建省大数据集团支持宁夏建设"全域智慧平台""我的宁夏 App"等重点项目，并建设妇儿专科专病大数据科研中心、应用平台及数据库。产业生态方面，数字宁夏建设运营公司与福建大数据集团等 37 家企业成立"闽宁数字信息产业创新联合体"，打造跨区域的产业集群发展新范式。

图 1　"闽宁云"——宁夏中卫云数据中心

资料来源：中国联通。

广东与贵州在国务院的指导下建立了更加紧密的结对帮扶关系，构建以数字经济为引领的现代化产业体系。基础设施方面，贵州依托中国电信建设贵阳至广州光缆传输直连电路，传输时延压降约 30%。广东多家数字经济头部企业加快在贵州布局，建成贵安华为云数据中心、华为大数据学院、贵安新区腾讯七星数据中心、华大基因（贵州）科技园等一批数字基础设施项目。这些头部企业还吸引一批大型制造业企业在贵州建立基地。产业数字化方面，贵州与广东两地政务服务管理部门签署协议，深入推进粤黔政务服务事项全域"跨省通办"。机制与模式方面，围绕粤黔数字经济协作，广东与贵州形成了企业与资源、市场与产品、总部与基地、研发与制造等4类合作新模式。腾讯在贵州省赫章县发起"村小职业启蒙梦想课程"公益项目，开展数字支教业务，为1000名小学生提供为期1年的职业启蒙课程，提升公民数字素养。

四　数字贸易量质齐升拥抱出海红利

（一）完善数字贸易顶层设计

党中央、国务院高度重视数字贸易在我国经济高质量发展中的重要作用，多措并举持续完善数字贸易顶层设计和政策体系。党的二十大报告指出，推动货物贸易优化升级，创新服务贸易发展机制，发展数字贸易，加快建设贸易强国。党的二十届三中全会提出，促进实体经济和数字经济深度融合，创新发展数字贸易，推进跨境电商综合试验区建设。中央经济工作会议进一步对扩大高水平对外开放作出工作部署，明确要积极发展服务贸易、绿色贸易、数字贸易。2024年8月，中共中央办公厅、国务院办公厅印发《关于数字贸易改革创新发展的意见》，明确了我国数字贸易的发展路径，指出到2029年，可数字化交付的服务贸易规模稳中有增，占我国服务贸易总额的比重提高到45%以上。

（二）推动数字自贸区（港）建设

各地通过加强政策制度建设、强化数字基础设施支撑、培育产业生态等途径，积极推动数字贸易发展。2024年12月上海市发布《上海市推动数字贸易和服务贸易高质量发展的实施方案》，从大力发展数字交付服务贸易、扩大拓展数字订购贸易、适度超前布局数字基础设施、创新提升服务贸易、加强企业主体和区域载体建设、促进贸易要素便捷流动等方面推动数字贸易和服务贸易高质量发展。

2021 年浙江省出台《关于大力发展数字贸易的若干意见》，是全国首个以省委、省政府名义印发的数字贸易文件。2023 年出台《浙江省数字贸易先行示范区建设方案》，提出打造全球数字贸易中心的目标。大力推动跨境电商发展，通过培育跨境电商平台企业，建设跨境电商综合服务平台，打通跨境电商业务中的各个环节，为跨境电商企业提供全方位集成服务。基于宁波舟山港、义乌国际陆港等枢纽，打造立体化、高效率的跨境电商物流体系。在全国率先编制电子商务（企业对企业）和清结算 2 个行业数据跨境流动负面清单，为电子商务和清结算相关企业数据出境提供便利。2024 年，浙江跨境电商出口规模达 2141.3 亿元，增长 19.1%，并连续 3 年举办全球数字贸易博览会，为数字贸易企业提供成果展示、产业对接国际舞台。浙江自贸试验区杭州片区全面对接高标准经贸规则，从制度型开放层面推进数字贸易发展，加快打造有国际影响力的自贸试验区，形成 150 多项创新举措。不断完善数字贸易基础制度，出台全国首部地方性数字贸易促进条例并正式实施，出台片区数据跨境流动分类分级管理办法。截至 2024 年 11 月，新招引落地项目 270 个，总投资额超 1400 亿元，带动所在区新增数字产业相关企业 4.2 万家、上市企业 35 家，培育独角兽榜单企业近 200 家，包含杭州"六小龙"。2024 年 1~8 月，杭州实现数字贸易进出口额 2086.75 亿元，占浙江省的 37.5%，数字服务贸易占服务贸易的比重超 70%。

海南高度重视数字贸易发展，将"数据安全有序流动"作为自贸港制度设计的重要内容。根据国家赋予海南的特殊政策，主动对接国际高标准经贸规则，完善各层面制度型开放。积极推动国际海缆、国际互联网数据专用通道、国际通信出入局和国际数据中心等基础设施建设。出台《海南自由贸易港国际数据中心发展规定》，鼓励面向境外提供国际数据服务，并明确责任免除、合同订立等情形。围绕落实 RCEP、CPTPP 等经贸框架制定政策

措施。同步出台《海南自由贸易港数字经济促进条例》，明确推动数字贸易
细分领域和经营主体发展，促进内外贸市场对接，支持跨境电商综合试验区
建设，做大互联网批发零售业规模，推动来数加工等国际数字贸易业务创新
发展，培育壮大游戏出海、跨境直播、数据标注、卫星数据服务等特色数字
贸易，打造海南自由贸易港数字贸易聚集地。积极探索"游戏出海""来数
加工"等场景，省内获批网络游戏版号 114 个，儋州洋浦建成全国首个
"数字保税"（来数加工）区。

（三）加快数字服务贸易出海发展

在全球化加速推进和数字经济蓬勃发展的背景下，中国企业出海已成为
一股不可阻挡的新潮流。出海不再局限于跨境电子商务，而是凭借国内成熟
的产业链、丰富的应用场景形成规模优势，人工智能、工业互联网、数字文
化等领域加速探索海外市场，使中国技术、中国经验、中国文化走向全世界。

人工智能领域，AI 应用出海方面，国内企业展现出强劲创新活力，以
百度为代表的互联网龙头企业和稀宇科技（MiniMax）等初创企业成为 AI
应用出海主力。AI 应用出海企业将细分场景作为打开海外市场的突破口，
在智慧教育、视频生成、图像编辑、聊天机器人等众多领域打造多个爆款应
用。市场分析机构 SensorTower 发布的 2024 年上半年美国应用市场数据显
示，下载量位居前十的 AI 应用中，Question AI、Talkie 及 Poly.AI 三款来自
中国企业的应用分别位列第三、第四和第九。中国的 AI 基础大模型开始在
国际舞台上崭露头角。2025 年 1 月，杭州深度求索公司发布的 DeepSeek-R1
模型，相比 OpenAI 等公司的其他前沿大模型，实现在较低训练成本下，性
能比肩甚至更优。DeepSeek-R1 一经推出，便迅速火爆全球，2025 年 1 月
27 日居美国苹果商店免费应用下载榜首，包括微软、英伟达、亚马逊等在
内的多家科技巨头纷纷接入 DeepSeek-R1。算力出海方面，随着全球数字化
转型不断加速，海外市场算力需求持续增长，电信运营商、互联网厂商及第
三方算力厂商等纷纷加速布局海外算力基础设施。

工业互联网领域，我国企业基于先进技术和运营经验积极拓展海外市

场，打造多个标杆案例。比如，中国联通联合美的、华为和泰国运营商 AIS 搭建了东南亚地区首个 5G 全联接工厂，落地 5G AI 质检、5G 机械臂控制等 10 余个应用场景，通过智能化运营实现产能大幅提升，该项目荣获 2024 年 GSMAAMO "亚洲最佳移动技术突破奖"。

数字文化内容和平台出海的表现同样亮眼，网游、网文、网剧成为中华文化出海"新三样"。《2024 年中国游戏出海研究报告》显示，2024 年中国自主研发游戏的海外市场收入同比增长 13.39%，达到 185.57 亿美元（约 1360 亿元人民币），连续 5 年超过千亿元人民币，涌现出《原神》《崩坏：星穹铁道》等多款爆款游戏。2024 年《黑神话：悟空》爆火，在 Steam、WeGame 等多个游戏平台销量居榜首，成为中华优秀传统文化对外传播的重要名片。网络文学方面，AI 翻译工具加速网文出海步伐，《2024 中国网络文学出海趋势报告》显示，2023 年我国网络文学行业海外市场营收规模达到 43.5 亿元，同比增长 7.06%。网剧方面，短小精悍、剧情跌宕的短剧出海也成为我国数字文化产业的新风向，2024 年海外短剧应用程序约产生 3.7 亿次下载，用户应用内购买收入达到约 5.7 亿美元，中国"短剧出海"也改变了美国好莱坞传统影视业的制作模式。

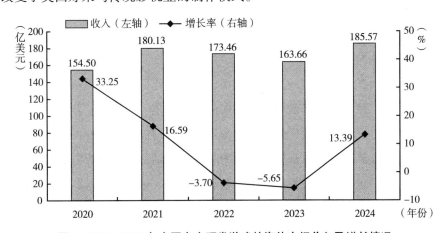

图 2　2020~2024 年中国自主研发游戏的海外市场收入及增长情况

资料来源：中国音像与数字出版协会游戏出版工作委员会：《2024 年中国游戏出海研究报告》，2024 年 12 月。

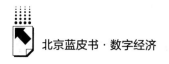

五 对北京的启示与借鉴

国内各地通过加强政策引导、培育数字产业集群、完善产业链等，充分释放数字经济的渗透性和扩散性效应，不仅激发了信息消费新活力，还推动了区域间资源高效协同与产业链深度融合。数字技术的颠覆性力量，促进一批有国际竞争力的数字产品和服务成功出海。这些实践经验对北京市数字经济高质量发展具有借鉴意义。

新型信息消费方面，一是有效发挥信息消费平台的作用，用好消费品以旧换新政策，依托信息消费平台推进以旧换新促消费。进一步加强平台监管，保障消费者和商户双方权益。二是推进信息消费体验中心建设，依托街区改造、城市更新和老旧厂房转型升级项目，同步开展智慧商圈、智慧街区、智慧门店等消费新载体建设，打造沉浸式体验、零售新业态等数字消费新场景。鼓励零售旗舰店、电信运营商、银行、家居等实体营业场所建设信息消费体验中心。三是推动新型信息消费产品和服务创新及应用，强化企业创新支持，编制信息消费重点领域创新产品（平台）推广目录，推动产业协同，加强信息消费与教育、医疗、文旅、养老等领域的深度融合，推动人工智能产业联盟与终端制造、智能家居、互联网产业联盟开展战略合作。

区域协同发展方面，一是强化顶层设计，优化区域协同机制。制定京津冀及京蒙、京藏数字经济区域协同发展的专项规划，明确北京及协作地区的产业定位和协同重点，促进产学研用深度合作，形成优势互补、协同发展的格局，推动政策、技术、资本和人才的跨区域流动，提升产业链的韧性和安全能力。二是培育跨区域数字经济产业集群，进一步巩固京津冀协同发展成效，探索推动北京人工智能、具身智能、互联网等优势产业向外拓展，试点推动"三城一区"建立飞地产业园，推动"六链五群"数字化升级，与协作地区共同打造具有全球竞争力的数字经济产业集群。三是加快推动卫星互联网、低空经济、智能制造等新兴产业的区域协同发展，共建产业协同创新平台，建设共享卫星地面站、低空飞行试验基地等，形成"研发在北京、制造在津冀、试验在中西部"的产业布局。

数字贸易方面，一是充分发挥全球数字经济大会、中国国际服务贸易交易会等国际化展会的优势，搭建数字贸易交流和展示平台，为数字贸易企业与海外市场资源提供双向对接渠道。二是运用好中关村软件园国家数字服务出口基地、北京 CBD 跨国企业数据流通服务中心、数字经济企业出海创新服务基地等创新载体，为数字贸易企业"走出去"提供政策咨询、跨境合规、知识产权等一站式服务。三是推动数字经贸领域的国际合作，积极对接国际高标准，参与并引领国际数字贸易规则制定。鼓励北京的数字经济企业积极参与国际贸易规则制定工作。支持在京高校和研究机构设立国际数字贸易规则研究中心，开展数字贸易规则的前瞻性研究，通过发布研究报告、举办学术讲座等方式，提升本市在国际数字贸易领域的话语权和影响力。

参考文献

房惠玲：《携手促振兴　续写山海情——津甘东西部协作迈向新征程》，《甘肃经济日报》2024 年 7 月 29 日。

孟浩：《成都智慧商圈引领消费"出圈"》，《成都日报》2024 年 7 月 7 日。

孙承平：《长三角一体化发展：进展、问题与对策建议》，《财经智库》2024 年第 6 期。

WTO、IMF、OECD、UNCTAD，"Handbook on Measuring Digital Trade," Second Edition，2023.

B.18
国际数字经济标杆城市发展研究

殷利梅　黄梁峻　刘俊炜*

摘　要： 国际数字经济标杆城市在发展数字经济、推动数字化全覆盖方面积累了有效经验。以硅谷、新加坡、伦敦、柏林、首尔为例，硅谷作为科技创新中心，在 AI 等领域创新领先且产业生态完善；新加坡通过实施智慧国计划推动社会数字化；伦敦金融科技与创意产业发达；柏林是智能制造典范；首尔推动智慧城市与数字生活融合。这些城市通过建设完善的数字经济发展生态促进数字技术融入市民生活，加强产学研合作与人才培育，因地制宜促进产业发展。借鉴国际经验，北京未来应在基础设施、营商环境、技术创新、全球合作、数字生活等方面发力，加速打造全球数字经济标杆城市。

关键词： 数字经济标杆城市　技术创新　全球合作　数字生活

一　国际数字经济标杆城市的定义与特征

国际数字经济标杆城市是指全球范围内在数字经济领域取得显著成效，具有先进性、示范性和代表性的城市。[①] 国际数字经济标杆城市往往瞄准世界前沿技术和未来发展的战略需求，数字技术创新活力得到充分释放，数据资源要素潜力得到全面激发，数字赋能超大城市治理得到全面推动，数据驱

---

* 殷利梅，国家工业信息安全发展研究中心信息政策所副所长，主要研究方向为数字经济战略、数据要素、数字政府；黄梁峻，国家工业信息安全发展研究中心信息政策所数字经济研究室工程师，主要研究方向为平台经济、数据要素、数字经济国际合作；刘俊炜，中国人民大学，主要研究方向为国际商事争端预防和解决。
① 陈焕文：《建设全球数字经济标杆城市》，《前线》2021 年第 5 期。

动的城市示范辐射能力得到有效提升。

从整体上看,国际数字经济标杆城市呈现出数字化全覆盖的特征。一是数字经济增加值占地区生产总值的比重较大。以旧金山湾区为例,该地聚集了苹果、谷歌、英伟达等科技企业,数字经济成为牵引地区发展的"火车头"。二是数字化赋能超大城市治理。例如新加坡依托"智慧国"(Smart Nation)计划,采用 AI、5G、物联网等技术优化交通、医疗、能源管理,提升城市治理效率。三是拥有高密度、全球化的数字经济研究服务机构。例如,伦敦汇聚全球顶尖的科技智库和研究机构,如剑桥大学、帝国理工学院等,为人工智能、量子计算、区块链等提供研究支持。四是汇聚海量高频的全球流通数据。纽约是全球金融中心,依托纳斯达克和华尔街的数据流通体系,金融科技企业利用大数据和 AI 进行精准分析与交易。五是具备强大、持续的数字创新活力。例如,硅谷依托顶级风投机构、创业孵化器(如 Y Combinator)及高科技人才聚集效应,每年诞生众多创新型企业,如 OpenAI、特斯拉等。

二 2024~2025年国际数字经济标杆城市典型案例分析

2024 年以来,美国硅谷、新加坡、英国伦敦、德国柏林、韩国首尔等都在数字经济城市建设方面持续发力,取得了一定成效。

(一)美国硅谷:全球科技创新中心

2024 年,硅谷的高科技产业呈现出前所未有的活力,从年初英伟达跻身 3 万亿美元市值俱乐部到 OpenAI 年底正式推出革命性的文生视频大模型 Sora,硅谷正在以引领式的 AI 技术重塑世界。硅谷数字产业的发展离不开源源不断的资金注入和稳定的创新生态系统。

硅谷专利注册和独角兽企业的增加吸引了大量风投基金,为企业发展提供强大的经济动力。硅谷联合企业区域研究所(Joint Venture Silicon Valley)

2024年2月发布的《2024年硅谷指数》（2024 Silicon Valley Index）显示，该地区的市值达到了14.3万亿美元的新高。从专利注册数量来看，自1990年以来，硅谷每年的专利注册数量都在增长，2024年达到47269件。截至2024年，硅谷共有63家独角兽初创公司（估值超10亿美元）。发明专利和初创企业的增长吸引了大量风投基金，2024年旧金山湾区初创企业共获得900亿美元风险投资，约占全球风投总额（1780亿美元）的51%。[①] 从投资内容来看，主要聚焦软件科技、金融科技、电子商务、云计算、Web3.0、供应链管理和可再生能源等领域。风投基金的注入给科技创业公司的发展提供了强大动力。

硅谷的数字经济产业集群发展主要源于良好的创新生态系统。该生态包括四大机制。一是大企业和初创企业的共生与学习竞争机制。大企业与初创企业之间形成了紧密的共生关系。大企业往往是初创企业产品和服务的购买者，初创企业通过"开放式创新"从大企业中获益，同时通过知识产权保护实现利益平衡；大企业通过并购初创企业快速实现市场目标，初创企业则通过与大企业的合作获取资源和技术支持。这种良性互动激发了企业创新动力，提升了产业集群的活力。例如，2024年亚马逊通过提供算力、芯片和模型等服务，成为AI领域的"卖铲子者"。在2024年的亚马逊云科技re：Invent大会上，亚马逊展示了其全面的AI解决方案，包括自研芯片、算力集群和多种模型选择，可以帮助企业和初创公司降本增效。二是大学、行业和政府间的产学研多向互动交流机制。大学与行业之间存在密切的知识流动和互动，包括许可、协作研究、合同研究、咨询、教学、联合出版、员工交流和学生联合指导等多种形式。例如，2024年12月，圣何塞市、圣何塞州立大学宣布与英伟达合作实施首个劳动力输送管道计划，为当地社区和大学提供教学培训，以提高城市员工的AI技能，并通过"英伟达开端计划"（Nvidia Inception Plan）连接AI初创公司。该合作伙伴关系还有利于政府简

---

① 《硅谷刷新纪录！一年吸金900亿美元，AI巨头引爆投资热潮》，https：//www.163.com/dy/article/JLCC9M7N0556703U.html，2025年1月8日。

化对 AI 计划的审批流程，出台财政激励措施以催生新项目和支持研发。①
三是以小企业为核心的科技服务网络运行机制。小企业管理局（SBA）通
过提供贷款、咨询、培训和成果转化等服务，支持小企业的业务启动和扩
展。小企业发展中心（SBDC）为小企业提供全方位的咨询、培训和技术
服务，内容包括财务、生产、营销、国际贸易援助等。②《美国小企业管理
局 2022—2026 财年战略计划》提出了确保企业资本注入、建立国家创新
生态系统促进投资、增加出口、在决策过程中整合数据和风险、建立具有
包容性和高绩效的员工队伍等具体措施。③ 这些措施显著推动了硅谷的数
字化转型进程，加速了全产业的数字化渗透。四是宽松的法律环境为新技
术发展保驾护航。硅谷在互联网时代成为全球科技创新中心，离不开较为
宽松的法律环境：较少的平台责任、较灵活的版权保护、较低程度的隐私
限制。版权保护制度方面，"合理使用"的规定大大推动了美国新技术的
发展以及互联网企业的创新。平台责任方面，相比于其他国家和地区，美
国在互联网平台的中间责任保护上更为有力。隐私限制方面，美国尚未出
台强有力的隐私法规。2024 年 10 月，历经 12 轮修正、加州议会通过的
《安全与可靠前沿人工智能创新法案》，被加州州长以"监管要基于技术发
展和风险实证""风险监管离不开场景"等理由否决，也反映了美国 AI 治
理"发展为先、基于实证、顶层设计、行政牵引、场景立法、小步快走"
的特征。④

---

① Devan Patel, San Jose, "SJSU Announce Collaboration with NVIDIA to Further Workforce Development, AI Innovation," https://www.siliconvalley.com/2024/12/12/san-jose-sjsu-announce-collaboration-with-nvidia-to-further-workforce-development-ai-innovation/, December 13, 2024.

② 郭丽娟、刘佳：《美国产业集群创新生态系统运行机制及其启示——以硅谷为例》，《科技管理研究》2020 年第 19 期，第 38 页。

③ "U. S. Small Business Administration Strategic Plan Fiscal Years 2022—2026".

④ 顾登晨、彭靖芷、袁媛：《域外之见 | 加州法案：起源、演进、否决与启示》，https://mp.weixin.qq.com/s/oDchnKWJZc1wHtTpmXCWcw? po c_ token = HI0EjmejdX1m667gbr35yhYcu1V5_ xpu6BIkhNpj，2024 年 10 月 10 日。

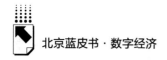

（二）新加坡：智慧国计划与数字政府建设

2024年在瑞士洛桑国际管理发展学院（IMD）发布的全球数字竞争力排名中，新加坡位列第一。[①]在IMD发布的2024年智慧城市指数（Smart City Index）中，新加坡为亚洲领先的智慧城市和世界第五大智慧城市。[②]

新加坡通过智慧国计划迅速创造了繁荣的数字化社会。2014年，新加坡提出"智慧国2025"计划，聚焦数字政府、数字经济、数字社会三大战略重点，夯实下一代数字基础设施与平台、数据资源、网络安全三大基础支撑，加强组织机制创新和发展环境优化。2024年10月，新加坡推出了"智慧国2.0"计划，聚焦成长、社区和信任三个主要目标。"成长"主要聚焦人工智能科研、教育支持和教师培训。新加坡将为人工智能科研计划拨款1.2亿新元，推进人工智能在多个学科领域的应用。2025年起，新加坡教育部和资讯通信媒体发展局将面向所有中小学推出名为"人工智能乐"的人工智能选修课程，让学生接触并探索人工智能；新加坡教育部还推出了智慧国教育专才计划（Smart Nation Educator Fellowship），目标是组建一支由250名教育工作者组成的团队，研究如何培养学生的数字技能等课题。"社区"方面，重点在于规范和优化网络环境，新加坡政府针对应用商店制定新的准则，要求应用分发服务应遵守年龄保证要求，以防止儿童下载不适宜的应用。"信任"方面，新加坡将成立网络安全与保障机构，快速处理网络霸凌和严重危害事件，同时将在2025年推出新的《数字基础设施法》，提高数字基础设施的安全性。

新加坡政府在推动数字化进程方面发挥着主导作用。一方面，稳定的政策支持、先进的基础设施、税收友好政策和强大的资金支持使得新加坡在竞争激烈的科技创业领域站稳脚跟。世界一流的办公空间、联合办公中心和创

[①] World Competitiveness Center, "IMD World Digital Competitiveness Ranking 2024," November 2024.

[②] "IMD Smart City Index 2024," https：//www.imd.org/centers/wcc/smart‐city‐index/press‐release/.

新实验室使新加坡初创公司能够拥有成功所需的丰富资源和环境支持。最重要的是，该国拥有极具竞争力的税收制度，公司税率仅为17%。新加坡政府更是为企业创新提供强大的资金支持。以新加坡政府的"Startup SG Tech"计划为例，该计划为企业家提供高达500000新元的补助金，以帮助公司将其突破性技术商业化。2024年底开始，新加坡通过为企业提供AI云融资解决方案和AI-Cloud资金，将其数字环境提升到一个新水平。A-Cloud Lab提供协作项目、研讨会和培训课程等内容，为采用AI的企业提供支持。另一方面，新加坡通过一系列智慧城市应用系统，为居民和企业提供便捷、高效的数字化服务。政府推出的"工业数字计划"（IDPs），涵盖会计行业、环境服务业、食品服务业、酒店业、物流业、媒体业、零售业、海运业、批发贸易业、保安业等全类别综合服务业，为不同行业的中小企业的数字化提供支持。① 新加坡资讯通信媒体发展局2024年10月发布的《新加坡数字经济报告》显示，94.6%的新加坡企业已经实施了至少一个领域的数字化，数字化解决方案有助于中小企业节约成本。2023年新加坡主要的数字身份和电子支付系统Corppass和PayNow Corporate采用率已经超过90%，全国电子发票倡议自2019年提出以来，到2023年已经有超过60000家实体响应，年增长率达9.7%。②

（三）英国伦敦：金融科技与创意产业引领

伦敦是国际金融科技中心，1600多家金融科技公司总部设于伦敦，全球排名第一。伦敦对金融科技发展提供的政策支持既包括完善的监管体系，也表现出对创新的开放和包容。譬如英国的主要金融监管机构英国金融行为监管局（Financial Conduct Authority，FCA）2015年开展的沙盒计划已在全球普及。在坚持这一政策导向的基础上，2024年，FCA和英格兰银行针对金融市场基础设施公司的运行实施了新的数字证券沙盒计划，以促进数字资

---

① "Singapore Industry Digital Plans For SMEs Businesses," https：//www.3ecpa.com.sg/resources/latest-news-in-singapore/.

② Infocomm Media Development Authority, "Singapore Digital Economy Report," October 2024.

产在金融市场中的使用。同时，FCA 创建了高级分析单元，即使用 AI 开发工具来监控网站；FCA 的数字沙盒连同 1000 多个 API 终端节点，有 300 多个合成、公共、匿名和假名数据集，覆盖实体、企业个人、消费者、交易、财务报表、贷款、信贷和投资等维度。内置的开发环境允许可扩展的实验场景，同时保护平台上的数据资产安全。此外，2023 年英国的金融科技增长基金应运而生，该基金每年对规模在 1000 万至 1 亿英镑之间的处于成长阶段的金融科技公司进行 4~8 轮投资。英国还制定研发税收抵免政策，2024 年 4 月，推出新的单一研发税收减免计划并适用于所有企业（包括大型组织以及中小企业）。[①] 伦敦对金融科技发展的支持政策取得了显著成效。2024 年，英国的金融科技领域吸引了 39 亿美元的风险投资，在全球位居前列。其中，挑战者银行 Monzo 和数字汇款先锋 WorldRemit 等企业获得了大量资金，显示出市场对创新金融解决方案的持续看好。伦敦也成为吸引科技独角兽的"强力磁铁石"，Payhawk、Tractable 和 Copper 等公司先后在伦敦设立办事处，这使得在伦敦设有办事处的金融科技独角兽数量增至 41 家。

伦敦的创意产业是仅次于金融业和房地产业的第三大产业，被定义为"源于个人创造力和才能，并通过有效的知识产权保护，促进财富和就业增长的产业"，包含九大行业部门——广告和营销部门，建筑部门，工艺品部门，设计和时尚部门，电影、电视、视频、广播和摄影部门，IT、软件和计算机服务部门，出版部门，博物馆、画廊和图书馆部门，音乐、表演和视觉艺术部门。[②] 一方面，伦敦针对创意产业进行税收减免。2024 年英国财政预算计划在几年内为创意产业提供超过 10 亿英镑的新税收减免。此外，政府为国家剧院的舞台和基础设施升级提供 2640 万英镑资金支持。预计到 2025 年底，英国的创意产业将成为全球仅次于好莱坞的第二大创意产业。另一方面，英国的创意产业吸引了大量国际投资，推动了数字内容、媒体、设计和广告等领域的快速发展。从伦敦的整体经济发展来看，创意产业以高科技为

① ICLG, "Fintech Laws and Regulations United Kingdom 2024-2025," 2024-7-11.
② 刘玉博：《伦敦创意产业的复苏特点与新发展趋势》，载屠启宇主编《国际城市发展报告（2024）》，社会科学文献出版社，2024。

基础、创意应用为核心，形成了"创意—产品—再生资源—再生产品"的新流程。例如，2024 年一家以奢侈品售后维修服务为核心业务的初创公司 Save Your Wardrobe（SYW）获得了法国奢侈品巨头 LVMH 集团颁发的创新大奖。SYW 的成功在于该平台聚集了大批裁缝、鞋匠、包袋修复师等手工艺人才，还将数据集成到店铺、线上电商或品牌现有的 CRM 系统中。伦敦还把沉浸式体验作为创意研发的重点方向。政府在创意科技研发方面的投资超过 1.5 亿英镑。Digital Catapult 作为受益于这项重大投资的核心企业，通过推广有助于提高创意管理效率的 AI 工具，使艺术家能够将更多时间用于创作，帮助小型企业提升竞争力。国际数字科技巨头如谷歌、Snap Inc. 和 Meta 正在伦敦打造沉浸式科技项目。而阿迪达斯、三星和欧莱雅等全球品牌也纷纷与 Pebbles Studio 等从事虚拟现实、AR 体验和 3D 动画的顶级工作室开展合作。[①] 2023 年，创意产业为英国 GDP 贡献了约 1240 亿英镑，大约占英国经济总量的 5%，超过一半的创意产业增加值源自伦敦。2023 年 7 月到 2024 年 6 月，创意产业约有 240 万个工作岗位，约占英国的 7%。[②]

（四）德国柏林：智能制造与工业互联网典范

从工业 4.0 到人工智能，德国始终关注技术对生产生活的影响，推动科研成果转化。

智能制造方面，柏林政府通过承办世界级先进制造技术峰会、推进智能制造工厂建设、设立人工智能研究中心等促进全球智能制造科技交流。2024 年 4 月，柏林举办了以"拥抱物联网趋势，提升工业业务"为主题的 2024 年智能制造与工业物联网峰会，吸引了 100 多位行业领袖讨论物联网、智能交通、数字化转型、大数据分析、区块链、5G、数字营销、智慧城市融资模式、网络安全和人工智能等话题。2024 年 9 月举办的柏林国际消费电子展（IFA Berlin 2024）聚焦"消费技术的未来"，其中人工智能、可持续实

---

① 《行业观察｜从伦敦经验看数字科技与文化创意的深度融合》，https：//mp. weixin. qq. com/s/aBf2JtgeY0Z4MBdAlvFYZQ，2023 年 3 月 15 日。

② "Creative Industries," House of Commons Library，24 January 2025.

践方面的重大进步成为焦点。该展会被视为行业发展的风向标，西门子家用电器展示了在智能家居领域的最新技术和解决方案。此外，2024年柏林的智能制造工厂持续推进AI、IoT和先进机器人的集成，强调灵活性、实时分析和增强自动化，提高生产效率和产品质量。暨2024年7月德国人工智能研究中心（DFKI）新成立的人工智能创新和质量中心在凯泽斯劳滕揭幕后，第二个人工智能研究中心于年底在柏林成立。德国通过这种方式促进可信赖的"德国制造"人工智能发展，并为本国企业提供支持。

数字化项目改造方面，柏林将在2026年底前完成四个联邦政府资助的示范项目。一是"哈登贝格广场智能空间"项目，对柏林典型的车站广场进行智能改造，以适应不同的活动、天气和季节等场景要求，支持各种形式的交通需求。二是"数据与智慧城市管理"项目，关注市政当局和技术公司在数据使用和处理方面的合作，以维护公共利益。三是智能水务，为解决极端天气事件带来的恶劣影响，利用雨水管理智能改造，打造可视化气候场景。四是Kiezbox 2.0项目，可以在突发危急情况下，如停电的情景，提供太阳能或公共Wi-Fi，支持紧急服务和关键基础设施领域的通信。①

工业互联网方面，德国政府与高校、研究院所合作，建立了28个"中小企业4.0能力中心"，并通过行业协会、科研机构、企业等多元组织推动"工业4.0"战略的实施，将工业互联网技术与实际生产需求相结合，加速技术商业化进程。2024年1月，柏林人工智能公司Qdrant推出矢量数据库产品，马斯克X公司、咨询公司埃森哲（Accenture）和制药公司拜耳等都依赖于该数据库。2024年11月，德国柏林和波恩之间长达900公里的量子加密数据通信测试线路正式开通。② 2024年7月，在德国柏林举办的6G大会，吸引了全球900多名参与者，会议期间全面展示了未来移动通信标准6G的最新发展和研究项目。

---

① Beate Albert, "Smart City Berlin," https：//www.businesslocationcenter.de/en/business - location/business-location/smart-city-berlin.
② 《德国建成900公里量子加密数据通信测试线路》，http：//de.china-embassy.gov.cn/kjcx/dgkjcxjb/202412/t20241226_ 11519705.htm，2024年12月26日。

（五）韩国首尔：智慧城市与数字生活融合

智慧城市建设方面，首尔市制定了"智慧城市及信息化基本计划（2021~2025年）"，包括智慧基础设施、智慧服务和智慧市民三大推进战略：一是打造未来智慧城市创新基础，加速数字化转型，扩建世界最高等级智慧城市基础设施。二是将物联网、大数据、人工智能等技术广泛用于急救服务、火灾预警、校车追踪、垃圾回收与处理等场景，不断提升智慧服务水平。三是注重引导市民以主人翁的姿态去解决城市问题，为市民提供投诉系统、投票系统、大数据中心等信息平台支持，推动"智慧市民"建设。首尔在城市政策中特别关注元宇宙平台和物联网的部署。市政府自2021年11月宣布建立元宇宙平台后，耗时5年投资39亿韩元，通过构建在线虚拟世界为广大市民提供新型智慧公共服务，在经济、文化、旅游、教育、咨询、投诉等市政管理领域建成元宇宙生态系统。例如，2023年该平台推出了综合行政大厅"元宇宙120中心"，市民可以与市政府官员的虚拟化身直接面谈、办理行政事项、进行投诉和咨询等。同年，韩国首尔实施全市范围内的物联网部署，包括在公共设施中安装1000个LoRa基站，部署5万个物联网传感器，以收集粉尘、噪声、风和光源等方面的信息并被用于大数据分析，以制定智慧城市解决方案。2024年韩国继续推进智慧城市计划，发布了"智慧城市综合计划（2024~2029年）"，其关键策略之一是建立智慧城市AI数据枢纽，整合和分析来自各种城市管理系统的数据，以帮助预测和解决城市面临的挑战。该战略还纳入了人工智能和数字孪生技术，以改善城市数据的使用状况，并增强不同行政区域之间的连通性。

人工智能是首尔2024年数字经济发展中的重点领域。首尔市政府为了推动AI产业的扩展，不仅提供财政支持和政策引导，还通过多层面的措施促进AI技术的发展。例如，市政府通过"2021~2025年智慧城市与数字化总体计划"子计划，积极推动AI技术在智慧城市建设中的应用。该计划包含9项主要任务，涵盖创新智慧城市基础设施建设、AI技术应用推广、智能交通和公共安全管理优化。作为上述计划的重要组成部分，首尔市政府于

2023年推出"SEOUL AI STARTUP 100"计划，目标是培养100家具有潜力的AI初创公司，通过提供资金援助、技术指导、专业咨询及市场推广资源，提供高效能计算资源及云服务，促进新创企业间的交流合作，以及协助初创企业参加国内外展会，开拓新市场，并促进国际合作与联合研究等，帮助其在市场中取得成功，以增强首尔在AI领域的国际竞争力。此外，首尔市政府设立AI创新生态系统支持平台——首尔AI中心（Seoul AI Hub），不仅提供办公空间和技术基础设施支持，还举办多项培育、研发及投资对接活动，帮助AI初创企业获取必要的资源与技术支持。目前该中心已支持超过360家企业，并成功培育出专注于AI训练数据解决方案的上市公司Crowdworks。首尔AI中心还支持35家AI初创企业参加CES 2024科技展，展示其AI技术成果。其中，提供AI 3D服务内容的Nation A等企业获得多项CES创新奖，并受到全球的广泛认可，进一步巩固了首尔市在全球AI创业领域的地位。[①]

数字生活融合方面，除了推动AI技术的商业化与产业发展，首尔市也积极将AI技术应用于社会治理与公共服务领域。例如，市政府推出适用于独居老人的AI照护机器人，并逐步部署以AI技术支持的人流感应智能监视器，提升公共安全管理效率。首尔市还与Google合作推出"AI创业学校"，面向所有AI技术爱好者，旨在培养下一代AI创业家，进而促进首尔市AI创业生态圈的发展，吸引更多优秀的初创企业进驻。[②]

三　国际数字经济标杆城市建设的经验总结

综观全球主要国际数字经济标杆城市，它们在数字经济发展上各有特色，又呈现出一些共性。

---

① 李念纯：《打造创新典范 AI据点——韩国首尔（Seoul）》，https：//taipeiecon. taipei/Topics/more？id＝1255206122616251441，2024年11月6日。
② 李念纯：《打造创新典范 AI据点——韩国首尔（Seoul）》，https：//taipeiecon. taipei/Topics/more？id＝1255206122616251441，2024年11月6日。

一是拥有一批技术创新与应用能力突出的企业及具有明显国际反制力的产业生态优势。综观全球数字经济发展实践，企业是推动数字经济发展的核心力量和基本载体，处于数字经济标杆城市建设的核心层。以苹果、微软、亚马逊、三星等为代表的跨国企业在世界范围内部署产业链、供应链，掌控了全球企业层面的技术、专利、标准等核心知识产权，形成了具有明显领先优势的数字产业体系。

二是产业数字化融入城市生活，数字化便利市民生活。便利的数字生态为市民提供丰富的数字服务，从智能家居到智能交通出行，从在线医疗到远程教育平台，从移动支付到公共场所的数字便利设施，从数字政务到智慧社区建设。人工智能、区块链、物联网等数字技术被广泛应用于住房、环境、文旅、健康、交通等领域，提升城市综合治理能力，改善市民生活。

三是产学研有机合作与高效的人才培养和引进。洞察全球数字经济发展趋势，人才是推动数字经济发展的强大支撑。在硅谷，大学与行业之间存在密切的知识流动和互动，斯坦福大学的技术许可办公室（OTL）是大学与行业的重要纽带，斯坦福大学和加州大学伯克利分校的学术创业行为是硅谷生态系统的重要组成部分。新加坡政府与高校、企业合作，推动人工智能科研和教育。首尔开展个性化数字能力培训，解决数字鸿沟问题。

四是全面完善的数字基础设施。2024 年硅谷的大型科技公司如 Meta、谷歌、微软、亚马逊等在 2024 年均拓展数据中心的规模。谷歌公司 2024年 1~8 月对 AI 数据中心投资达到 290 亿美元；Meta 在 2024 年启动了 6个新数据中心的建设工作，并于 2024 年 4 月宣布在芯片和 AI 数据中心上再追加数十亿美元的投资；亚马逊于 2024 年 4 月宣布投资 110 亿美元用于在印第安纳州建设新的数据中心，并将创造 1000 个新岗位。① 微软计划在 2025 财年（2024 年 7 月 1 日至 2025 年 6 月 30 日）投资约 800 亿美元用于建设 AI 数据中心。新加坡的部署涉及从全国宽带网络（NBN）2.0

---

① 《硅谷巨头狂投 AI 基础设施，微软 Meta 谷歌一季度豪掷 320 亿美元》，https：//www.36kr.com/p/2755640659874434，2024 年 4 月 30 日。

到 5G 独立网络，基础设施建设提升了其连接能力，为企业和公民提供无缝的数字体验，其通信科技基础设施水平位列亚洲第一。英国也重视数字基础设施建设。2024 年 3 月，英国政府宣布投资 5.4 亿英镑（约合 48.83 亿元人民币）以支持 4 家新的研究中心以及数字基础设施的建设。

五是结合自身优势因地制宜发展数字产业。硅谷依托全球科技创新高地的优势，聚焦高精尖技术研发，推动数字经济的前沿突破。新加坡依托高效的治理能力，将数字经济深度融入城市治理与生活服务。伦敦作为全球金融中心和文化产业发达城市，将数字经济与金融、文化产业深度融合，提升产业附加值。柏林凭借强大的工业基础，着力推动制造业数字化转型，提升产业竞争力。首尔通过新兴科技的快速发展，带动数字经济发展水平整体提升，形成新的经济增长点。

四　建设国际数字经济标杆城市的政策建议

未来北京加快建设全球数字经济标杆城市，需在基础设施、营商环境、技术创新、全球合作、数字生活等方面持续发力。

（一）加强融合基础设施互联互通

一方面，系统化开展千兆级光通信网络等信息基础设施建设工程，针对不同区域特征和实际应用需求，差异化拓展新一代 IPv6 城域网、5G 智能传输系统、波分复用光传送网络（OTN）以及云端专有接入网络的覆盖范围，构建包含大规模数据计算处理、智能连接节点、AI 驱动应用及云端资源管理的开放式协同平台。[①]另一方面，加快计算力提升，筑牢数字经济基底保障。着力强化算力、智能算法及数据规模等关键支撑要素，布局集成大规模信息资源的城市超级算力中心，促进计算资源能效跃升与服

---

① 姜峰、蓝庆新、韩萌：《北京打造全球数字经济标杆城市的路径——基于全球 25 个国际城市面板数据的实证研究》，《科技管理研究》2023 年第 18 期。

务升级、模式创新，从而构建具备国际引领地位且技术主权完整的算力生态体系。推动存储型数据中心向计算型数据中心转型，构建绿色新型数据中心。深化京津冀区域计算力合作，通过边缘计算节点分布式部署与光传输网络优化，实行金融科技、智能通信、互联网等关键领域业务的毫秒级技术标准。

（二）通过减税费增投资优化数字企业营商环境

一方面，要通过税收优惠政策推动数字技术赋能。加快落实研发支出税前200%加计扣除政策，推动平台企业技术研发重心由应用层开发向核心底层技术攻关转型。重点支持企业依托共建"一带一路"合作框架，优先布局数字经济枢纽节点，通过技术标准输出与国际市场拓展，培育在市值和技术方面具有全球竞争力的跨国企业。另一方面，要拓宽数字经济投资促进渠道。一是创新资本引导机制，依托创新创业公司债等专项债券发行与产业并购基金、协同创新基金和知识产权基金等复合型产业基金联动，通过分层风险补偿机制吸引社会资本参与。二是推进注册制改革，完善多层级资本市场。支持中小数字企业在新三板等平台上市融资，打通各市场转板通道，构建企业成长全周期融资链，引导成长型数字企业运用非金融企业债务融资和企业债券等工具扩大融资规模。三是搭建区块链分布式记账和交易场景生态，通过智能合约实现多级供应商应收账款自动确权与拆分流转。同时建立动态授信评估模型，缩短传统供应链融资审批周期。[1]

（三）构建自主可控、产研一体、软硬协同的新一代数字技术创新体系

一是开放人工智能应用场景，着眼于重点领域突破。推动医疗、教育、先进制造等重点领域AI示范项目落地，继续推动自动驾驶高快速路无人化

---

[1] 姜峰、蓝庆新、韩萌：《北京打造全球数字经济标杆城市的路径——基于全球25个国际城市面板数据的实证研究》，《科技管理研究》2023年第18期。

测试，鼓励核心技术突破的同时保障安全性。二是构建数字孪生、虚拟现实、工业互联网、人工智能等技术融合创新机制。组建数字孪生城市实验室，充分发挥中关村国家自主创新示范区的辐射示范作用，升级中关村成果转化服务平台，提供技术评估、专利交易等全流程服务。探索科技成果转让市场化定价机制和利益分配机制，开展科技成果供需对接，引导科技企业、科研院所、高等学校融通对接，① 建立京津冀技术交易联盟，提升三地科研设备共享率。三是加强高端人才集聚和培养，夯实数字人才要素支撑。依托国家实验室、北京实验室、重点企业研发机构等设立海外人才工作站，建立相应的医疗教育配套体系，吸引国际高端人才、海外归国人才。

（四）在全球范围内加强竞争与合作，发挥数据要素配置、数字规则制定和样板模式的作用

一是要构建数据流通安全治理体系。参照国家网络安全等级保护制度，构建以人为核心的数据隐私安全体系，进一步细化网络安全细则，积极研发数据保护技术以应对数据泄露、窃取、匿名化等问题，形成协同联动、高效统一的网络安全管理体系。② 二是加快打造数字经济对外合作开放高地。拓展增强数字贸易链接全球功能，围绕知识产权服务等数字贸易重点领域，吸引和集聚跨国企业。用好中国国际服务贸易交易会、中关村论坛、金融街论坛三大平台，加强与各国数字贸易相关管理机构及全球主要城市的交流合作。加快搭建数字知识产权海外维权渠道和争议解决机制，积极参与全球数字贸易规则构建，保障数据贸易跨境流通。③

（五）提升数字生活品质与促进数字消费发展

一是优化数字公共服务。加大在医疗、教育、交通等公共服务领域的数

① 姜峰、蓝庆新、韩萌：《北京打造全球数字经济标杆城市的路径——基于全球25个国际城市面板数据的实证研究》，《科技管理研究》2023年第18期。
② 姜峰、蓝庆新、韩萌：《北京打造全球数字经济标杆城市的路径——基于全球25个国际城市面板数据的实证研究》，《科技管理研究》2023年第18期。
③ 徐逸智、常艳、刘作丽：《系统构建数字经济标杆城市》，《前线》2021年第9期。

字化投入。如在医疗方面，完善电子病历系统，部署 5G 远程诊疗平台；在教育领域，建设在线教育平台，提供丰富的课程资源，促进优质教育资源共享；交通方面，利用智能交通系统，实现实时路况查询、智能导航、便捷公共交通支付等功能，提高出行效率。二是打造数字社区。加强社区数字化建设，建立社区综合服务平台，集成社区政务、物业服务、生活缴费等功能。推动智能家居技术在社区的应用，关注老年群体等数字弱势群体，帮助他们跨越"数字鸿沟"，享受数字生活。三是推进智慧城市建设。利用物联网、大数据等技术，实现城市运行的智能化管理。例如，建立城市环境监测系统，实时监测空气质量、水质等环境指标；建设智能安防系统，提升城市安全防范能力。同时，通过城市大脑等平台，整合各类城市数据，实现城市资源的优化配置和精细化管理，为居民提供更加宜居的城市环境。四是培育数字消费新业态。鼓励发展直播带货、社交电商、跨境电商等新型消费模式，推动消费场景的创新。试点元宇宙商业街区，提供虚实融合的 AR 试衣、VR 看房等体验服务，提升消费体验。

参考文献

《2024 硅谷 AI 年度总结：从英伟达到 OpenAI，这一年都发生了什么？》，https：//news. qq. com/rain/a/20241230A01F5400，2024 年 12 月 30 日。

《北京发布全球首个数字经济标杆城市"蓝图"》，https：//www.gov.cn/xinwen/2021－08/03/content_ 5629244. htm，2021 年 8 月 3 日。

葛红玲、李惠璇、李波：《全球数字经济标杆城市发展评价报告（2024）》，载谢辉主编《北京蓝皮书：北京数字经济发展报告（2023～2024）》，社会科学文献出版社，2024。

何树全、赵静媛、张润琪：《数字经济发展水平、贸易成本与增加值贸易》，《国际经贸探索》2021 年第 11 期。

姜峰、段云鹏：《数字"一带一路"能否推动中国贸易地位提升——基于进口依存度、技术附加值、全球价值链位置的视角》，《国际商务（对外经济贸易大学学报）》2021 年第 2 期。

李韬、尹帅航、冯贺霞：《城市数字治理理论前沿与实践进展——基于国外几种典

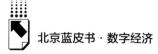

型案例的分析》，《社会政策研究》2024 年第 3 期。

齐俊妍、任奕达：《东道国数字经济发展水平与中国对外直接投资——基于"一带一路"沿线 43 国的考察》，《国际经贸探索》2020 年第 9 期。

《"市民即市长"：韩国首尔的未来城市观》，https：//mp. weixin. qq. com/s/wEhzT1V5v-g0342g7JkPEw，2020 年 6 月 8 日。

《数字经济"北京标杆"的行动指南》，《北京商报》2025 年 1 月 16 日。

《"数字经济的制度与文化建构"系列讲座——"硅谷的发明：法律与创造未来"顺利举行》，https：//mp. weixin. qq. com/s，2019 年 5 月 31 日。

王奕阳、顾维玺等：《欧洲工业互联网发展现状、趋势与启示》，《通信世界》2024 年第 10 期。

许宪春、张美慧：《中国数字经济规模测算研究——基于国际比较的视角》，《中国工业经济》2020 年第 5 期。

赵涛、张智、梁上坤：《数字经济、创业活跃度与高质量发展——来自中国城市的经验证据》，《管理世界》2020 年第 10 期。

"2024 Top 50 U. S. Patent Assignees," https：//www. ificlaims. com/rankings – top – 50 – 2024. htm.

Beate Albert, "Smart City Berlin," https：//www. businesslocationcenter. de/en/business-location/business-location/smart-city-berlin.

"IMD Smart City Index 2024," https：//www. imd. org/centers/wcc/smart – city – index/press-release/.

"Singapore Industry Digital Plans For SMEs Businesses," https：//www. 3ecpa. com. sg/resources/latest-news-in-singapore/.

World Competitiveness Center, "IMD World Digital Competitiveness Ranking 2024," November 2024.

展望篇

B.19

全球数字经济标杆城市建设
面临的形势与展望

王瑜 龙珑*

摘 要： 2024 年，数字经济在发展高度、深度、精度和广度等层面展现出强大潜力，已成为促进全球经济增长的核心引擎。标杆城市通过夯实数字基础设施基石、强化数字技术创新驱动、培育壮大数字产业集群及打造全球数字人才高地等措施，探索出具有示范意义的发展路径。北京通过制度创新与技术赋能的深度融合，强化数字基础设施建设、深化技术革新与应用、推动数据要素市场化配置改革、推进实数深度融合、数字赋能城市精细化管理、加强数字经济国际合作，致力于打造全球数字经济标杆城市，为全球数字经济发展贡献"北京方案"。

---

* 王瑜，中国信息通信研究院产业与规划所数字孪生与城市数字化转型研究部高级经济师，主要研究方向为数字经济、城市数字化转型、信息化；龙珑，广西壮族自治区信息中心工程师，主要研究方向为数字经济运行分析监测、数据要素、大数据分析应用等。

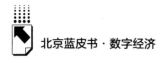

关键词： 全球数字经济标杆城市　制度创新　技术赋能

一　全球数字经济发展总体态势

世界百年未有之大变局加速演进，全球经济正处于新旧动能转换的关键阶段。在此背景下，数字经济作为培育新质生产力的主战场，正从发展高度、深度、精度和广度上，全方位推进产业升级转型、社会治理服务优化与国际合作深化，重塑全球经济发展格局，为世界经济复苏提供持久动力支撑。

（一）发展高度上，数字经济对经济的核心支柱地位进一步巩固

数字经济发展政策体系不断完善。主要国家不断细化和完善数字经济顶层设计，基本形成以战略规划为引领、以产业推进政策为手段，并通过制定发展路线图、投入配套资金、协调组织机构等多种手段落地实施的数字经济政策体系。5G、人工智能、量子计算、关键芯片、先进制造、数据要素、中小企业数字化转型等领域成为政策聚焦的战略重点。与此同时，数字经济安全政策的关注重点正由局部条线安全转向全局系统性安全，关注方向也逐渐从网络安全、数据安全拓展至技术安全、产业安全等更广泛的领域。

数字经济新动能对经济增长的驱动作用持续增强。当前，数字经济已成为支撑全球经济增长的重要动力。从总体规模来看，近年来全球主要国家数字经济规模增长态势强劲，增速均高于同期 GDP 名义增速，对经济持续稳定发展起到重要的支撑作用。中国信息通信研究院的数据显示，2023 年，美国、中国、德国、日本、韩国 5 个国家数字经济总量已超过 33 万亿美元，数字经济占 GDP 比重达到 60%，较 2019 年提升约 8 个百分点。从资本贡献来看，主要国家正加速向数字化驱动转变。2014 年以来，美国、德国、英国、法国、中国、日本 6 个国家非数字资本与数字资本贡献比值波动下降，

2023 年美国、德国、中国的这一比值分别为 1. 27、4. 05、5. 98,[①] 表明在资本驱动的经济增长部分,数字资本的贡献更大。

(二)发展深度上,实体经济与数字经济深度融合步伐持续加快

前沿技术持续创新突破加速赋能行业应用走深走实。2024 年,人工智能等技术创新浪潮席卷全球,各国持续加大技术研发投入,不断拓展产业边界并推动产业升级。全球人工智能大模型能力实现阶跃式提升与迭代,语言大模型在文本理解与生产、复杂逻辑推理任务上取得突破,生成式视觉大模型展现出高质量样本生成、训练稳定、生成图像灵活可控等优势。以DeepSeek 为代表的开源推理大模型在纯强化学习训练策略上实现关键突破,在保持模型性能的同时有效降低训练成本,为从单纯"堆硬件"向算力智能调度提供了可行路径。这些进展推动人工智能大模型以更低成本、更低门槛加速进入各行各业,实现技术升级与产业快速增长。据国际数据公司(IDC)预测,2024 年全球人工智能产业规模可达 6233 亿美元,同比增长21. 5%,进一步拉动服务器和半导体产业需求快速增加。展望未来,随着人工智能等数字技术在各行业的深度应用不断加强,以及社会需求的不断演变,数字经济将迎来新一轮显著增长。

数据作为关键生产要素的驱动效应进一步凸显。随着数字化进程加快,各国纷纷完善数据相关制度,致力于释放数据价值,为以数据为关键要素的数字经济高质量发展提供保障。据 IDC 预测,2024 年全球将生成 159. 2ZB数据,2028 年将增至 384. 6ZB,复合增长率约为 24. 4%。与此同时,全球数据空间正由探索阶段逐步迈入建设运营阶段,中国信息通信研究院发布的《数字化转型加速普及推广,智能化升级释放变革潜力》显示,全球处于建设运营阶段的数据空间比例已发展到 56%,其中,制造业和能源行业数据空间探索最为广泛,占比分别达到 29% 和 13%。全球数据交易正经历从规模扩张向价值深挖转型。上海数据交易所发布的《2024 年中国数据交易市

---

① 中国信息通信研究院:《全球数字经济发展研究报告(2024 年)》。

场研究分析报告》显示，2023 年全球数据交易市场规模约 1261 亿美元，预计 2030 年将达到 3708 亿美元。数据量的持续增长和数据流通交易日益顺畅为全球数字经济发展带来了新的机遇和可能。

数字化转型面向深层次、全链条应用。全球数字化转型支出将保持高速增长，中国增速领先全球。国际数据公司（IDC）发布的《全球数字化转型支出指南》指出，全球数字化转型支出预计从 2023 年的 2.1 万亿美元增至 2028 年的 4.4 万亿美元，五年间复合增长率达 15.4%。中国作为全球重要市场，预计 2028 年数字化转型支出规模将达到 7330 亿美元，占全球的 16.7%，五年间复合增长率为 15.6%，高于全球平均增速。中国工业互联网已进入规模化应用与生态重构的新阶段，"5+2"的东西南北中一体化标识解析体系格局全面形成。中国信息通信研究院发布的《中国工业互联网发展成效评估报告（2024 年）》显示，截至 2023 年底，二级节点上线超 330 个，日均解析量达 1.5 亿次，促成全球最大标识解析实践。重点行业融合不断深入，累计服务企业数量超过 40 万家，覆盖 46 个行业，从传统制造业（钢铁、机械）延伸至交通、能源、消费品等领域。数字化与联网能力全面提升，技术落地实现从单点突破到全链条渗透，行业落地实现从效率优化到模式创新。据中国工业和信息化部统计，截至 2024 年二季度，中国生产设备数字化率、数字化生产设备联网率、关键工序数控化率分别达 54.8%、48.9%、63.6%。

（三）发展精度上，数字技术推动经济社会精准化、智能化发展

以人工智能为代表的数字技术不断重构传统产业基础逻辑和演进路径，为经济高质量发展提供有力支撑。在农业领域，人工智能大模型正快速向精准种植、智能育种、灾害预警等场景渗透，通过结合农业知识图谱和多模态数据，实现全链条决策优化，帮助农民从传统模式转向数据驱动的现代农业。美国 John Deere 公司利用 AI 大模型和计算机视觉技术，通过卫星图像和传感器数据，精准分析土壤状况、作物生长情况，实现精准施肥、灌溉和收割；牧原集团则部署养猪大模型，通过声音识别算法判断生猪健康状况。在工业领域，人工智能大模型在智能制造、工艺优化、设备预测性维护等核

心环节中探索应用，并与工业知识图谱与数字孪生技术相结合，推动从研发设计到生产运维的全流程智能化升级。中国宝武、河钢集团和中国钢研分别推出"宝联登钢铁行业大模型""威赛博钢铁大模型""冶金流程优化大模型"，利用人工智能技术加速工艺创新、优化生产流程、提升数据互联互通能力，推进钢铁行业高端化、智能化、绿色化发展。在服务业领域，人工智能大模型通过人机协同和具身智能，重塑服务流程与价值创造模式，全面提高行业效率与绩效。蚂蚁集团依托自研基础大模型定制开发金融大模型，为理财顾问、保险代理、投研、金融营销、保险理赔等专业领域从业人员提供贯穿全流程的智能化支持。

数字技术赋能社会发展进步和民生福祉改善，推进数字社会治理更加精准化、数字公共服务更加普惠化。在政务领域，人工智能大模型通过政府语义和民生诉求精准分析，实现从"人找政策"到"政策找人"的转变。北京经济技术开发区打造"亦智"政务大模型服务平台，形成"模型共享、知识共建、算力共用"的智能应用新范式，为各部门数字化转型提供强力支撑。在教育领域，人工智能大模型驱动智慧教学与个性化教育的深入发展。猿辅导集团基于大模型技术底座，将 AI 深度融入教育场景，开发智能辅导、口语陪练、作业批改及学情分析等功能，大幅提升教育效率与质量。在医疗领域，人工智能大模型为精准诊断、个性化治疗和全程健康管理提供新思路。美国微软公司推出基于自研大模型的医疗 AI 助手，致力于帮助医生及医务人员优化诊断流程、生成病历摘要并提供个性化治疗建议。在智慧城市领域，人工智能大模型通过多源传感器数据融合分析，针对城市交通调控、环境监测、能源管理、公共安全等开展精细化管理与动态优化；实时分析城市各项指标并随时调整管理策略，有效提升资源利用率与城市运行效率。

（四）发展温度上，数字适老化成为全球共同关注焦点

各国政府和社会各界正通过政策资金保障、数字接入普及、数字技能培训、产品服务创新等举措，持续推动数字技术面向老龄人群的应用。发达国

家因较早进入老龄化社会，数字技术适老化发展相对成熟，逐步从"适老化"服务转向"无龄感"设计的理念演进；发展中国家虽面临不同的挑战和机遇，但也正在逐步完善数字适老化发展路径，从"有"迈向"优"。美国通过"经济可承受连接计划"（Affordable Connectivity Program，ACP）等项目，力求消除因贫困导致的数字鸿沟，确保弱势群体均能获得足够的网络服务；英国以居家养老为核心，积极构建智慧养老服务体系，并实施"国家数字技能计划"，通过提供免费在线课程和培训，帮助各年龄段人群提升数字技能；中国则通过多项措施推进数字技术适老化发展，形成了具有系统性和可操作性的完整方案，为全球提供了宝贵的经验。

（五）发展广度上，数字经济国际合作多元化、深层次发展

全球数字经济发展主体力量加速凝聚。中、美、欧三方继续保持强劲增长态势与领先地位，东南亚、中东、非洲等地区加速发展。各国政府间频繁开展高层对话与政策沟通，通过搭建合作框架、强化多双边合作等，持续推动国际数字合作向纵深发展。联合国发布的《全球数字契约》，为各国开展数字合作提供了重要价值指引与行动指南；塞尔维亚、阿富汗、阿根廷等35个发展中国家积极加入《数字经济和绿色发展国际经贸合作框架倡议》；中国与26个非洲国家签署《中非数字合作发展行动计划》，使全球数字经济合作网络不断扩大。

国际数字合作领域持续拓展延伸。世界各国共同努力打造有利于数字发展的国际环境，不断强化数字合作基础，致力于筑牢数字发展根基，开拓更广阔的合作空间。合作领域不断拓展，数据跨境流动、数字货币、数字身份认证、数字创意产业等新兴主题成为合作热点。全球数字贸易博览会组委会和国际贸易中心（ITC）发布的《全球数字贸易发展报告2024》显示，2021~2023年，全球数字贸易规模从6.02万亿美元增长至7.13万亿美元，年均增速高达8.8%，同期在国际贸易总体规模中的占比也从19.6%提升至22.5%。根据《全球数字经济发展研究报告（2024年）》，全球60个主要国家ICT产品贸易的网络密度从2013年的0.708上升至2023年的0.767，

国家间数字经济合作关联度显著增强。此外，世界数字科学院发起"人工智能安全、可信和负责任"（AI STR）认证计划，中国提出《全球数据跨境流动合作倡议》等，不断为全球数字治理与合作注入新的活力和动能。

二 全球数字经济标杆城市发展实践与经验

在全球数字经济发展浪潮中，标杆城市通过夯实数字基础设施基石、强化数字技术创新驱动、培育壮大数字产业集群、打造全球数字人才高地、营造创新创业良好生态、加强数字经济国际合作等差异化路径探索，形成了具有参考价值的发展路径。

（一）夯实数字基础设施基石

标杆城市以超前布局和韧性安全为核心，持续加大数字基础设施投资，超前布局算力网络，构建起支撑数字经济发展的底层能力。同时，更加注重城市基础设施协同一体、安全性能与复原能力建设，不断增强城市适应性、恢复力和创新性，加快提升城市韧性"硬实力"。新加坡 2023 年提出"数字连接蓝图"（Digital Connect Blueprint），从数字基建、安全韧性、绿色发展三大维度布局，计划通过增加海底光缆着陆点、建设 10Gbps 高速网络等优先事项完善数字基础设施，同时在量子安全、低轨卫星服务等新兴领域创新，确保新加坡的数字基础设施保持世界一流水平并具备迎接未来挑战的能力。欧盟 2024 年启动数字连接方案，通过强化海底电缆安全防护与构建"互联协作计算"网络，推动技术研发及战略投资，全面提升欧洲数字主权并支撑人工智能等前沿技术发展。

（二）强化数字技术创新驱动

标杆城市以市场需求助力技术突破，构建"研—产—用"一体化生态。紧贴市场需求与行业趋势，完善企业全生命周期培育体系，多措并举培育创新主体。纽约设立"小企业服务部"，出台针对初创型企业发展的激励政策与培育方案，并联合孵化器组成中小企业孵化网络，为数字企业提供低成本办公空间。同时，与IBM合作推出"数字纽约"平台，整合企业、投资者和资源，推动线上协同发展。依托本地科教与产业资源优势，强化科技创新平台载体建设，提高资源利用效率和创新资源的集聚效能。波士顿依托哈佛大学、麻省理工学院等顶尖学府的资源优势，在计算机、软件、通信、人工智能等高技术领域打造大企业扩张与小企业创立并存的独特高技术社区，形成"大企业+初创社区"模式。柏林通过科技园区和孵化器推动高校与企业的科研成果转化。以场景驱动技术迭代，搭建完善的服务平台，促进产学研深度协同。新加坡注重以应用为核心培育AI产业优势，通过推出"人工智能开拓者"计划，建立人工智能政府云集群，推动公共部门数据开放共享和国际数据互联互通，推动AI在各领域的应用，为AI技术的迭代升级和国际合作提供有力支撑。深圳构建"链式"创新体系，强化数字技术、智能硬件、信息服务等产业链的内在联系，打造数字产业发展生态圈。

（三）培育壮大数字产业集群

标杆城市正通过空间重构、生态赋能、制度突破等系统性变革，推动数字产业集群从传统"物理集聚"向"生态共生"的范式转变，通过"数字技术+制度创新+生态运营"的系统重构，将物理空间的规模优势转化为生态网络的协同红利，创新数字产城融合模式。旧金山依托斯坦福大学等高校资源，打造以人工智能与云计算为主导的开放创新网络，形成150公里半径的数字技术产业集群；上海推动制造、金融、科创等领域的数字化升级，形成数字产业链协同发展新模式。完善产业生态系统与制度保障，通过"监管沙盒""数据特区"等制度创新释放生产力，构建有利于数字产业发展的生态系统与制度环境。阿姆斯特丹设立数字经济特区，通过隐私计算、区块链构建可信数据流通底座，以"沙盒嵌套白名单"打破监管孤岛，形成破解监管冲突的"阿姆斯特丹模式"。积极引导传统产业数字化转型升级，推动数字产业与传统产业融合发展。汉堡实施"数字港口计划"，打造集智能物流、自动驾驶船舶于一体的智慧港口；首尔推进"制造业数字化转型计划"，提升传统制造业数字化、智能化水平。

（四）打造全球数字人才高地

标杆城市依托顶尖高校和培训体系，聚焦人工智能、大数据等前沿领域，培养高端数字经济人才。东京通过政企合作，建立数字技能培训体系，推动人工智能、机器人等领域专门人才培养。完善移民和签证制度，实施全球化人才计划。新加坡推出"全球人才吸引计划"（Global Talent Attraction Programme）等，在全球范围内招揽顶尖人才，为数字经济发展奠定坚实的人才基础。推广终身学习和全民教育，提升公众整体数字素养。赫尔辛基推出"数字公民计划"，面向不同年龄段人群提供数字技能培训，帮助弥合数字鸿沟。深化校企合作和产学研融合，加速科研成果应用转化。柏林通过政策和资金支持，加速科创园区与孵化器建设，强化高校、科研机构与企业之间的协同，助力科研成果落地转化。

（五）营造创新创业良好生态

标杆城市通过风险投资、科技基金等多元金融组合，为技术研发、成果转化及商业推广提供多渠道融资，全力促进创新链与产业链深度融合。纽约联合社会资本设立"纽约种子期基金"和"纽约合作基金"，投资金融科技、互联网技术、软件服务等领域的种子企业和扩张期企业，加速集聚数字产业相关企业。旧金山善用多层次金融市场优势，让银行直接持有创业公司股权，辅以风险信贷、保险解决方案与风险管理方案，为企业上市和融资创造便利。在发挥市场配置资源的基础性作用的同时，通过直接投入精准调控，引导创新研发活动，推动产业升级。杭州通过政策支持、生态构建、营商环境优化、数字赋能和长期战略定力协同发力，为科技创新企业打造了全要素支撑的"热带雨林式"发展沃土。柏林依托柏林投资银行为创新活动提供"研发—知识技术转化—市场化""创业培训—人才聘请—业务国际化"等多领域投融资支持，包括最高额度为 100 万欧元、利率仅为 0.25%的低息贷款，助力初创企业发展壮大。不断完善创新系统组织机制和制度体系，整合多方资源，保障创新要素自由流动与有效配置。旧金山鼓励高校建立兼具开放性与管理规范的兼职教师制度，以广泛汇聚不同领域的高端智力资源，为教学与科研协作提供良好条件，从而加速人才、技术和信息等创新要素的有效对接。

（六）加强数字经济国际合作

标杆城市完善数据跨境流动体系，加强法律法规建设，打造数据中心和国际数据港，实现跨境数据共享与安全流动。新加坡作为亚太地区第四大数据中心，通过不断健全数据保护与跨境流动规则，为保障数据跨境流动安全与合规提供了先行示范。推动跨境电商与数字贸易高质量发展，搭建跨境电商平台，并提供无纸化通关服务，打通全球市场互联互通渠道。深圳依托粤港澳大湾区所形成的跨境电商生态圈，持续推动跨境电商与数字贸易的协同发展。构筑跨区域数字基础设施，成立区域数字经济联盟，通过互联互通的数字网络推动区域经济一体化和协同发展。粤港澳大湾区正通过加快跨区域网络与算力等数字基础设施建设，形成协同推进的数字经济生态。制定统一技术标准和规范，积极参与国际数字经济规则的制定，不断提高全球数字经济治理水平。伦敦以开放数据政策与数字治理框架，促进智慧城市建设及数字经济高质量发展。

三 北京建设全球数字经济标杆城市展望

作为数字经济先行者，北京正对标全球数字经济标杆城市，从数字基础设施、技术创新、数据要素、实数融合、城市治理及国际合作等多维度发力，全面打造数字经济发展新高地，构筑全球竞争新优势，为全球数字经济发展贡献"北京方案"。

（一）强化数字基础设施建设，夯实数字经济标杆城市建设基石

数字基础设施是数字经济蓬勃发展的重要支撑，也是标杆城市建设的"底座"。北京将加快布局数字基础设施，强化5G网络深度覆盖，建设超低时延全光网，打造"全光万兆"样板城市。同时，引导存量数据中心绿色低碳改造，推动绿色电力的广泛应用，全面提升数据中心的能效与低碳水平，促进其集约化、绿色化与智能化建设。在此基础上，北京还将进一步推动新一代信息技术与城市基础设施全方位交融，构建"数据原生"的城市基础设施体系，实现城市数字化由"数字孪生"向"数字原生"的跃升。面向医疗、教育、交通、先进制造等重要行业领域与应用场景，积极推进数据基础设施技术路线试点，构建"数据来源可确认、使用范围可界定、流通过程可追溯、安全风险可防范"的数据基础设施体系。在持续优化数字基础设施体系的过程中，北京将夯实数字经济发展根基，为未来在全球数字经济竞争中继续保持领先地位注入更强动力。

（二）深化技术革新与应用，优化城市创新创业生态体系建设

科技创新是数字经济发展的核心驱动力。北京将不断提升原始创新能力和科技源头供给水平，塑造国际科技创新中心的引领地位。一方面，跟踪全球创新资源流动与集聚的最新趋势，逐步构建开放协同、互利共生的创新生态系统，深化区域创新协作，整合全球优质创新资源，打造具有全球影响力的科技创新枢纽、前沿技术研发基地和高水平科技成果转化平台。另一方面，加快攻克集成电路、基础软硬件、智能算法、量子信息、类脑计算等关键技术瓶颈，推动重大创新成果的产业化落地，培育一批在国际舞台上具备竞争力的创新产品，全面提升在产业链核心环节的自主可控能力。同时，积极推进跨区域创新协同发展，深化与硅谷、纽约、伦敦、东京等国际科技创新中心的战略合作。北京应充分发挥在资源与能力整合、协同合作等方面的独特优势，加快打造拥有全球资源配置能力与国际竞争力的创新策源高地。

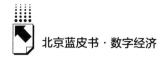
（三）推动数据要素市场化配置改革，赋能数字经济高质量发展新赛道

在数字经济时代，数据已成为重塑产业形态、商业模式与价值链的重要新型生产要素。北京将以建设数据基础制度先行区为抓手，系统推进"一区三中心"（数据要素市场化配置改革综合试验区、国家数据管理中心、国家数据资源中心和国家数据流通交易中心）建设。在制度创新方面，重点围绕数据权属界定、价值评估、收益分配等核心环节，加快推进北京经济技术开发区数据基础制度综合改革试点建设，完善数据要素市场化配置的制度框架和政策体系。在交易流通方面，将全面提升北京国际大数据交易所的运营效能和服务能力，率先在国有企业、医疗机构、科研院所、政府部门等开展数据资产化试点；依托自主可控信创技术构建可信数据流通体系，并利用"监管沙盒"机制，打造内外互通、开放共享的数字流通基础设施；推进社会数据资产登记中心和评估服务站建设，培育繁荣的数据交易市场生态。在产业发展方面，围绕数据全生命周期管理，重点布局数据采集、清洗、标注、存储、分析、交易等细分领域，实施一批数据要素×标杆引领工程，打造典型应用场景，吸引数据产业相关要素不断集聚。随着制度的完善与数据产业实力的提升，北京有望建设成为国际数据要素配置与创新赋能的新高地。

（四）推进实数深度融合，打造具有国际竞争力的数字产业集群

实体经济是现代化产业体系的基石，数字经济则是引领未来发展的强大引擎。实体经济与数字经济深度融合，既可增强经济发展韧性与活力，也是构建现代化产业体系的必由之路。北京肩负着打造国际竞争力数字产业集群、引领全球数字经济发展的重要使命。在主体培育上，北京将加大对本地数字企业的支持力度，培育一批龙头企业和专精特新"小巨人"企业，形成"龙头企业+中小企业"协同发展的"雁阵"格局。在融合应用上，坚持以技术创新、模式创新及业态创新为推动力，全面推进金融、医疗、教育、

文化等领域的数字化转型，打造一批具有示范效应的应用场景。在空间布局上，优化升级现有科技园区，培育多个综合或专业数字经济产业园区，构建功能互补、协同发展的数字产业格局。在产业生态上，深化企业、科研机构与政府间的协同联动，搭建开放、协同、高效的产业生态体系，最大限度地发挥资源共享、技术互通的合力。通过政策引导、技术创新和产业生态优化，北京将持续强化其在全球数字经济中的优势地位，形成具有国际竞争力的数字产业集群。

（五）数字赋能城市精细化管理，探索超大城市现代化治理新路子

数字赋能城市精细化管理是破解超大城市治理难题和探索现代化治理新路子的关键。作为拥有2180多万常住人口的超大城市，北京肩负着探索中国特色现代化治理新路子的重大使命。北京将依托城市大数据平台，整合交通、环保、医疗、教育等多领域数据，实现对城市运行的全景感知、精准分析和智能决策，特别是在交通拥堵治理、环境污染监测、公共安全管理等方面发挥核心作用，助推城市治理从粗放向精细转变。通过挖掘数字技术潜力，北京还将拓展在教育、医疗、养老等公共服务领域的应用场景，持续打造智慧社区、智慧医疗和智慧教育平台，构建"数字生活圈"，提升公共服务的便利性与公平性。同时，借助跨部门、跨领域的数据共享与协同机制，让数据要素在城市治理中得到更深层次应用。通过数字化手段，北京正加速实现城市治理的精细化、智能化、高效化，并为全球超大城市的现代化治理探索出可借鉴的"中国方案"。

（六）加强数字经济国际合作，构建开放共赢的全球数字生态

伴随新一轮科技革命和产业变革的深度演进，数字技术正以前所未有的速度重塑全球数字经济格局。北京将进一步深化服务贸易创新发展试点，在大兴区设立数字贸易示范区，培育数字化贸易新业态，推动全球贸易数字化转型。积极建设国际数据跨境流动试验区，完善与国际接轨的数据跨境流动

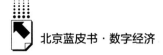

规则,构建开放、安全、高效的数据治理体系。同时,北京还将积极参与全球数字治理体系的构建,推动形成更加公平与包容的数字经济环境,携手国际社会共同塑造开放、可持续的数字命运共同体。随着数字经济国际合作的不断深入,北京将强化其在全球数据跨境交易与数字生态体系建设中的枢纽地位,为塑造开放共赢的全球数字经济新格局注入新的动能。

参考文献

保建云:《世界经济集团分化、体系重构与数字化治理》,《人民论坛》2023 年第 24 期。

郭克莎:《促进实体经济和数字经济融合走深走实》,《经济日报》2024 年 12 月 24 日。

黄卓、黎梦娜:《打造具有国际竞争力的数字产业集群:区域实践与路径探索》,新华网,2023 年 5 月 5 日。

李嘉美:《提质升级数字基础设施 夯实数字经济发展根基》,中国经济新闻网,2024 年 9 月 11 日。

《首次公布!中国数字贸易规模位居全球前三》,央视新闻,2024 年 9 月 26 日。

王春娟、梁迎亚:《北京建设全球数字经济标杆城市的机遇与挑战》,《新经济导刊》2023 年第 7 期。

王鹏:《北京建设全球数字经济标杆城市的问题与建议》,中国日报网,2023 年 1 月 20 日。

薛新龙:《国际科创中心:促进协同创新的组织机制》,《光明日报》2024 年 12 月 19 日。

殷志军、郑晓峰:《提升城市科创能级 塑造发展新优势》,《光明日报》2024 年 12 月 17 日。

郑天骋:《深圳观察 | 纽约及伦敦科技行业快速增长给深圳的启示》,澎湃新闻·澎湃号,2024 年 4 月 19 日。

B.20
从数字化到数智化：
开启中国发展新篇章

王 鹏 李澄娴*

摘 要： 数字经济是国家发展的重要动力，将其与科技创新融合，形成数智经济，是驱动发展的新引擎。本研究基于我国数智经济发展现状，阐释其核心内涵与逻辑，即突破单一要素的局限性，提升全要素生产率，为经济增长注入全新的动能，随后，分析数智经济在推动产业升级与结构优化、释放数据要素价值以及促进可持续发展方面的重要作用；由此，提出强化顶层设计、健全法律法规体系、加强人才培养、实现技术攻关、拓展应用场景、加强国际交流与合作等以促进数智经济高质量发展。

关键词： 数字经济 数智经济 数据要素

2025 年 3 月 5 日，国务院总理李强在第十四届全国人民代表大会第三次会议上作了政府工作报告，其中，数字经济与科技创新的深度融合成为一大亮点，通过推进"人工智能+"行动，大力发展智能网联新能源汽车、人工智能手机和电脑、智能机器人等新一代智能终端及智能制造装备，展示了智能化与数字化深度融合的巨大潜力。

目前，我国的数字基础设施如 5G、区块链、云计算等技术的建设全面提速，为数智经济发展奠定了良好的基础。截至 2024 年 7 月，我国纳入监

---

* 王鹏，北京市社会科学院管理研究所副研究员，主要研究方向为数字经济、数字政府、数据要素等；李澄娴，中央财经大学，主要研究方向为大数据管理与应用。

测的智算中心已达 87 个。截至 2024 年 8 月，我国已经拥有超过 4400 家的人工智能企业。截至 2024 年底，我国数字经济核心产业增加值占国内生产总值的比重已达到 10% 左右，而我国的智能算力规模也达到了725.3EFLOPS，同比增长 74.1%。我国的国产大模型不断发展，在多个行业得到了广泛的应用，2025 年 1 月发布的 DeepSeek-R1 模型更是在数学推理与多模态任务上取得了新突破，为大模型应用场景拓展提供了坚实的支撑。此外，我国加快建设数据产权登记平台，旨在进一步完善数据资产封装、登记、追踪等技术标准，落实"一地登记、全国共享"的数据流通机制，为数智经济规范化发展赋能。

这些举措与成就显示当前经济形态正在经历从传统的数字经济向更加智能高效的数智经济转变，不仅标志着经济活动越来越注重智能技术的应用和发展，也为经济高质量发展注入了新的动能。这不仅是技术层面的革新，更是对未来经济发展方向的深刻布局。

一 数智经济的内涵与逻辑

（一）数智经济的内涵

数智经济是一种新型知识经济形态，以人工智能技术为关键生产工具，通过轻资产驱动重资产，并依托数字服务创造更多的用户增量价值。当前，数智经济正凭借强大的网络效应，实现大范围的共享，加速融入社会治理的各个领域。

在推动数智经济发展的过程中，必须进一步促进数字经济与实体经济的深度融合，助力构建更高水平的开放型经济体系。其中，打造全国一体化的"数据+科技+金融"市场是实现这一目标的关键举措之一。例如，建立统一的数据交易平台，有助于推动数据资源在全国范围内的高效流通和价值最大化，为科技创新提供坚实的数据支持。与此同时，金融科技（FinTech）的发展能够为企业提供更加灵活的资金解决方案，降低融资成本，激发市场活力。通过整合数据、科技与金融资源，不仅能够大幅提升全要素生产率，更能充分释放数字技术的叠加效应和倍增效应，推动经济高质量发展。

（二）数智经济的核心逻辑

数智经济具有共享化、网络化、数据化和智能化等显著特征，这些特征是构成其核心逻辑的基础要素。数据作为关键生产要素，贯穿于生产、分配、流通、消费等各个环节，帮助企业更好地掌握市场需求。这一经济形态通过算力、算法和数据的协同作用，重新定义了生产方式与资源配置模式。

具体而言，算力作为数智经济的重要基础，得益于摩尔定律揭示的信息技术硬件性能指数级增长规律，使得更大规模数据的处理、更复杂算法的运行成为可能，从而生产效率能够得到全面提升。摩尔定律同时指出，随着处理器性能的提升，其价格反而会显著下降。因此，算力的增长能推动轻资产模式的普及，如云计算等共享资源。企业依托于算力提升，不仅可以降低硬件的投入成本，还能更加灵活、高效地配置计算资源，为创新发展奠定扎实的基础。

与此同时，里德定律强调网络中用户连接价值的指数级增长，揭示了数智经济中网络效应的巨大作用。网络化作为数智经济的核心特征之一，通过互联网和物联网实现数据、服务和用户的高效连接与共享，为社会治理的智能化升级和经济的可持续增长奠定坚实的基础。

在实际运用中，数据、算力、算法三者之间将形成强大的乘数效应。这一现象由梅特卡夫定律所揭示，该定律指出数据的价值将随着数据规模的扩大和连接范围的拓展而显著提升。一方面，数据的积累为算法的优化和算力的提升提供了支撑；另一方面，算力的增强与算法的进步又能推动更为复杂、多样化数据的深度分析。

综上所述，数据、算力、算法三者的协同作用进一步放大了彼此的价值，并构成了数智经济的核心逻辑——数智经济突破单一要素的局限性，实现全要素生产率的大幅提升，从而为经济增长注入新的动能。

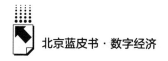

二 数智经济对高质量发展的重要作用

（一）数字技术与各行业深度融合，推动产业升级与结构优化

2024年《政府工作报告》指出，高技术制造业、装备制造业增加值分别增长8.9%和7.7%，新能源汽车年产量突破1300万辆。这表明，通过算力、算法和数据的深度融合，数字技术显著增强了产业创新能力，为传统产业的转型升级提供了强大动力。数字技术在研发设计、生产制造、供应链管理等环节的广泛应用，不仅加速了高端制造业的发展，也促进了农业、服务业等传统行业的数字化转型。随着数字技术与实体经济的加速融合，传统产业的价值链正在被重塑，企业得以挖掘新的增长点，实现更高质量的发展，推动产业结构向更加智能、高效、可持续的方向迈进。

（二）数据作为关键生产要素，其价值日益彰显

随着数字技术的快速发展，数据正成为推动经济增长的重要生产要素，其战略价值愈发凸显。根据2023年《政府工作报告》，数字经济核心产业增加值占国内生产总值的比重达到10%左右。这一成就充分展现了数智化对传统行业运行模式的深刻重塑，使企业具备更高效的市场响应能力，并有效降低运营成本，为经济高质量发展提供了强劲动能。以零售行业为例，企业依托大数据分析和智能推荐系统，能够精准捕捉消费者偏好等信息，实现个性化产品推荐和精准营销，从而显著提升自身市场竞争力。此外，智能物流系统通过数据驱动的供应链优化，可以实现库存管理的智能化升级，使企业能够根据实时市场需求精准调整库存，减少浪费，提高运营效率。更广泛地看，借助智能化、网络化的信息平台，数智经济得以大幅提升资源配置效率，实现更加精准高效的供需匹配。总体而言，数据作为关键的生产要素，随着治理体系的不断完善和价值挖掘能力的持续提升，其将在驱动经济高质量发展中发挥更加关键的作用。

（三）支撑绿色低碳转型，助力可持续发展

2024年《政府工作报告》明确提到，非化石能源发电量占总发电量的比重接近40%，启动全国温室气体自愿减排交易市场。这些举措充分彰显了数智经济在推进生态文明建设和实现碳达峰碳中和目标方面的无可替代的作用。依托数智技术的智能化监测与精细化管理，工业生产和社会运行的碳排放得到有效降低，为绿色低碳发展奠定了坚实的基础。此外，数智经济还推动了循环经济的创新发展，比如在废弃物循环利用、再生材料推广、智能物流优化等领域进一步提升资源利用效率，助力资源节约型社会建设。数智经济通过创新技术手段，如人工智能、物联网和区块链等技术，显著提高碳排放数据的透明度和可追溯性，为碳交易市场的高效运作提供技术支撑。因此，数智经济正以创新驱动引领绿色低碳转型，为经济社会可持续发展提供强有力的支撑。

三 多管齐下推动数智经济高质量发展

（一）强化顶层设计，打造系统化发展框架

在推动数智经济发展的过程中，顶层设计至关重要。首先，应制定专项规划，尤其是在发展人工智能方面的政策规划，从国家战略层面统筹协调各部门资源，形成政策合力，确保发展方向的科学性和可持续性。其次，应加快完善科技基础设施，夯实数智经济发展基石，包括数据中心、5G网络、云计算和人工智能计算中心等新型基础设施的布局，从而提高数据存储、计算和传输能力。同时，完善全国性数据共享平台，推动政府、企业、科研机构之间的数据共享，进一步消除"数据孤岛"现象，促进数据融合创新，释放数据的最大价值。此外，需推动数字基础设施与传统产业深度融合，例如，利用工业互联网、智能制造、智慧农业等技术助力传统行业转型升级，提高产业数字化、智能化水平，为数智经济发展提供支持。

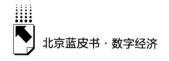

（二）完善法律法规体系，营造高质量数据服务环境

为了确保数智经济健康有序发展，必须完善法律法规体系，为数据的获取、存储、使用、交易和安全提供法律保障。一方面，加速推进数据安全、隐私保护及算法监管等领域的立法进程，确保技术应用合法合规，防止数据滥用、算法歧视和平台垄断问题的出现。针对数据跨境流动，还需制定国际数据流通规则，平衡数据主权与全球化合作，推动数据要素合理流通。另一方面，需要建立更加灵活的监管机制，例如借助人工智能、大数据等技术，构建智能监管平台，实现实时监测、风险预警和快速响应。在监管方式上，采用分级分类的原则，对不同领域、不同类型的数据采用差异化监管，提升常态化监管水平，确保在促进创新的同时维护市场秩序。此外，明确各方主体的法律地位，特别是关于数据的所有权、使用权和交易规则，最大限度地调动可用的数据要素的经济价值，从而为市场经济参与者提供清晰的操作框架。例如，界定企业、政府、个人在数据所有权和使用权方面的权利和义务，可以规范数据流通和交易的合法边界，避免数据垄断和不正当竞争。

（三）着力人才培养，增添可持续发展活力

人才是推动数智经济进步的活力保障。在人才培养方面，应着力构建多层次人才培养体系。一方面，应推动高等教育与前沿科技紧密结合，优化高校学科布局，紧跟人工智能、大数据、区块链、云计算等新兴技术的发展趋势，增强相关专业的系统设置，完善复合型、交叉学科人才培养模式。另一方面，需鼓励企业与科研机构深度合作，搭建产学研融合平台，共享创新资源，推动科研成果转化，加快技术成果落地。此外，还应实行数智技术教育与科技伦理教育并重，在推动数智技术发展的同时为集体树立起行为规范，提升应对伦理问题的能力。与此同时，可以通过教育改革和国际合作，拓展全球化人才引进渠道，加强科技人才的国际交流与协作，为数智经济的长期发展提供源源不断的人才支持。

（四）拓展应用场景，提升民生福祉

拓展数智化应用场景，可以极大地增进民生福祉。首先，进一步拓展数智技术在医疗、教育、交通、养老等领域的应用，如智能医疗实现远程诊疗、智慧教育平台促进优质教育资源共享、智能交通系统缓解城市拥堵问题，从而提高人民的生活质量。其次，加快数据的共享、开放、流通和应用，可以释放其巨大价值，促进政务服务、社会治理、金融科技等领域的智能化转型，提高公共服务效率。最后，注重弥合数字鸿沟，针对不同群体提供适应性技术和培训，确保不同群体都能享受到数智化发展带来的便利，真正实现"以人民为中心"的发展目标。

（五）突破技术瓶颈，增强核心动力

技术突破是推动数智经济发展的核心动力，在未来，想要在技术层面更上一层楼，需要聚焦人工智能、算力、数据、物联网和绿色技术等核心领域。首先，在人工智能领域，需要进一步提升大模型性能，深化其在行业场景中的应用。其次，在算力方面，应加快异构计算和边缘计算技术的创新，建设高效、低成本的算力基础设施。而在数据层面，需要突破隐私计算和多模态数据集构建，实现数据的高效流通与安全共享，并进一步通过物联网和数字孪生技术推动生产、物流等领域的智能化升级。此外，还需进一步加强绿色技术，例如，通过智能电网和循环经济创新，助力可持续发展。由此，技术的突破将为经济增长和社会进步注入新的动能。

（六）积极开展国际交流，彰显中国智慧

在全球化的背景下，数智经济的发展离不开国际合作与交流。首先，加强与其他国家和地区的技术合作，尤其是在人工智能前沿领域，共同探索数智化发展的新路径。其次，鼓励国内相关企业"走出去"，分享中国在数智经济领域的实践经验，同时，支持中国企业参与国际标准制定，推动全球数智经济规则的完善，提升我国在国际舞台上的话语权和影响力。此外，利用

国际合作平台，如共建"一带一路"倡议、金砖国家合作机制、G20 等多边框架，积极传递中国声音，贡献中国智慧。这不仅有助于提升我国在全球治理中的地位，也为构建开放包容、互利共赢的人类命运共同体做出更大贡献。

综上所述，数智经济凭借共享化、网络化、数字化和智能化的独特优势，正加速推动中国经济迈向高质量发展阶段。作为科技创新与数字经济深度融合的产物，数智经济不仅重塑了产业结构，也为经济增长注入了全新动能。通过强化顶层设计，构建完善的法律法规体系，推动关键核心技术攻关，培育高素质人才，拓展多元化的应用场景，并深化国际交流与合作，数智经济将在国家发展战略中发挥重要的支撑作用。与此同时，在全球化浪潮下，中国积极分享自身经验与成功实践，将推动数智经济的发展模式向世界开放，助力全球数字化转型。未来，中国将推动构建一个更加开放、包容、普惠、平衡、共赢的国际合作新格局。

参考文献

国际数据公司（IDC）、浪潮信息：《2025 年中国人工智能计算力发展评估报告》，2025 年 2 月。

赵璐、李振国：《从数字化到数智化：经济社会发展范式的新跃进》，《科技日报》2021 年 11 月 29 日。

中国信息通信研究院：《中国数字经济发展研究报告（2024 年）》，2024 年 8 月。

中国信息通信研究院：《智算基础设施发展研究报告（2024 年）》，2024 年 9 月。

中国信息通信研究院：《数据价值化与数据要素市场发展报告（2024 年）》，2024 年 9 月。

附 录
国家和北京数字经济主要新政策

附表1　2024年国家数字经济主要政策一览

时间	政策名称	主要内容
2024年1月	《数字经济促进共同富裕实施方案》	到2025年,数字经济促进共同富裕的政策举措不断完善,数字基础设施建设布局更加普惠均衡,数字经济东西部协作有序开展,数字素养与技能、信息无障碍和新形态就业保障得到有效促进,数字化推动基本公共服务均等化水平进一步提升,数字经济在促进共同富裕方面的积极作用开始显现;到2030年,数字经济促进共同富裕形成较为全面的政策体系,数字经济在促进共同富裕方面取得实质性进展。主要内容包括推动区域数字协同发展、大力推进数字乡村建设、强化数字素养提升和就业保障、促进社会服务普惠供给
2024年1月	《"数据要素×"三年行动计划(2024—2026年)》	到2026年底,数据要素应用广度和深度大幅拓展,形成相对完善的数据产业生态,数据产品和服务质量效益明显提升,数据产业年均增速超过20%。重点行动包括数据要素×工业制造、数据要素×现代农业、数据要素×商贸流通、数据要素×交通运输、数据要素×金融服务、数据要素×科技创新、数据要素×文化旅游、数据要素×医疗健康、数据要素×应急管理、数据要素×气象服务、数据要素×城市治理、数据要素×绿色低碳
2024年1月	工业和信息化部等十三部门《关于加快"宽带边疆"建设的通知》	到2027年底,边疆地区行政村、边境管理及贸易机构通5G网络比例达到95%以上;20户以上农村人口聚居区、沿边国道和省道沿线基本实现5G网络覆盖;有人居住海岛通5G网络比例达到100%;内海、领海等海域基本实现5G网络覆盖。重点内容包括加快县城宽带网络升级、加强乡村宽带网络建设、推进道路移动网络覆盖、增强边境管理机构和边贸区域网络保障能力、加强海岛海域宽带网络覆盖、提升网络维护服务水平、赋能边疆地区数字化发展

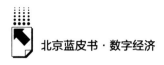

续表

时间	政策名称	主要内容
2024 年 1 月	《区块链和分布式记账技术标准体系建设指南》	到 2025 年,初步形成支撑区块链发展的标准体系;到 2027 年全面形成支撑区块链发展的标准体系。以区块链和分布式记账技术标准体系结构、区块链和分布式记账技术标准体系框架为建设思路,设定基础标准、技术和平台标准、互操作标准、开发运营标准和安全保障标准,加强统筹协调与落实、加快标准研制和创新、加强标准宣贯和培训、加强国际交流和合作
2024 年 1 月	《关于开展智能网联汽车"车路云一体化"应用试点工作的通知》	为大力推动智能网联汽车产业化发展,以建设智能化路侧基础设施、提升车载终端装配率、建立城市级服务管理平台、开展规模化示范应用、探索高精度地图安全应用、完善标准及测试评价体系、建设跨域身份互认体系、提升道路交通安全保障能力和探索新模式新业态为试点内容,并提出申报条件和实施方案
2024 年 1 月	《制造业中试创新发展实施意见》	到 2025 年,我国制造业中试发展取得积极进展,重点产业链中试能力基本全覆盖,数字化、网络化、智能化、高端化、绿色化水平显著提升,中试服务体系不断完善,建设具有国际先进水平的中试平台 5 个以上。到 2027 年,我国制造业中试发展取得显著成效,先进中试能力加快形成,优质高效的中试服务体系更加完善,中试发展生态更加健全。提出布局现代化中试能力、构建中试服务平台体系、创新发展中试产业和优化中试发展生态举措
2024 年 1 月	《原材料工业数字化转型工作方案(2024—2026 年)》	以数字技术在研发设计、生产制造、经营管理、市场服务等环节的深度应用,提出应用水平明显提升、支撑能力显著增强、服务体系更加完善的目标。主要任务包括强化基础能力、深化赋能应用、加强主体培育、完善支撑服务。并对石化化工行业、钢铁行业、有色金属行业和建材行业数字化转型实施提供指南
2024 年 2 月	《2024 年提升全民数字素养与技能工作要点》	到 2024 年底,我国全民数字素养与技能发展水平迈上新台阶,数字素养与技能培育体系更加健全,数字无障碍环境建设全面推进,群体间数字鸿沟进一步缩小,智慧便捷的数字生活更有质量,网络空间更加规范有序,助力提高数字时代我国人口整体素质,支撑网络强国、人才强国建设。部署了培育高水平复合型数字人才、加快弥合数字鸿沟、支持做强做优做大数字经济、拓展智慧便捷的数字生活场景、打造积极健康有序的网络空间、强化支撑保障和协调联动 6 个方面的 17 项重点任务

时间	政策名称	主要内容
2024 年 2 月	《工业领域数据安全能力提升实施方案（2024—2026 年)》	到 2026 年底,工业领域数据安全保障体系基本建立。重点任务包括提升工业企业数据保护能力、提升数据安全监管能力、提升数据安全产业支撑能力
2024 年 3 月	《关于开展第二批国家数字乡村试点工作的通知》	明确了工作目标,到 2026 年底,试点地区数字乡村建设取得显著成效,乡村信息化发展基础更加夯实,城乡"数字鸿沟"加快弥合,涉农数据资源实现共享互通,乡村数字化应用场景持续涌现,数字经济促进共同富裕作用凸显,乡村振兴内生动力不断增强。试点工作按不同方向分类开展,一是按智慧农业、乡村数字富民产业、乡村数字治理、乡村数字文化、乡村数字惠民服务、智慧美丽乡村 6 个方向的领域特色;二是按东部、中部、西部、东北 4 个片区开展区域综合性试点;三是按城乡融合发展、东西部协作 2 个方向共建机制
2024 年 4 月	《工业和信息化部办公厅关于做好 2024 年工业和信息化质量工作的通知》	重点任务包括实施制造业卓越质量工程、提高以可靠性为核心的产品质量、夯实质量发展基础、推动制造业中试创新发展、打造"中国制造品牌",并要求加强组织协调、强化资源保障和营造良好氛围
2024 年 4 月	《工业和信息化部办公厅关于开展 2024 年度 5G 轻量化（RedCap）贯通行动的通知》	为加快推动 5G 创新发展,以标准筑基,实现 5G RedCap 技术标准贯通;网络先行,完成 5G RedCap 网络贯通;能力升级,加快 5G RedCap 芯片模组贯通;产品丰富,推动 5G RedCap 终端贯通;示范带动,强化 5G RedCap 应用场景贯通;安全护航,促进 5G RedCap 安全能力贯通;强化保障,确保 5G RedCap 全面贯通为主要任务。2024 年 9 月前完成基于 3GPP R17 版本的 5G RedCap 行业标准制定,2024 年 12 月前实现超 100 个地级及以上城市城区连续覆盖 5G RedCap
2024 年 4 月	《加快数字人才培育支撑数字经济发展行动方案（2024—2026 年)》	重点任务包括实施数字技术工程师培育项目、推进数字技能提升行动、开展数字人才国际交流活动、开展数字人才创新创业行动、开展数字人才赋能产业发展行动、举办数字职业技术技能竞赛活动
2024 年 4 月	《深入推进 IPv6 规模部署和应用 2024 年工作安排》	到 2024 年末,IPv6 活跃用户数达到 8 亿,物联网 IPv6 连接数达到 6.5 亿,固定网络 IPv6 流量占比达到 23%,移动网络 IPv6 流量占比达到 65%。重点任务包括增强 IPv6 网络性能和服务质量、提高应用设施 IPv6 部署水平、提高终端设备 IPv6 连通水平、强化先行先试和示范引领、推进 IPv6 单栈部署演进、深化行业融合应用、扩大 IPv6 内容源规模、推进创新生态和标准体系建设、强化网络安全保障、加大宣传推广力度

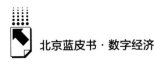

续表

时间	政策名称	主要内容
2024 年 4 月	《工业和信息化部办公厅关于开展 2024 年"数字适老中国行"活动的通知》	以"数字适老 温'心'"同行为活动主题,主要内容包括政策宣贯"入心"活动、调查研究"走心"活动、服务升级"贴心"活动、技能教学"暖心"活动、技术共享"凝心"活动、惠老专场"悦心"活动。并对活动实施进行时间统筹安排
2024 年 4 月	《数字乡村建设指南 2.0》	建设内容包括乡村数字基础设施、涉农数据资源、智慧农业、乡村数字富民产业、乡村数字文化、乡村数字治理、乡村数字惠民服务、智慧美丽乡村
2024 年 5 月	《工业和信息化部办公厅关于组织开展 2024 年工业互联网一体化进园区"百城千园行"活动的通知》	活动主题为"工赋园区 数智未来",主要内容包括政策进园区、设施进园区、技术进园区、标准进园区、应用进园区、企业进园区、服务进园区。并对活动实施进行时间统筹安排
2024 年 5 月	《2024 年数字乡村发展工作要点》	到 2024 年底,数字乡村建设取得实质性进展。重点任务包括筑牢数字乡村发展底座、以数字化守牢"两条底线"、大力推进智慧农业发展、激发县域数字经济新活力、推动乡村数字文化振兴、健全乡村数字治理体系、深化乡村数字普惠服务、加快建设智慧美丽乡村、统筹推进数字乡村建设
2024 年 5 月	《工业和信息化领域数据安全风险评估实施细则(试行)》	规定重要数据和核心数据按照及时、客观、有效的原则开展数据安全风险评估,包括重点评估内容、评估时效、评估过程等内容
2024 年 5 月	《信息化标准建设行动计划(2024—2027 年)》	到 2027 年,信息化标准工作机制更加健全,信息化标准体系布局更加完善。主要内容包括创新信息化标准工作机制、推进重点领域标准研制、推进信息化标准国际化、提升信息化标准基础能力
2024 年 6 月	《国家人工智能产业综合标准化体系建设指南(2024 版)》	指南指出以坚持创新驱动、坚持应用牵引、坚持产业协同、坚持开放合作为要求,建设思路包括人工智能标准体系结构、人工智能标准体系框架,重点方向包括基础共性标准、基础支撑标准、关键技术标准、智能产品与服务标准、赋能新型工业化标准、行业应用标准、安全/治理标准

续表

时间	政策名称	主要内容
2024 年 7 月	工业和信息化部办公厅、中央网信办秘书局《关于开展"网络去 NAT"专项工作　进一步深化 IPv6 部署应用的通知》	主要内容包括细化工作方案,有序实现网络升级;紧抓关键环节,持续拓宽 IPv6 通路;深化应用改造,主动引导流量迁移;强化运行维护,确保网络安全稳定;加强督促评测,促进工作实效落地
2024 年 7 月	《化工行业智能制造标准体系建设指南(2024 版)》	到 2027 年,初步建立化工行业智能制造标准体系;建设思路包括建设化工行业智能制造标准体系结构、形成化工行业智能制造标准体系框架;建设内容包括基础共性标准、赋能支撑标准、行业场景标准、智慧化工园区、细分行业应用标准
2024 年 7 月	《工业机器人行业规范条件(2024 版)》	规范了工业机器人行业的基本要求、技术能力和生产条件、质量要求、人员素质、销售和售后服务、安全管理和社会责任以及监督管理等
2024 年 7 月	《工业机器人行业规范条件管理实施办法(2024 版)》	从职责分工、申请审核及公告、监督检查、变更、整改、撤销公告等方面规范行业管理
2024 年 7 月	《工业和信息化部关于创新信息通信行业管理　优化营商环境的意见》	为推进信息通信行业管理创新,需进一步优化营商环境。主要内容包括持续优化高效开放统一的准入环境,优化市场准入管理、加强创新发展支持、扩大电信业务开放;积极营造健康公平有序的竞争环境,健全市场公平竞争规则、维护市场良好竞争秩序、深化行业组织协同共治;进一步打造规范透明可预期的监管环境,创新包容审慎监管方式、构建"以网管网"监管能力、严格规范行政监管执法;着力构建便捷可靠优质的服务环境,提升政务服务水平、改善通信服务感知、加强数字服务赋能
2024 年 7 月	《物联网标准体系建设指南(2024 版)》	到 2025 年,新制定物联网领域国家标准和行业标准 30 项以上,引导社会团体制定先进团体标准,加强标准宣贯和实施推广,参与制定国际标准 10 项以上,引领物联网产业高质量发展的标准体系加快形成。建设思路包括物联网标准体系结构、物联网标准体系框架;重点方向包括基础标准、技术标准、建设运维标准、应用标准

续表

时间	政策名称	主要内容
2024 年 8 月	《全国重点城市 IPv6 流量提升专项 行动工作方案》	用一年左右的时间,大型互联网应用 IPv6 放量引流规模进一步扩大,家庭路由器 IPv6 开启率大幅提升,重点单位政企专线 IPv6 实际使用率明显提高,数据中心承载业务全面完成升级改造并对外提供 IPv6 服务,云服务产品 IPv6 支持率持续提升。工作任务包括深入开展 IPv6 网络流量分析、推动大型互联网应用 IPv6 放量引流、提升家庭终端 IPv6 连通水平、推动政企机构加快普及使用 IPv6、强化数据中心 IPv6 升级改造、提高云服务平台 IPv6 服务能力
2024 年 8 月	《数字化绿色化协同 转型发展实施指南》	指明双化协同两大发力方向为加快数字产业绿色低碳发展和数字赋能绿色化转型;双化协同融合创新三方面布局为双化协同基础能力、融合技术体系、融合产业体系
2024 年 8 月	《关于推动新型信息 基础设施协调发展 有关事项的通知》	主要内容包括加强全国统筹规划布局、加强跨区域均衡普惠发展、加强跨网络协调联动发展、加强跨行业融合共享发展、构建绿色低碳发展方式、增强全方位安全保障能力、加强跨部门政策协调、加强组织实施
2024 年 9 月	《人工智能安全治 理框架》1.0 版	人工智能安全治理框架由安全风险方面、技术应对措施方面、综合治理措施方面、安全开发应用指引方面组成

附表 2　2024 年北京市数字经济主要政策一览

时间	政策名称	主要内容
2024 年 2 月	《北京市广播电视局智慧城市规划暨北京市智慧广电三年行动计划(2023 年-2025 年)》	内容包括现状与形势、指导思想、基本原则、发展目标与总体架构、主要任务和保障措施。其中,总体架构:夯实一个智慧底座、打造一个数据中枢、提升两大服务能力、完善三个支撑体系;主要任务包括 7 个方面 21 项:数字视听智慧底座建设、视听数据中枢建设、数字视听服务能力建设、数字视听治理能力建设、数字视听产业生态建设、数字视听安全体系建设、科技创新体系建设
2024 年 2 月	《北京市制造业数字化转型实施方案(2024-2026 年)》	确定总体思路:到 2026 年力争全面实现数字化达标、数字化转型供给能力进一步增强、数字化转型成效进一步提升和京津冀协同智造生态进一步完善;全面开展数字化转型评估、制定推进数字化转型路径、加强数字化转型示范推广等

时间	政策名称	主要内容
2024 年 3 月	《关于促进中关村延庆园无人机产业创新发展行动方案（2024—2026 年）》	主要任务包括：一是突破关键核心技术，提升产业核心竞争力，聚焦关键性能提升、强化智能融合创新、促进通用平台开发。二是加快应用场景构建，带动产业规模化发展，搭建行业应用场景、供给文旅特色场景、鼓励探索未来场景。三是集聚创新要素资源，营造良好创新生态，搭建技术服务平台、加强科技金融服务、完善人才保障服务。四是提升空间承载能力，加速产业集群发展，建设无人机特色产业园、促进企业融通创新、加强行业交流合作。五是发展安全防控产业，服务首都低空安全，健全飞行基础设施、发展低空安防产业、服务首都低空安全
2024 年 3 月	《关于促进北京市直播电商高质量发展的若干措施（2024—2025）》	到 2025 年，累计指导认定约 30 个北京市特色直播电商基地，打造约 50 个直播电商示范案例或场景，培育约 100 家直播销售额 1000 万元以上的在京品牌商家，力争 2025 年本市纳入直播电商交易额达 1.5 万亿元。重点任务包括：培育直播电商市场主体、发挥电商平台集聚带动作用、培育引进优质直播服务机构、打造北京直播电商品牌 IP、创建北京特色直播电商基地、强化直播技术创新引领、拓展直播电商应用场景、推出系列直播电商对接活动、建设直播电商实操型人才队伍、推动直播电商规范发展
2024 年 4 月	《北京市加快建设信息软件产业创新发展高地行动方案》	主要目标：到 2027 年，大模型应用生态初步形成、关键软件全面重构、新软件业态涌现、数据治理能力提升、产业全球竞争力显著提高。重点任务包括：全面拥抱大模型、筑牢关键技术底座、抢抓新业态培育先机、探索数据驱动新机制、推动中国软件全球布局、深化区域间协同联动
2024 年 4 月	《北京市算力基础设施建设实施方案（2024—2027 年）》	规划目标：智算资源供给集群化、智算设施建设自主化、智算能力赋能精准化、智算中心运营绿色化、智算生态发展体系化。重点任务：推进算力产业自主创新、构建高效算力供给体系、推动京津冀蒙算力一体化建设、提升智算中心绿色低碳水平、深化算力赋能行业应用、保障算力基础设施安全稳定运行
2024 年 4 月	《北京市超高清视听先锋行动计划（2024—2026 年）》	主要任务包括：超高清内容提质升级，打造中国超高清内容生产基地；传输网络优化升级，推动超高清内容传输能力提升；用户终端创新升级，推动超高清内容受众范围扩展；产业服务支撑能力升级，推动超高清视听产业生态良性循环；搭建超高清视听关键技术协同创新平台，推动超高清视听全产业链优化升级

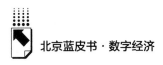

续表

时间	政策名称	主要内容
2024 年 4 月	《北京市关于支持超高清视听产业高质量发展的若干措施》	主要包括:加大超高清视听产业发展资金支持力度、支持超高清技术在内容创作领域的应用、打造国际一流的中国数字视听制作中心、开展超高清入户行动、支持超高清视听技术创新应用、培育超高清视听应用场景、打造超高清视听产业生态集群、打造超高清视听产业发展交流合作平台、加快超高清视听高端人才队伍建设、构建超高清视听产业发展金融支持机制
2024 年 6 月	《北京市第三批新建和优化"高效办成一件事"场景工作方案》	重点任务包括:编制场景建设工作方案、实施跨部门业务流程整合优化、编写发布场景办事指南、强化线上"高效办成一件事"专区建设、加强业务系统互联互通、提升政务数据共享实效、加强新技术应用、提升政务服务中心服务效能、推行提前服务方式、实施问题诉求"一线应答"、建立全流程数据监测机制
2024 年 6 月	《北京车联网安全筑基工作方案》	主要任务包括:一是提升企业网络安全水平,落实安全主体责任、强化政策标准宣贯指导。二是强化车联网网络安全分级防护,加快完成定级备案、实施分级防护、开展标准符合性评测、加强车联网卡实名登记管理。三是深化车联网网络安全威胁治理、开展威胁监测预警管理、强化漏洞管理责任落实、健全安全威胁通报机制。四是推动企业数据安全保护,健全数据全生命周期安全管理制度、强化重要数据和个人用户数据安全管理、深化车联网数据安全风险评估、加强合作方数据安全管理、提升数据安全风险监测及应急处置能力、加强辅助和自动驾驶算法安全风险检测评估及技术保障能力建设、加强数据安全人才队伍建设。五是促进产业创新发展,推动技术产品创新应用、探索开展自动驾驶功能网络安全管理
2024 年 6 月	《北京市未来产业育新基地建设方案》	包括总体思路和目标、单体育新基地培育目标、工作任务和程序。聚焦 6 个未来产业领域及 20 个细分方向,遵循"系统布局,梯次培育,市区共建"总体思路,按照"谋划一批、培育一批、认定一批"的培育路径。单体育新基地培育目标:育新基地具有空间载体、企业集聚、资源聚合、服务赋能的特征,应具备产业基础扎实、拥有产学研资源和科技创新服务资源、集聚行业专业资源、配备金融服务资源、拥有经营管理资源。工作任务和程序包括分类分层建设育新基地培育库和建立育新基地培育库动态管理机制

时间	政策名称	主要内容
2024 年 7 月	《北京市加快数字人才培育支撑数字经济发展实施方案(2024—2026 年)》	主要包括:一是加强数字领域重点人才队伍建设,建设数字战略科学家梯队、支持数字领军人才加快成长、培育数字人才重要后备力量、壮大高素质数字技能人才队伍。二是加快数字人才培育平台建设,深化产学研融合培养体系建设、加快数字技术人才基地建设、强化数字技能人才培养载体建设、支持数字经济创新创业载体建设。三是加快数字人才发展机制建设,改进人才引进机制、创新人才评价机制、健全人才激励机制、优化人才流动机制。四是加强数字人才组织保障体系建设,健全数字人才工作体系、夯实数字人才工作基础、提高数字人才投入水平、加强数字人才服务保障
2024 年 7 月	《北京市 2024 年工业互联网安全深度行活动实施方案》	主要包括工作目标、活动内容、工作计划和工作保障内容。其中,活动内容包括:分类分级管理(自主定级、定级核查、分级防护、符合性评测、安全整改)、政策标准宣贯、威胁监测预警、安全检查评估、风险联合通报、安全攻防演练、安全人才培养、应用示范推广、工业互联网企业安全水平评价
2024 年 7 月	《北京市推动"人工智能+"行动计划(2024—2025 年)》	包括发展目标、标杆应用工程、示范性应用、商业化应用、联合研发平台建设和保障措施。其中,标杆应用工程包括人工智能+机器人、人工智能+教育、人工智能+医疗、人工智能+文化、人工智能+交通。示范性应用包括科研探索、政务服务、工业智能、金融管理、空间计算、数字营销、司法服务、广电传媒、电力保障、内容安全
2024 年 8 月	《中国(北京)自由贸易试验区数据出境管理清单(负面清单)(2024 版)》	综合考虑数据出境需求迫切的重大场景、全市重点产业布局等因素,按照"急用先行、小步快跑"原则,首批选择汽车、医药、零售、民航、人工智能等 5 个领域率先制定,详细列明 23 个业务场景和 198 个具体字段,便于企业准确识别和判断。后续,按照动态管理机制,分行业、分领域、分批次推进编制工作,成熟一批发布一批,持续优化迭代负面清单政策体系。突出示范性引领、体系化设计、实用性导向,是首个场景化、字段级数据出境负面清单
2024 年 8 月	《中国(北京)自由贸易试验区数据出境负面清单管理办法(试行)》	重点围绕负面清单的制定流程、职责分工、使用管理、安全监管等方面进行深化设计,是制定负面清单和开展日常监管的基本规范,并同步完善重要数据识别规则,提出 13 类 41 子类数据分类分级参考规则,助力企业提升识别能力

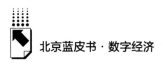

续表

时间	政策名称	主要内容
2024年8月	《北京市数据跨境流动便利化服务管理若干措施》	一是畅通数据合规出境通道,高效开展数据出境安全评估、着力提升标准合同备案质效、推动落实个人信息保护认证。二是细化服务措施,指导开展数据出境合规能力建设、多渠道开展政策宣介咨询、实施自由贸易试验区数据出境"负面清单"管理、建立企业数据出境"绿色通道"服务机制、合理布局数据跨境服务中心、搭建政府与企业常态化沟通平台、上线数据出境便利化信息服务平台、培育和规范数据安全合规服务市场、加强国际规则对接交流合作。三是优化监管措施,强化重要数据出境保护、提升数据跨境基础设施监管能力、实施事前事中事后全链条全领域综合监管。四是强化保障措施,建立跨部门专项工作机制、实行专班实体化运行、实施动态评估调整
2024年9月	《北京市"数据要素×"实施方案(2024—2026年)》	到2026年底,数据要素应用水平全国领先,建成50个以上公共数据专区和行业数据服务平台,打造具有全国影响力、体现首都特色和重要创新成果的100个"数据要素×"应用场景,数据产业年均增速超过20%等。重点工作包括:数据要素×工业制造、数据要素×现代农业、数据要素×商贸流通、数据要素×交通运输、数据要素×金融服务、数据要素×科技创新、数据要素×文化旅游、数据要素×医疗健康、数据要素×应急管理、数据要素×气象服务、数据要素×城市治理、数据要素×绿色低碳、数据要素×政务服务、数据要素×社区服务、数据要素×教育教学、数据要素×区域协同。支撑保障:提升数据供给水平、优化数据流通生态、加强数据安全保障
2024年9月	《北京市促进低空经济产业高质量发展行动方案(2024—2027年)》	发展目标:创新能力不断提升、低空安全能力领先、产业能级显著跃升、监管运行更加高效、基础设施逐步完善、应用场景形成示范。重点任务包括:持续加强低空经济技术创新引领、加快形成低空安全管控全国标杆、提升低空制造全产业链竞争力、构建监管及运行服务技术支撑体系、强化低空基础设施和服务保障、打造全国低空飞行应用创新示范

Abstract

At present, new fields represented by artificial intelligence and embodied intelligence have become the main battleground for global competition. The digital economy has emerged as a crucial engine for driving new types of productive forces, a pivotal force for unleashing consumer vitality, and a key area for implementing independent innovation capabilities. The trend of digital economy enterprises expanding overseas has become inevitable. In 2024, Beijing's digital economy entered a new stage of high-quality development. The added value of Beijing's digital economy reached 2 trillion yuan, with a year-on-year growth of about 7.5%. Overall, Beijing's digital economy has shown dual growth in scale and quality, comprehensive breakthroughs in digital technology, leading digital infrastructure nationwide, significant demonstration effects of its pioneering data-based institutional system, coordinated development through the "five-point linkage" strategy, distinct characteristics in the "one district, one brand" model, and deepening international cooperation and exchanges.

Annual Report on Digital Economy of Beijing (*2024 - 2025*) continues the annual theme of "Building a Global Digital Economy Benchmark City" and is divided into seven major parts: the General Report, Evaluation, Theory, Special Topics, Comparison, Outlook, and Appendices. The General Report analyzes the characteristics of Beijing's digital economy in terms of scale, digital technology, digital infrastructure, and the pioneering data-based institutional system, based on the era's features of digital economy development. It also examines the challenges faced and proposes strategies for building and developing Beijing as a global digital economy benchmark city. The Evaluation section continuously assesses major global digital economy benchmark cities and enterprises, analyzing their current development status and Beijing's progress in this context. The study found that Beijing's overall index as a global digital economy benchmark city is 0. 7075, an improvement from last year, ranking just behind the San Francisco Bay Area in the United States and approaching the optimal benchmark value. Additionally, based on the group standard "Beijing Digital Economy Benchmark Enterprise Evaluation Standard" (T/BSIA003 – 2023), an index system was established to select 100 benchmark enterprises.

The Theory section explores the construction of public data authorization and operation market segments, proposing risk prevention and response suggestions for local governments. It also discusses the relationship between the digital economy and new types of productive forces, examining the theoretical logic of how the digital economy generates new types of productive forces, the practical challenges faced, and corresponding strategies. The Special Topics section analyzes the development status of Beijing's digital infrastructure, suggesting that it will accelerate the transition from digital-native to AI-native infrastructure. It emphasizes the need for systematic layout in networking, storage, computing power, cloud services, and energy to drive digital intelligence infrastructure towards higher speed, intelligence, integration, and green development. It summarizes the characteristics and achievements of Beijing's pioneering data-based institutional system, analyzes the challenges faced, and proposes countermeasures. It also focuses on digital talent issues, evaluating relevant talent policies and finding that while Beijing highly values the development of science and technology talents through multiple policy dimensions, the policy level is not high and lacks long-term goals. A specialized municipal-level digital talent plan should be established. The section also studies the overseas expansion of the digital economy, proposing suggestions on rule systems, infrastructure, pathways, and talent reserves. It analyzes the implementation of the "Beijing Digital Economy Promotion Regulation" through social surveys and offers suggestions for improvement, policy enhancement, publicity, and organizational mechanisms. It examines the experience and effectiveness of Beijing's digital technology innovation and application, proposing strategies to strengthen institutional innovation, improve industrial ecosystems, optimize factor allocation, upgrade governance systems, deepen regional coordination, and enhance talent development. It also analyzes the construction and development of the Beijing International Big Data Exchange and the achievements and characteristics of Beijing's artificial intelligence development, proposing policy support for key industries, deepening application scenarios, establishing development standards, and focusing on key areas of artificial intelligence.

The Comparison section analyzes the progress and characteristics of Beijing's "one district, one brand" digital economy construction, explores the challenges faced, and draws on international experience to propose future development suggestions. It systematically reviews the coordinated development of the digital economy in the Beijing-Tianjin-Hebei region, evaluating it from four aspects: digital communication infrastructure, digital technology innovation, digital industrialization scale, and industrial digitalization scale, and proposes targeted countermeasures. It summarizes the landmark actions of various regions in China in promoting digital consumption, advancing regional digital economy coordination, and developing digital trade, providing experience and reference for Beijing's construction as a global digital economy benchmark city. It also analyzes the development characteristics of international digital economy benchmark cities and suggests that Beijing should focus on infrastructure, business environment, technological innovation, global cooperation, and digital life to accelerate its development as a global digital economy benchmark city.

The Outlook section, through analyzing global digital economy trends, envisions the construction of global digital economy benchmark cities and looks forward to Beijing's future efforts in digital infrastructure, technological innovation, data elements, integration of digital and real economies, urban governance, and international cooperation. The Appendices include major new policies in China's and Beijing's digital economy sectors, as well as the list of Beijing's digital economy benchmark enterprises in 2024.

In the future, Beijing's digital economy development should seize the opportunities of artificial intelligence, strengthen the role of data elements, promote new momentum in enterprises, accelerate the cultivation of digital talents, and continuously expand openness to achieve greater success in building a

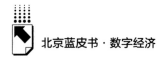
global digital economy benchmark city.

Keywords：Global Digital Economy Benchmark City； Artificial Intelligence； Data Elements； Digital Talent； Beijing

Contents

I General Report

Abstract：Currently, new frontiers represented by artificial intelligence and embodied intelligence have become the main battleground for global competition. The digital economy serves as a critical engine for driving new quality productive forces, a pivotal force in unleashing consumption vitality, and a testing ground for independent innovation capabilities. Consequently, overseas expansion of digital economy enterprises has become an inevitable trend. Beijing's digital economy has entered a new stage of high-quality development, characterized by dual growth in scale and quality, holistic breakthroughs in digital technologies, nationally leading digital infrastructure, exemplary pilot zones for data infrastructure systems, coordinated development through the "Five Initiatives" strategy, district-specific specialties under the "One District, One Brand" framework, and deepening international cooperation. However, challenges persist, including obstacles in AI application, bottlenecks in traditional internet enterprise development, difficulties in software-hardware integration, barriers to activating data elements, and insufficient digital economy talent. To advance Beijing's digital economy, it is imperative to seize opportunities in AI development, strengthen the role of data

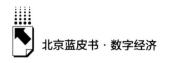

elements, unleash new corporate momentum, accelerate digital talent cultivation, and expand openness continuously.

Keywords: High-quality Development; Global Digital Economy Benchmark City; Beijing

II Evaluation Subjects

B.2 Global Digital Economy Benchmark City Development Evaluation Report (2025)

Ge Hongling, Li Huixuan and Li Bo / 016

Abstract: The digital economy is driving a profound transformation in global economic structures and industries, dramatically altering how cities compete on the world stage. Building upon last year's evaluation methodology and indicator system for benchmark cites for global digital economy, this report assesses the development status of major global cities as digital economy leaders in 2024, with particular focus on Beijing's progress. The study reveals that Beijing's Global Digital Economy Benchmarking City Index stands at 0.745, ranking second globally behind the San Francisco in the United States. Intense competition is particularly evident among top-ranking cities, and while Beijing has shown improvement compared to last year, its leading advantage over third and fourth-ranked cities (Seattle and New York) has narrowed. Specifically, Beijing demonstrates outstanding performance in data resource allocation capacity, digital industry leadership, and digital innovation capability, but still faces shortcomings in intelligent infrastructure and digital openness.

Keywords: Benchmark City for Global Digital Economy; Urban Digitalization; Digital Economy

B.3   Evaluation of Digital Economy and Industrial Innovation

Development Across Provinces（2025）

Wang Peng, Bi Juan, Yao Jinghong and Sun Mingyuan / 051

Abstract: The digital economy, as a prime driver of China's economic development, necessitates a comprehensive digital transformation of major industries and the accelerated advancement of basic digital infrastructure across regions. This study employs 33 data dimensions, covering five core domains of assessment-industrial digitization, digital industrialization, digital governance, data elements, and digital infrastructure-to evaluate the performance of all provincial-level administrative regions in China（excluding Hong Kong SAR, Macau SAR, and Taiwan）. By calculating the Digital Economy Industry Innovation Index（DEIII）, the study provides a quantitative assessment of total investments in digital transformation and the quality of digital infrastructure in a region. Provinces such as Beijing, Guangdong, Zhejiang, Jiangsu, and Shanghai ranks on top in terms of innovation and development, whereas regions including Tibet, Xinjiang, Qinghai, Ningxia, and Jilin demand significantly more efforts and improvements. This paper provides the following suggestions: western and northeastern regions should adopt localized approaches to promote transformations using digital intelligence in rural areas and agriculture; provincial governments should establish specialized programs to ensure that telecommunications and network infrastructure are capable of supporting the future big data and cloud services needs; strengthen inter-provincial cooperation between eastern and western regions and encourage the migration of engineers and technologies into less-developed areas, fostering a sustainable local ecosystems for data research, cooperation, and transformation.

Keywords: Industrial Innovation; Digital Transformation; Digital Economy

Ⅲ Theoretical Section

B.4 Research on Building a Fair and Orderly Market Environment for Public Data Authorization and Operation

Meng Qingguo, Wang Lida / 072

Abstract: Public data authorization and operation is a crucial pathway for effectively unlocking the value of public data elements. However, it also carries risks such as rent-seeking and market monopolization. This study focuses on addressing risks in the market environment of public data authorization and operation. It reviews the institutional frameworks, practical progress, and market models of local public data authorization and operation, analyzing the associated risks of fairness and monopolization. Drawing on risk prevention experiences from the public resource trading sector, the study proposes a risk prevention system by clarifying authorization content and standardizing authorization procedures. It also provides recommendations for local governments, including refining regulations, improving data registration, enhancing public disclosure, and strengthening supervision. The aim is to offer insights and references for building a fair and orderly market environment for public data authorization and operation, unleashing the potential of public data elements, and promoting the development of the digital economy and innovation in social governance.

Keywords: Public Data Authorization and Operation; Market Environment Construction; Risk Prevention; Institutional Framework

B.5   Digital Economy and the Emergence of New Quality

Productive Forces: A Three-Dimensional Perspective of

"Technology-Organization-Institution"

Li Yongjian, Zhang Hairu and Liu Zonghao / 087

Abstract: As a significant economic manifestation of the new round of technological revolution and industrial transformation, the digital economy exerts profound impacts on technology, organization, and institution, which are closely related to the emergence of new quality productive forces. Based on the "technology-organization-institution" perspective, this paper explores the theoretical logic, practical challenges, and strategies for the digital economy's role in generating new quality productive forces. Firstly, the digital economy shares historical parallels with the productivity leaps during the first three industrial revolutions. Digital technological innovations have spurred the emergence of new quality productive force elements, digital organizational transformations have optimized the combination of productive force elements, and digital economic institutions have accelerated the evolution of new production relations. Therefore, theoretically, the development of the digital economy holds significant importance for fostering new quality productive forces. However, China's digital economy still faces numerous practical challenges at the technological, organizational, and institutional levels. Consequently, it is imperative to strengthen innovation-driven data elements and digital technologies, promote the construction of collaborative digital ecosystems involving universities, and establish digital economic institutions that adapt to the development of new quality productive forces. These measures will further unleash the potential of the digital economy in cultivating new quality productive forces, thereby accelerating their formation and development in China.

Keywords: Digital Economy; New Quality Productive Forces; Combination of Productive Force Elements; New Production Relations

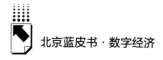

北京蓝皮书·数字经济

B.6 Agricultural Digital Innovation and RWA Tokenization

Fan Wenzhong / 110

Abstract: Issues in agricultural development include difficulties in financing, underground supply chains, and information asymmetry. RWA tokenization can help enhance agricultural production efficiency, increase transparency in agricultural supply chains, boost the liquidity of agricultural assets, and facilitate agricultural financial innovation and financing. It is recommended to increase investor acceptance of agricultural RWA projects, improve regulatory measures, enhance blockchain performance and data security, strengthen the promotion and dissemination of RWA tokenization, establish platforms, and enhance government regulation.

Keywords: Agriculture; Digital Innovation; RWA Tokenization

Ⅳ Special Reports

B.7 Research on the Development of a New Base for Digital
Infrastructure in Beijing

Meng Fanxin / 123

Abstract: With the continuous implementation of Beijing's plan to build a global benchmark city for the digital economy, the city's digital infrastructure is accelerating its transition towards digitization. The construction of digitization infrastructure is constantly accelerating, presenting characteristics such as accelerated construction of large-scale intelligent computing power clusters, innovative development of artificial intelligence technology, continuous iteration and upgrading of Chang'an Chain, continuous breakthroughs in quantum cloud computing power platforms, and artificial intelligence driven construction of new smart cities. Significant achievements have been made in policy support, technological innovation, application scenario expansion, and regional coordination. In the future,

Beijing's infrastructure will accelerate from digital native to AI native, and there is an urgent need to continue systematic layout around areas such as network, storage, computing power, cloud, and energy, to promote the development of digital infrastructure towards higher speed, intelligence, integration, and green direction.

Keywords: Digital Infrastructure; Artificial Intelligence; Computing Power Center; New Smart City

B.8　Research on the Current Status and Countermeasures for the Construction of Beijing's Pilot Zone for Data Infrastructure Systems

Research Group / 144

Abstract: To implement national policies and drive reform and innovation breakthroughs in key areas of the digital economy, Beijing has initiated the construction of a pilot zone for data infrastructure systems. Beijing's robust foundational environment strongly supports the development of the pilot zone, which serves as a critical experimental ground for accelerating the establishment of data infrastructure systems and addresses the urgent need to improve the global data governance framework. Over the past year since its establishment, the pilot zone has made significant progress in planning implementation, anchoring its blueprint, and solidifying its foundation. Policy empowerment and institutional innovation have safeguarded its development, while the influx of enterprises has injected vitality into the zone. Diverse activities have expanded its collaborative network. Additionally, phased achievements have been made in the infrastructure layer, business platform layer, and data application layer under the "2+5+N" foundational framework. However, the construction of the pilot zone currently faces challenges such as significant barriers to data openness and sharing, high difficulty in institutional innovation, substantial risks in data security and risk

341

prevention, and immature data circulation and trading mechanisms. Moving forward, it is essential to break down data barriers, unlock data value, and establish a new paradigm of openness and sharing. Efforts should focus on improving data circulation and trading mechanisms, strengthening data security and privacy protection, enhancing regulatory enforcement, accelerating the promotion of data-specific zones, building interconnected data-driven cities, elevating the capacity of the Beijing Big Data Exchange, and creating a "Beijing Model" for data element reform.

Keywords: Beijing Pilot Zone for Data Infrastructure Systems; "2+5+N" Foundational Framework; Digital Infrastructure; Data Trading; Data Security

B.9 Policy Practice, Effectiveness and Countermeasures of Artificial Intelligence Development in Beijing

Li Jiangtao, Tang Jiangwei and Wang Peng / 158

Abstract: at present, artificial intelligence has the trend of accelerating development in the world. Since 2024, Beijing has continued to strengthen policy innovation, making artificial intelligence the main track for scientific and technological innovation and social progress, and taking multiple measures to promote the high-quality development of the artificial intelligence industry. From the perspective of policy effect, Beijing has made fruitful achievements in the development of AI. AI enterprises have increased both in quantity and quality, becoming the leading AI development city in China, and a number of AI enterprises with world competitiveness have emerged; The foundation for the development of the industrial chain has been further consolidated, the application of large models has achieved more remarkable results, and the computing infrastructure has continued to develop, still leading the country as a whole. From the perspective of insufficient development, Beijing's basic advantages of AI need to be explored, breakthrough achievements need to be improved, and application scenarios need to be strengthened. Therefore, this paper proposes that in the future, Beijing should do a good job in supporting advantageous industrial policies in the field of artificial intelligence, deepen the application scenarios of artificial intelligence, adhere to technological innovation and multimodal development, strive to create the development standards of artificial intelligence, and aim at the key fields of artificial intelligence, in order to provide some policy reference for the high-quality development of artificial intelligence in Beijing in the future.

Keywords: Artificial Intelligence; Big Model; Computing Power

B.10　Research on the Current Situation and Countermeasures

of High-level Autonomous Driving Construction in Beijing

Wang Peng, Zhu Han and Wang Haoxu / 169

Abstract: To implement the national strategy and promote the development of autonomous driving technology, the construction of the Beijing High-level Autonomous Driving Demonstration Zone has been initiated. The favorable foundational environment in Beijing provides strong support for the establishment of the demonstration zone, which serves as an important platform for accelerating intelligent transportation and high-quality development, acting as an experimental field for the application of autonomous driving technology. Since 2020, the construction of the demonstration zone has steadily progressed, with the plan being implemented, a clear blueprint established, and a solid foundation built; policy empowerment and institutional innovation have safeguarded the construction; enterprises have gathered, and many have settled in, stimulating developmental vitality; diverse activities have been actively led to expand the cooperation landscape. Simultaneously, significant progress has been made in infrastructure construction, scientific and technological innovation, and industrial cooperation, laying the groundwork for the commercial application of advanced technologies. Currently, the construction of the demonstration zone faces various issues and challenges, such as the lack of top-level design, incomplete laws and regulations, and technical challenges. These difficulties may impact the sustainable development and widespread application of the project. Therefore, in the future, efforts should be made from multiple angles to strengthen top-level design, ensure the coordination and consistency of various policies; improve relevant laws and regulations to ensure the standardized development of the industry; and promote the coordinated development of the industrial chain to enhance overall competitiveness. By deepening reform and innovation, Beijing will further unleash the potential of autonomous driving technology, accelerate the construction of smart cities, strive to set a benchmark on the international stage, and contribute China's solutions and wisdom to global intelligent transportation and urban governance.

Keywords: Autonomous Driving; Construction of High-level Demonstration Zones; Industrial Chain Synergy; Smart Cities

B.11 Quantitative Research on Beijing's Digital Talent Policy

Li Zhibin, Yan Shengwen / 178

Abstract: In the era of the digital economy, the development of digital technologies such as artificial intelligence (AI) has placed higher demands on professional talent. As a key factor in driving the growth of the digital economy, the development of digital talent requires effective policy support and guidance. This study, based on policy text analysis and the PMC index model, constructs an evaluation index system comprising 9 first-level variables and 32 second-level variables to quantitatively assess Beijing's digital talent policies. The evaluation results indicate that Beijing places significant emphasis on the cultivation and recruitment of digital talent, particularly in the field of artificial intelligence, and promotes related efforts across multiple policy dimensions. However, existing policies face issues such as insufficient hierarchical elevation and a lack of long-term objectives. Therefore, it is recommended that Beijing formulate specialized municipal-level digital talent plans, particularly for core areas like artificial intelligence, clarify a comprehensive "attraction, cultivation, retention, and utilization" strategy, enhance policy timeliness, and establish mechanisms to ensure policy implementation, thereby fostering high-quality development of the digital economy.

Keywords: Digital Economy; Talent Policy; Policy Evaluation

B.12 Research on the Development of Beijing's Digital Economy Going Abroad

Li Jiamei / 192

Abstract: With the rapid development of the current digital economy, digital trade and digital economy going overseas are becoming more and more important in the growth of the global economy. In recent years, Beijing has vigorously built a benchmark city for the global digital economy, and the digital economy going overseas has achieved remarkable results, which is becoming an important support for Beijing's expansion of opening up. In view of the problems and current situation that the rules system for the digital economy going overseas still needs to be built, the basic supporting facilities still need to be completed, the paths to go overseas still need to be cultivated and expanded, and the relevant talents still need to be reserved, this paper creates a digital economy "going overseas" development platform and promotes the high-quality overseas development of Beijing's digital trade by establishing a facilitation mechanism, accelerating the improvement of port facility function construction, increasing the supervision and guarantee model of digital trade, building a high-level import trade promotion innovation demonstration zone, and strengthening the overall planning of Beijing's digital economy going overseas.

Keywords: Digital Economy; Digital Trade; Going Overseas

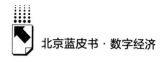

B.13   Experience and Prospects of Digital Technology

Innovation and Application in Beijing

Dong Lili, Yang Hao / 204

Abstract: Against the backdrop of accelerating global digital transformation, Beijing has achieved remarkable progress in digital technology development. In core areas such as artificial intelligence, embodied intelligence, and 6G, key technologies have achieved multiple breakthroughs, industrial scale has expanded, and application scenarios have continuously broadened, effectively driving the integration of digital technologies with the real economy. The frontier technologies of Beijing's digital economy exhibit trends such as AI-driven reconstruction of vertical industries, cluster-style breakthroughs in future industrial technologies, and intelligent leaps in digital governance systems. Through policy support, the construction of an innovation ecosystem, and collaborative innovation among industry, academia, and research, Beijing has promoted the research, development, and application of digital technologies. Facing global technological competition and digital transformation challenges, this paper proposes policy recommendations, including strengthening institutional innovation, improving the industrial ecosystem, optimizing resource allocation, upgrading governance systems, deepening regional collaboration, and enhancing talent recruitment and cultivation. These measures aim to further elevate Beijing's digital technology development and consolidate its leading position in the national digital economy.

Keywords: Digital Technology; Digital Economy; Beijing

B.14   A Study on the Implementation of the "Beijing Digital

Economy Promotion Regulation" Based on Social Surveys

Research Group / 214

Abstract: The research group adopted a stakeholder survey approach, designing questionnaires from four dimensions-enterprises, the public, the government, and experts-to conduct a social survey on the implementation of the "Beijing Digital Economy Promotion Regulation." The survey results show that the four groups generally recognize the regulation, believing that it has achieved good implementation effects in areas such as infrastructure, digital industrialization, industrial digitalization, data element markets, smart cities, data security, and safeguard measures. However, the survey also identified several issues, including differences in the understanding and perception of the regulation among different groups, insufficiently timely and comprehensive supporting policies, the need for a more robust inter-departmental coordination mechanism, and suboptimal implementation effects of some provisions. It is necessary to strengthen the refinement and revision of the regulation, enhance supporting policies and their implementation, and improve publicity and organizational mechanisms.

Keywords: Social Survey; *Beijing Digital Economy Promotion Regulation*; Beijing

V Reports on Subjects for Comparison

B.15 The Progress of Beijing's Digital Economy "One District,
One Brand" Construction and International References

Wu Xiangyang, Yan Tian'an / 232

Abstract: This paper deeply analyzes the progress and characteristics of Beijing's digital economy "One District, One Brand" construction, discusses the challenges and problems it faces, and proposes suggestions for future development by drawing on international experiences. Beijing has formed a distinctive digital economy development pattern by fully leveraging the resource endowments and industrial advantages of each district through top-level design and coordinated advancement. However, issues such as unbalanced regional development, homogenized industrial positioning, and institutional bottlenecks in the marketization of data elements still constrain high-quality development. This paper suggests further strengthening top-level design, highlighting regional characteristics, increasing innovation investment, accelerating the construction of the data element market, and enhancing digital governance capabilities to promote the sustainable development of Beijing's digital economy.

Keywords: Digital Economy; "One District One Brand"; Regional Development; Data Elements; Beijing

B.16   Current Status, Challenges, and Countermeasures for the Coordinated Development of the Digital Economy in the Beijing-Tianjin-Hebei Region

Li Mao, Luo Zhi and Wang Yuxin / 248

Abstract: The digital economy is a major component and an important driver of the coordinated development of the Beijing-Tianjin-Hebei region. This paper systematically reviews the current status of the coordinated development of the digital economy in the region. It designs an evaluation index system for the digital economy in the Beijing-Tianjin-Hebei region, focusing on four aspects: digital communication infrastructure, digital technology innovation and development, digital industrialization scale, and industrial digitalization scale. The study comprehensively assesses the development level of the digital economy in the region from 2013 to 2023. The findings reveal that the digital economy in the Beijing-Tianjin-Hebei region is developing positively, with regional disparities gradually narrowing. However, there remains significant room for improvement in regional coordination. Challenges such as imbalanced regional development, insufficient innovation capacity in Hebei, structural talent mismatches, the existence of a "digital divide" in infrastructure, inefficient data element circulation, and inadequate collaborative governance mechanisms still hinder the coordinated development of the digital economy in the region. To promote this coordinated development, it is essential to strengthen the planning and construction of digital infrastructure, enhance the integration and collaborative tackling of innovation resources, improve talent cultivation and recruitment mechanisms, facilitate efficient circulation and sharing of data elements, and refine collaborative governance mechanisms for the digital economy.

Keywords: Digital Economy; Beijing-Tianjin-Hebei Coordinated Development; Regional Disparities; Collaborative Governance

B.17 New Trends and Practices in the Development of the
Digital Economy in China

Luo Lizhuo, Gu Zhaojie and Zhou Yining / 267

Abstract: With the rise of large-scale AI models and the continuous advancement of digital infrastructure construction, the digital economy has become a key force driving economic recovery. In China, the role of the digital economy in promoting consumption, expanding domestic demand, stabilizing foreign trade, and fostering internal-external coordination has become increasingly prominent. Regions across the country are developing the digital economy through tailored measures and multiple strategies, activating innovative momentum. This chapter summarizes recent landmark practices in promoting digital consumption, advancing regional coordination in the digital economy, and developing digital trade, with a focus on the notable approaches of Shanghai, Zhejiang, and Sichuan. These insights provide valuable experiences and references for Beijing's efforts to build itself into a global benchmark city for the digital economy.

Keywords: Digital Economy; Information Consumption; Regional Coordination; Digital Trade

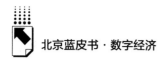

B . 18   Research on the Development of International Benchmark
Cities for the Digital Economy

Yin Limei, Huang Liangjun and Liu Junwei / 282

Abstract: International benchmark cities for the digital economy have accumulated effective experiences in developing the digital economy and promoting comprehensive digitalization. Taking Silicon Valley, Singapore, London, Berlin, and Seoul as examples, Silicon Valley, as a hub for technological innovation, leads in AI and boasts a well-developed industrial ecosystem; Singapore has achieved societal digitalization through its Smart Nation initiative; London excels in fintech and creative industries; Berlin is a model for smart manufacturing; and Seoul promotes the integration of smart cities and digital life. These cities have fostered robust ecosystems for digital economic development, integrating digital technologies into citizens' lives, accelerating industry-academia-research collaboration and talent cultivation, and promoting industrial development tailored to local conditions. Drawing on international experiences, Beijing should focus on infrastructure, business environment, technological innovation, global cooperation, and digital life to accelerate its transformation into a global benchmark city for the digital economy.

Keywords: Benchmark Cities for the Digital Economy; Technological Innovation; Global Cooperation; Digital Life

VI   Reports on Prospect

B . 19   Future Trends and Outlook for the Construction of Global
Digital Economy Benchmark Cities

Wang Yu, Long Long / 299

Abstract: In 2024, the digital economy has shown significant potential across multiple dimensions, including developmental height, depth, precision, and scope, emerging as a central driving force for global economic growth. global benchmark cities have identified development paths with exemplary significance through measures such as reinforcing digital infrastructure, enhancing technological innovation, nurturing digital industry clusters, and establishing talent hubs. By deeply integrating institutional innovation and technological empowerment, Beijing is rapidly upgrading digital infrastructure, reinforcing innovation-driven technology, deepening market-oriented reforms of data elements, facilitating intensive integration of digital and real economies, promoting refined urban governance, and enhancing international cooperation in digital economy, aiming to establish a global benchmark city in digital economy and contribute the "Beijing Solution" to the development of the global digital economy.

Keywords: Global Digital Economy of Benchmark Cities; Institutional Innovation; Technological Empowerment

B.20 From Digitization to Intelligence: Opening a New Chapter in China's Development

Wang Peng, Li Chengxian / 313

Abstract: Digital economy is a key driver of national development. Intelligent economy, formed by integrating digital economy with technological innovation, has become a new engine for growth. This study examines the current state of China's intelligent economy and explores its core essence and underlying logic, which is breaking through the limitations of individual factors, enhancing total factor productivity, and injecting new momentum into economic growth. Then we analyze the significant role of the intelligent economy in driving industrial upgrading and structural optimization, unlocking the value of data as a key production factor, and promoting sustainable development. Finally, the paper proposes several recommendations for advancing the high-quality development of the intelligent economy, including strengthening top-level design, improving legal and regulatory frameworks, enhancing talent development, achieving technological breakthroughs, expanding application scenarios, and fostering international exchange and cooperation.

Keywords: Digital Economy; Intelligent Economy; Data Factor

社会科学文献出版社

皮 书

智库成果出版与传播平台

❖ 皮书定义 ❖

皮书是对中国与世界发展状况和热点问题进行年度监测，以专业的角度、专家的视野和实证研究方法，针对某一领域或区域现状与发展态势展开分析和预测，具备前沿性、原创性、实证性、连续性、时效性等特点的公开出版物，由一系列权威研究报告组成。

❖ 皮书作者 ❖

皮书系列报告作者以国内外一流研究机构、知名高校等重点智库的研究人员为主，多为相关领域一流专家学者，他们的观点代表了当下学界对中国与世界的现实和未来最高水平的解读与分析。

❖ 皮书荣誉 ❖

皮书作为中国社会科学院基础理论研究与应用对策研究融合发展的代表性成果，不仅是哲学社会科学工作者服务中国特色社会主义现代化建设的重要成果，更是助力中国特色新型智库建设、构建中国特色哲学社会科学"三大体系"的重要平台。皮书系列先后被列入"十二五""十三五""十四五"时期国家重点出版物出版专项规划项目；自2013年起，重点皮书被列入中国社会科学院国家哲学社会科学创新工程项目。

权威报告·连续出版·独家资源

皮书数据库
ANNUAL REPORT(YEARBOOK)
DATABASE

分析解读当下中国发展变迁的高端智库平台

所获荣誉

- 2022年，入选技术赋能"新闻+"推荐案例
- 2020年，入选全国新闻出版深度融合发展创新案例
- 2019年，入选国家新闻出版署数字出版精品遴选推荐计划
- 2016年，入选"十三五"国家重点电子出版物出版规划骨干工程
- 2013年，荣获"中国出版政府奖·网络出版物奖"提名奖

皮书数据库　　　"社科数托邦"
　　　　　　　　微信公众号

成为用户

　　登录网址www.pishu.com.cn访问皮书数据库网站或下载皮书数据库APP，通过手机号码验证或邮箱验证即可成为皮书数据库用户。

用户福利

- 已注册用户购书后可免费获赠100元皮书数据库充值卡。刮开充值卡涂层获取充值密码，登录并进入"会员中心"—"在线充值"—"充值卡充值"，充值成功即可购买和查看数据库内容。
- 用户福利最终解释权归社会科学文献出版社所有。

数据库服务热线：010-59367265
数据库服务QQ：2475522410
数据库服务邮箱：database@ssap.cn
图书销售热线：010-59367070/7028
图书服务QQ：1265056568
图书服务邮箱：duzhe@ssap.cn

社会科学文献出版社　皮书系列
SOCIAL SCIENCES ACADEMIC PRESS (CHINA)

卡号：781617536686
密码：

基本子库
SUB DATABASE

中国社会发展数据库（下设 12 个专题子库）

紧扣人口、政治、外交、法律、教育、医疗卫生、资源环境等 12 个社会发展领域的前沿和热点，全面整合专业著作、智库报告、学术资讯、调研数据等类型资源，帮助用户追踪中国社会发展动态、研究社会发展战略与政策、了解社会热点问题、分析社会发展趋势。

中国经济发展数据库（下设 12 专题子库）

内容涵盖宏观经济、产业经济、工业经济、农业经济、财政金融、房地产经济、城市经济、商业贸易等 12 个重点经济领域，为把握经济运行态势、洞察经济发展规律、研判经济发展趋势、进行经济调控决策提供参考和依据。

中国行业发展数据库（下设 17 个专题子库）

以中国国民经济行业分类为依据，覆盖金融业、旅游业、交通运输业、能源矿产业、制造业等 100 多个行业，跟踪分析国民经济相关行业市场运行状况和政策导向，汇集行业发展前沿资讯，为投资、从业及各种经济决策提供理论支撑和实践指导。

中国区域发展数据库（下设 4 个专题子库）

对中国特定区域内的经济、社会、文化等领域现状与发展情况进行深度分析和预测，涉及省级行政区、城市群、城市、农村等不同维度，研究层级至县及县以下行政区，为学者研究地方经济社会宏观态势、经验模式、发展案例提供支撑，为地方政府决策提供参考。

中国文化传媒数据库（下设 18 个专题子库）

内容覆盖文化产业、新闻传播、电影娱乐、文学艺术、群众文化、图书情报等 18 个重点研究领域，聚焦文化传媒领域发展前沿、热点话题、行业实践，服务用户的教学科研、文化投资、企业规划等需要。

世界经济与国际关系数据库（下设 6 个专题子库）

整合世界经济、国际政治、世界文化与科技、全球性问题、国际组织与国际法、区域研究 6 大领域研究成果，对世界经济形势、国际形势进行连续性深度分析，对年度热点问题进行专题解读，为研判全球发展趋势提供事实和数据支持。

法律声明

"皮书系列"（含蓝皮书、绿皮书、黄皮书）之品牌由社会科学文献出版社最早使用并持续至今，现已被中国图书行业所熟知。"皮书系列"的相关商标已在国家商标管理部门商标局注册，包括但不限于LOGO（🖐）、皮书、Pishu、经济蓝皮书、社会蓝皮书等。"皮书系列"图书的注册商标专用权及封面设计、版式设计的著作权均为社会科学文献出版社所有。未经社会科学文献出版社书面授权许可，任何使用与"皮书系列"图书注册商标、封面设计、版式设计相同或者近似的文字、图形或其组合的行为均系侵权行为。

经作者授权，本书的专有出版权及信息网络传播权等为社会科学文献出版社享有。未经社会科学文献出版社书面授权许可，任何就本书内容的复制、发行或以数字形式进行网络传播的行为均系侵权行为。

社会科学文献出版社将通过法律途径追究上述侵权行为的法律责任，维护自身合法权益。

欢迎社会各界人士对侵犯社会科学文献出版社上述权利的侵权行为进行举报。电话：010-59367121，电子邮箱：fawubu@ssap.cn。

社会科学文献出版社